低调还是张扬？

消费者信号迷失现象的成因与干预研究

LAYING LOW OR SHOWING OFF?
RESEARCH ON CAUSES AND INTERVENTIONS OF
CONSUMERS' SIGNAL DISORIENTATION EFFECT

王汪帅◎著

经济管理出版社
ECONOMY & MANAGEMENT PUBLISHING HOUSE

图书在版编目（CIP）数据

低调还是张扬？：消费者信号迷失现象的成因与干预研究/王汪帅著. —北京：经济管理
出版社，2021.7

ISBN 978-7-5096-8146-6

Ⅰ.①低… Ⅱ.①王… Ⅲ.①消费者行为论—研究 Ⅳ.①F036.3

中国版本图书馆 CIP 数据核字（2021）第 151325 号

组稿编辑：王格格
责任编辑：王格格 李光萌
责任印制：黄章平
责任校对：董杉珊

出版发行：经济管理出版社
　　　　　（北京市海淀区北蜂窝 8 号中雅大厦 A 座 11 层 100038）
网　　址：www.E-mp.com.cn
电　　话：（010）51915602
印　　刷：唐山昊达印刷有限公司
经　　销：新华书店
开　　本：710mm×1000mm /16
印　　张：15.75
字　　数：275 千字
版　　次：2021 年 9 月第 1 版 2021 年 9 月第 1 次印刷
书　　号：ISBN 978-7-5096-8146-6
定　　价：88.00 元

·版权所有 翻印必究·

凡购本社图书，如有印装错误，由本社读者服务部负责调换。

联系地址：北京阜外月坛北小街 2 号
电话：（010）68022974 邮编：100836

前　言

产品是个体的延伸，人们可以通过消费打造自己在别人心目中的印象。权力是一种稀缺的社会资源，人们总是对它趋之若鹜。作为象征权力的一种手段，消费者可以利用自己拥有的产品进行权力印象管理，即通过消费让自己看起来很有权力。要达到这一目的，地位显示功能很强的炫耀性产品似乎是理想的工具。炫耀性消费发展至今日，已经出现了两种截然不同的类型：高调的明显信号和低调的微妙信号。这引申出一系列的研究问题：消费者如果想让自己看起来很有权力，会选择哪一种信号类型的炫耀性产品？进一步地，这一选择的效果如何？消费者做出这样选择的心理机制是什么？这一效应是否一直存在？这些问题在当前的研究中都未被回答。

鉴于此，本书系统地探讨了消费者在进行权力印象管理的过程中如何选择炫耀性产品的信号类别。同时，为了判断其选择是否正确，本书也将测量站在观察者视角的消费者如何感知这两类信号类型产品的使用者的权力印象。此外，借助中介机制和调节效应的考察，本书也将揭示消费者进行判断的过程，以及效应作用的边界条件。通过应用解释水平等理论，综合采用问卷调查、实地观察、实验室实验等研究方法，并结合因子分析、结构方程模型、相关分析、回归分析、方差分析等多种统计手段，本书在总共的 10 项实证研究中获得了如下发现。

首先，本书开发了微妙信号的非炫耀性消费量表，借助这一测量工具，本书通过一个问卷调查发现，即便在控制了一系列的控制变量之后，权力感仍然和微妙信号的非炫耀性消费呈现出显著的正相关关系。在随后的一个实地观察研究中，本书以某企业的年会为研究场所，再次发现了高权力与非炫耀性消费之间的关联。这些结果表明，相比于明显信号，微妙信号往往代表着更高的权力。为了进行因果效应的检验，以及测试消费者在进行权力印象管理时的自我选择，随后采取了实验室实验的研究方法。本书第五章的研究发现，当消费者为自己进行权力印象管理时，他们会认为明显信号的炫耀性产品比微妙信号的非炫耀性产品更加有效。但是，当消费者以观察者角色评价他人的权力印象管理工具时，他们则会反过来认为微妙信号的非炫耀性产品比明显信号的炫耀性产品更为有效。可见，消费者未能在权力印象管理的过程中选择正确的信号，本书把这一结果称为信号迷失效应。这一效应是稳定的，无论实验材料采取的是标识大小还是品牌知名度，都获得了一致的结果。

其次，研究信号迷失效应产生的机制通过两种不同的途径验证了中介效应。在两个实验中，中介变量（感知与主流的差异）分别被测量和直接操纵。结果和预期一致，当感知与主流的差异被测量时，自变量（信号类别和视角）的交互作用通过其对因变量（权力印象）产生的间接效应显著。另外，在不操纵感知与主流的差异的情形下，实验结果重复了之前的信号迷失效应。但是，如果所有类型的信号都被操纵成与主流有明显的区别，那么，消费者则对使用不同信号类别产品的人有着相似的权力印象。此时，信号迷失效应则会消失。这些结果不仅包含统计意义上的中介效应，还具有更加直接的因果链证据，从而为感知与主流的中介作用提供了强有力的支持。

最后，本书检验了三个潜在的调节变量，分别是权力感、权力印象管理的主体、换位思考。这三个变量对于信号迷失效应的调节方向不尽一致。其中，权力感会加剧这一效应，而权力印象管理的主体和换位思考则可以减轻信号误区。具体来说，研究信号迷失效应为何被加剧时发现，尽管权力感较低的消费者最迫切地需要进行有效的权力印象管理，但是他们反而会更加倾向于错误的选项，进而更加深陷信号误区。研究缓解信号迷失状况的因素则表明，尽管消费者不能为自己做好权力印象的管理，却可以为别人做出正确的选择，即通过视角的转移，消费者可以成功地跳出信号迷失的陷阱。研究缓解信号迷失状况的因素，为消费者跳出信号误区给出了更为直接和简便的路径——增强换位思考意识。如果消费者可以充分地换位思考，他们就可以为自己的权力印象管理选择正确的产品，此时，信号迷失效应也不复存在。

在理论方面，第一，本书的贡献在于权力的相关理论。据笔者所知，这是第一项在消费者研究领域探讨如何利用产品"装饰"个体权力的研究。当前的大多数研究都聚焦于权力的后果，而这项研究与最新的研究趋势一致，致力于了解权力的成因。第二，对于印象管理理论，本书探索了一种有着极其明确目标的印象管理形式，从而细化了印象管理的类别。第三，本书也探讨了使用炫耀性产品的后果——揭示了使用不同类型的炫耀性产品如何影响人们的权力。第四，之前的判断与决策的相关研究多涉及一般性的心理决策，笔者则在消费情境中发现了新的自我—他人差异的情形。第五，现有的大多数补偿性消费的相关研究都是探讨了心理补偿的诱发机制，本书则考察了心理补偿的结果。此外，从实际应用的角度，研究发现也对消费者、企业和公共政策的制定有所启示。

目 录

第一章

绪　论

第一节　研究背景

权力（Power）被定义为个体对于资源（包括物理资源、社会资源等）的非对称控制（Dubois，Rucker and Galinsky，2016；成年等，2014）。自古以来，权力就在人们的社会生活中扮演着至关重要的作用。例如，封建社会中的君主，几乎独占着一国之内所有的优质资源，包括自然资源、人力资源、社会资源，甚至暴力资源等，因此毫无疑问是具有极高权力的国家统治者。然而普通百姓，则恰恰相反，对于自己赖以生存的土地资源都无法拥有和控制。所以他们则是典型的低权力群体代表。伴随社会的发展，权力的影响已然超出政治意义上的范畴，进而渗透到人们日常生活的方方面面。在现代社会中，权力还呈现出转换速度快这一新的特征。试想，当一位大学生在课堂上时，因为需要遵守课堂纪律，并且服从老师的安排，所以他是低权力感的个体。下课后，身为学生会干部的他，在组织活动时享有安排和决定相关事务的控制力，所以又转变成了高权力的拥有者。

权力的快速转换使每个人都能体验到高权力的状态，也会经历低权力的心理。然而，这两种状态给人带来的后果是截然相反的。总的来说，因为拥有高权力就意味着拥有了对于重要社会资源的控制权。因此，相对于低权力的个体，高权力者通常拥有更为积极的身心状态和行为表现。首先，从认知的角度来说，权力可以赋予个体一系列积极的认知。例如，研究表明高权力人的自尊心（Self-Esteem）和自主性（Autonomy）会更高（Lammers et al.，2016；Wojciszke and Struzynska-Kujalowicz，2007），行为与态度的一致性（Authenticity）更强，进而对工作、伴侣关系以及生活的满意程度也更高（Kifer et al.，2013）。同时，高权力的个体通常可以更好地进行自我控制（Self-Regulation），因而在追求目标（Goal Pursuit）的过程中，也能够表现出更多的与目标一致（Goal-Consistent）的行为（DeWall et al.，2011；Guinote，2007）。同时，高权力还能减少消极的认知。比如，研究者们发现，拥有权力使人们较少地受到外界因素的干扰和影响，所以高权力者展现出更少的从众行为（Conformity），同时更赋创造力（Galinsky et al.，2008）。因为拥有了控制权，他们感受的压力（Stress）也普遍比较小（Sherman et al.，2012）。其次，从情感的角度来说，高权力者的积极情感（Positive Affect）更多（Kifer et al.，2013）。此外，权力还可以减少消极的情绪和心态。例如，高权力的个体由于归属需求（Need to Belong）较低，因此陷入孤独的可能性也相对较低（Waytz et al.，2015）。在比较近期的一项研究中，Belmi 和 Pfeffer（2016）还发现，权力可以降低死亡凸显（Mortality Salience）引发的焦虑感（Anxiety）。正是因为权力能够全方面提升个体的认知和情感健康，高权力的人也被发现拥有更长的寿命（Adler et al.，2000）。

与此形成鲜明对比的是，缺乏权力则是一种十分令人厌恶（Aversive）的消极状态（Rucker and Galinsky，2008）。为了摆脱这种状态，当个体觉得权力感缺失时，他们需要通过炫耀性消费来进行心理补偿（Rucker and Galinsky，2008）；寻求包含更多选择的选项来恢复控制感（Inesi et al.，2011）；当时间被拟人化（Anthropomorphism of Time）时，更加缺乏延迟满足（Delay of Gratification）的耐心（May and Monga，2014）。在面对一个有挑战性的任务时，低权力的个体会展现出适应性较差的心血管体征（Cardiovascular Response Pattern），这些体征通常只有当人们面临威胁时才会展现出来（Scheepers et al.，2012）。

由此可见，拥有权力对于人们有着毋庸置疑的重要性。在现实生活中，权力的巨大诱惑，也使人们趋之若鹜，甚至为了获得权力而不择手段。可见，如何拥有权力，是一个十分重要的问题。但是，出乎意料的是，在现有的探讨中，大多数研究的焦点都集中于权力得失的后果（Consequences），而较少地关注权力的来源（Antecedents）。目前，关于权力来源的探究还非常稀缺，特别是从消费者的角度对这一问题的探讨尤为匮乏。但是从理论上说，人们经常以物识人——通过观察别人使用的产品来判断其社会经济地位（Belk，Bahn and Mayer，1982；

Burroughs, Drews and Hallman, 1991）。那么类似地，产品作为个体的延伸（Belk, 1988；Tian and Belk, 2015），同样可以向他人显示自己的权力（Rucker and Galinsky, 2008），因此完全能够成为非常有效的权力印象管理工具。之前的研究就表明消费者不仅能够利用产品来恢复公众形象（Blair and Roese, 2013），更可以借助产品进一步提升形象。例如，炫耀性消费（Conspicuous Consumption）的主要社会功能就是提升产品拥有者的社会地位（Gao, Winterich and Zhang, 2016；Ordabayeva and Chandon, 2011）。考虑到地位和权力的相通性（Rucker and Galinsky, 2009；Rucker, Galinsky and Dubois, 2012），笔者可以很自然地推断炫耀性的产品也可以为其拥有者带来权力。

　　值得注意的是，炫耀性产品经过数世纪的发展，已经成为一个包罗万象的产品品类。为了区分不同的炫耀性产品的特点，学者们从各种角度出发对其进行了分类。其中一个影响较大的分类视角就是按照炫耀性信号的强弱，把炫耀性产品分为明显信号（Explicit Signal）和微妙信号（Subtle Signal）两类。对于这两类产品的消费，也分别被称为炫耀性消费（Conspicuous Consumption）和非炫耀性消费（Inconspicuous Consumption）（Berger and Ward, 2010；Han, Nunes and Drèze, 2010）。当然，这里所说的非炫耀性消费可不是指日常消费（Daily Consumption）或者实用品消费（Utilitarian Consumption）（Hartman et al., 2006），而是说其方式比较低调，不是特别招人耳目，但归根结底还是属于炫耀性消费的一种形式。具体来说，信号的强弱可以通过不同的形式体现出来。首先，品牌本身即是信号。耳熟能详的奢侈品品牌 Prada（普拉达）和 Louis Vuitton（路易威登）就是明显信号的代表，而相对小众的品牌如 Bottega Veneta（宝缇嘉）和 Balenciaga（巴黎世家）就属于微妙信号。其次，品牌标识（logo）也是重要的信号源。明显信号指的是那些面积大、视觉上显眼的标识，而微妙信号是面积小、相对不容易被发现的标识。最后，产品的设计也能反映出不同的信号。代表品牌特色的图案、配色比较明显，而象征品牌内涵的款式、造型就比较低调（Berger and Ward, 2010；Han, Nunes, and Drèze, 2010）。既然明显信号与微妙信号的炫耀性产品存在如此大的差异，那么消费者在进行权力印象管理时会不会有所偏好？更进一步地说，他们的偏好和选择是否正确，是否可以让别人认为其拥有权力？以及他们进行决策时的心理过程是怎样的？在什么样的情况下，会改变自己的选择？本书将对这些问题进行探讨。

　　本书对理论具有贡献。首先，本书对权力进行相关研究。通过探究消费者如何使用炫耀性产品管理自己的权力印象，笔者为权力来源的研究添砖加瓦。

前人的研究已经表明，权力非常重要（Kifer et al. , 2013；Galinsky and Rucker, 2008），拥有权力会得到一系列积极的结果，而失去权力则会引起很多负面的反应（Lammers et al. , 2016；May and Monga, 2014；Wojciszke and Struzynska-Kujalowicz, 2007）。本书的研究做了进一步的深化——引导消费者如何通过合理的消费形式获得权力。其次，本书也推进了炫耀性消费的相关理论。现有的研究基本笼统地聚焦于炫耀性消费或者奢侈品消费、地位消费等概念（Nabi, O'Cass and Siahtiri, 2019；Sun, Chen and Li, 2017；Wiedmann, Hennigs and Siebels, 2009），而对于具体的炫耀性消费的形式却鲜有涉及。本书则对新兴的非炫耀性消费做了细致的探究，从而细化了这一领域的研究话题。本书将在第八章第二节详细探讨本书的理论贡献。

第二节　本书框架与结构

一、理论模型框架

本书将基于解释水平理论，系统、深入、全面地揭示消费者在进行权力印象管理过程中陷入的信号误区。总体理论模型如图1-1所示。首先，笔者将考察基本的信号迷失效应，即消费者在权力印象管理时的选择是否在观察者的角度看起来是错误的。其次，笔者会通过中介效应的测试，进一步探讨这一效应背后的心理机制。最后，本书还将寻找一些调节变量，以观察信号迷失效应在

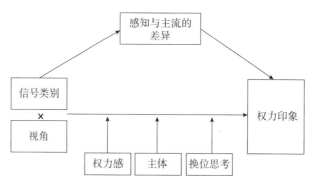

图1-1　本书的理论模型框架

怎样的条件下会增强，以及在什么情形中会减弱甚至消失。

二、本书结构

本书总共包括八章，各章的主要内容如下。

第一章是绪论。这一章主要介绍研究的背景，包括理论与实际背景，借此引申出研究的动机。此外，还概述了研究的理论模型、技术路线与内容结构。

第二章是前人研究成果回顾。在这一章节中，笔者将对本书的主要变量的相关理论进行系统回顾，包括权力、印象管理、炫耀性消费和显示地位的微妙信号这四个领域。在这一过程中，笔者也会在总结现有研究发现的基础上分析其不足之处，为后面阐述本书如何推进了相关的研究做好铺垫。

第三章是主要概念与设计。该章节的主要内容是定义研究涉及的概念，并介绍实证部分的安排和逻辑顺序。

第四章是量表开发与预测试。这一章节包括三个方面的内容：考虑到现有研究中没有非炫耀性消费的量表，本书开发了相关的测量工具；利用笔者开发的量表，进行了一个问卷调查研究；进行了一个实地观察研究。

第五章是信号迷失效应。该章节将对基本的信号迷失效应进行探讨。在理论假设部分，解释水平理论将被应用于假设的推导。随后，在两个实验室实验中，不同的操纵方式将被采用，以验证效应的稳定性。

第六章是心理机制分析。为了弄清楚信号迷失效应背后的心理过程，这一章将直接检验中介变量的作用。为了提供强有力的证据，特别是中介机制的因果关系证据，笔者不仅会采用传统的测量中介的途径，还会结合实验心理学最新的研究方法，直接操纵中介变量进行检验。

第七章是调节效应检验。该章节拟探讨信号迷失效应的调节因素，既包括使效应进一步增强的因素，又涉及缓和甚至让效应消失的变量。在三个不同的实验中，笔者将检验三个潜在的调节变量：权力感、权力印象管理的主体和换位思考。

第八章是总讨论。作为全书的最后一个章节，本章的主要目的是进行概括和总结。内容包括研究发现、主要贡献、实践意义。最后，以结论部分结束全书。

第三节 案例分析

一、案例一

 "低欲望" 日本的时尚新观点：不买衣服，到底是穷还是酷？

松浦弥太郎是知名的 "生活美学" 专家，被称为 "日本最懂生活的男人"。最近，松浦为时装杂志 *Oggi* 撰文，推荐 *Cheap Chic*（直译为 "廉价时尚"）一书。这本黄封面的时装理论书是 1975 年在美国出版的，书中讲的是如何花很少的钱穿出品位，据说在时尚爱好者中有很高的地位，直到今天仍人气不衰。

"并不是因为便宜才买，而是因为喜欢。" 这是时装爱好者对 "Cheap Chic" 的定义。

松浦弥太郎 19 岁的时候，中断学业只身前往美国。当时并无留学或就业计划，而是把所有的时间都用在逛书店上。这段看似荒唐的经历后来成了松浦事业成功的重大伏笔。就在这期间，松浦邂逅了 *Cheap Chic*，松浦当年的英文水平堪忧（英文不行，竟然一个人去了美国），只会看图片，却如获至宝。因为当时日本正流行款式新颖的设计师品牌服装，松浦实在喜欢不起来。于是模仿 *Cheap Chic* 中的造型，穿上半旧 T 恤，搭配牛仔裤、跑鞋，在异国街头放飞自我。

只是，当时的松浦弥太郎怎么也无法理解，书名为什么有个 "Cheap" 呢？介绍的都是美国最时髦、最漂亮的人，哪里 Cheap 了，明明很 Rich 嘛！与 20 世纪 70 年代美国相比，日本当时还属于 "发展中国家"。从这本书里，年轻的松浦隐隐体会出了社会发展的差距。如今，日本早已成为发达国家。功成名就的松浦也开始在杂志上感慨道："原来穿特别华丽、特别扎眼的衣服，反而会给人一种'发展中'的感觉。"

图 1-2 是村上春树收集的二手 T 恤。

图1-2 村上春树收集的部分二手T恤

资料来源：*POPEYE* 2018 年 8 月号。

这一过程有其合理性。在一个"发展中"社会，大家都在追求物质生活进一步得到改善，只要有更好、更漂亮的东西，就希望拥有。不但要拥有，还要展现出来给别人看，让别人知道，由此证明自己比别人过得好一点。然而到了普遍富裕的社会，该有的东西大家都有了，"谁比谁拥有多一点"的比较就不再有意义，所以才会产生"Cheap Chic"这样的服装文化。

松浦说："这并不是说服装不再重要了，而是说服装本来的功能是突出穿衣的人。通过简单优质的服装，表现穿衣人的魅力，看起来平淡，却让我们感到这个人本身生活的充实和富裕。"

比如松浦自己戴的眼镜（见图1-3），据说是在外国的跳蚤市场上买的"老奶奶款"，毫无时髦感，却带着某种岁月的温情，也经常被外国朋友称赞。

其实，喜欢"Cheap Chic"的松浦平时服饰十分考究，最喜欢质感上乘但外观朴实无华的用品。或许，这里就有松浦本人追求的充实感吧。

图 1-3　戴着玳瑁眼镜的松浦弥太郎坐在他自己的书店 COW BOOKS 里

资料来源：MUJI 官网。

（一）"消费降级"到底是穷还是酷？

日本消费研究学者三浦展的新书《极简主义者的崛起》中，提到了近几年日本消费行为中出现的新倾向。其中，大家不再愿意花大量的钱购买衣服是一个显著的变化。

日本国内有一些经济问题专家对消费低迷"痛心疾首"，认为这样下去日本要"完蛋了"。但放到时代背景下看，这恰恰是社会发展成熟的一种表现。

社会高速发展时期，上班族的收入也水涨船高。有了钱就能买到向往的房子、汽车、电器，生活品质得到实实在在的改善。这并不说明当时的人都能挣会花，只不过是赶上了好时代。

因此，在经济低迷时期，大部分人按部就班地工作，赚不多不少的一点钱，也是相当正常的了。不管在哪个时代，大部分人都是普通人，随着时代的浪潮沉浮而已。时代的趋势造就了人的精神面貌。

如图 1-4 所示，*Oggi* 杂志创刊 25 周年之际，把 1992 年和 2017 年刊登的流行服饰做了比较。1992 年泡沫经济刚刚破灭，谁都没想到这一波经济危机会有如此深远的影响。当时的职业女性是精神抖擞的，而 2017 年的女性显得更自然亲切。

图 1-4 *Oggi* 杂志1992 年和 2017 年刊登的流行服饰比较

资料来源：*Oggi* 2017 年 10 月号。

在一流公司上班，年收 1000 万日元以上，恋爱顺利，家庭美满……这种五光十色的"完美楷模"正是泡沫经济时代的泡沫人生。现在的年轻人已经可以更加诚实地面对人生：本来人和人就不一样，何来"同一个梦想"呢？工作出人头地和家庭幸福美满，所需要的能力根本不一样，甚至截然相反。别人做到的，我做不到也很正常，倒不如把自己能做到的事做好，普通人的人生乐趣不就在于此吗？

所以说，"低欲望"只不过是大家适应社会的结果。三浦展对"低欲望"问题表现得挺乐观。经济增长趋于平静，大家开始量入为出、适度消费，这反而是"正经过日子"的应有之义。

如图 1-5 所示，这是生活杂志 *LDK* 的最佳洗衣剂评选特辑，编辑试用了 23 种常见的洗衣剂，花王的 Attack 名列榜首。与"岁月静好"类生活杂志完全不同，*LDK* 讲的都是最接地气的家务事。最有特色的是，它不仅有 BEST 排行榜，还有 WORST 排行榜，告诉你"这玩意儿太难用了"。这种货比三家的态度受到很多精明主妇、主夫的欢迎。

在消费相当成熟的日本，不仅物资丰富，还细分消费需求，生产出了不同档次、适合不同需求的商品。服饰也好，其他生活用品也好，如果不想选昂贵

图 1-5　生活杂志 *LDK* 的最佳洗衣剂评选特辑

资料来源：*LDK* 杂志 2018 年 9 月号。

的名牌，完全可以花较少的钱购买实用且品质不错的"降级产品"。决定"买什么"的因素，不再是要在别人眼中显得"尊贵"，而是诚实地考察自己的需要，厘清什么是必要的，什么是不必要的。

　　根据三浦展的观察，日本泡沫经济崩溃三十年后，大家开始反思"美好生活就是买买买"的乐观和天真。谁说大方烧钱才是"有面子"，节制消费就是"丢人"？不单普通人家，现在连有钱人也不肯轻易花钱了。"不随便买东西的生活才更精致"的观念开始赢得更多人的认同。

　　（二）不买衣服的优越感：环保意识的抬头

　　20 世纪五六十年代，日本工业高速发展，造成了很多"公害病"。这个时候出生的人，有一部分是工业污染的受害者，从小体质就受到了伤害。"公害"问题引起社会重视后，日本国内对环保问题的宣传教育非常重视。此后生长起来的一代人从小接受环保教育，不但学校讲环保，像垃圾分类、资源回收这种事情更是深入每个家庭。可以说，目前三四十岁这一代日本人，从小被植入了"环保基因"。当他们渐渐成为社会中坚，整个社会的环保意识也前所未有地增强了。

服装行业是一个对环境极不友好的重度污染行业。重工业工厂飘出的黑烟、汽车排放的尾气是看得见、摸得着的污染，而服装行业展现在人前的是精美的服装、时尚的模特，"美"的一面遮蔽了背后的"丑"。

环保主义者对服装行业多有批判。最近，服装行业内部也开始把这个问题摆到台面上来讲了。老牌时尚杂志 *ELLE* 的日文版（见图 1-6）非常罕见地做了个环保专题，给时尚爱好者展示了一组触目惊心的数字。

"2014 年全世界生产的服装超过了 10 兆件，比 2000 年翻了 1 倍。我们衣柜里的衣服，有 70% 是不会再穿的。送去回收的衣服，其中 80% 只不过是找地方掩埋了。地球降解一件亚麻衬衫需要 2 周，降解一件聚酯纤维的裙子则需要 200 年。生产服装需要消耗大量水，一件棉 T 恤就需要 700 加仑（约合 2650 升）水。世界上 20% 的水污染是由于服装行业处理布料造成的……"

另外，还有一些"魔鬼的细节"是深入服装行业才能知道的。比如，即使号称环保、无污染的天然面料也不见得安全。美国户外运功服饰制造商巴塔哥尼亚（Patagonia）的老板就介绍过，他们曾经进过一批"全棉"的 T 恤，但检测下来发现，实际棉的含量只有 70% 左右。原因是为了给布料染色或防皱，需要用很多化学试剂，其中多种药剂含有甲醛。此外，普通的棉花生产就需要投入大量农药，大面积的农田甚至需要用飞机喷洒农药，以至于棉花田里总是弥漫着农药的臭气。因此，除非是货真价实的"有机棉"，连棉花这种"纯天然"面料也不是那么让人安心。巴塔哥尼亚后来致力于推广有机棉的种植，利用回收的饮料瓶材料制作防寒服，彻底贯彻环保理念。

你看，先是花了一笔不小的钱买衣服，把它们塞满了衣柜，结果每天早上还是烦恼没有衣服穿，最后还污染了地球环境。无节制地买衣服简直是有百害而无一利。反之，合理购买服装，只花适当的钱，只买适合自己的衣服，不但穿得舒心，生活也更轻松，最终还减轻了地球的负担。

图1-6　关于服装与环境的一组数字

资料来源：*ELLE*（日文版）2018年8月号。

（三）淘旧衣的乐趣：热爱"古着"店的文化人

珍惜环境，不穿的衣服尽可能循环利用，这种意识促进了"古着"的兴起。"古着"就是旧衣服。也就是说，放着好好的新衣服不去买，反而去买些不知道谁穿过又淘汰的旧衣服。不过，比起环保，"古着"达人看中的更是"淘旧货"的趣味。淘"古着"的年轻人绝不是为了省几个钱不讲究，相反是对穿衣有独特见解的"潮人"。能从旧衣服中发现精品，不仅需要过人的服装品位，还要有重新阐释历史的能力，可以说是个人风格的绝佳展现。不知不觉间，"古着"变成了一门好生意，不仅这类风格独特的小店越开越多，而且擅长淘"古着"的人也成为一种特别的时尚偶像。

　　2015 年的芥川奖作家又吉直树也是一名搞笑艺人，凭着"搞笑艺人竟能斩获纯文学奖"的意外效果，他的首部小说《火花》成为芥川奖历史上首屈一指的畅销作品，获奖当年就销售了 240 万册！又吉在穿衣方面也很有想法，常年连任"最会穿衣的搞笑艺人"第一名，还在男装杂志开设专栏，介绍自己淘"旧衣"的心得。图 1-8 中，又吉买下了一件写着"YES WE CAN"的红色 T恤。原来，这是 2008 年奥巴马竞选美国总统时出品的衣服。十年后，当年鼓动人心的热血口号已经变成一缕云烟，特朗普继任美国总统，世界的格局也发生了剧烈变化。穿上这件"古着"，犹如与十年前的自己狭路相逢。

图 1-7　又吉直树的"古着"专栏

资料来源：*FINE BOYS* 杂志 2018 年 8 月号。

　　村上春树也有去"古着"店淘旧 T 恤的爱好。他在随笔中写到，自己在店里东看西看，可以消磨半天时间。村上收集了很多 T 恤，基本上都是这种二手货，很少有高级的名牌。媒体上露脸的时候，村上也总是穿着一件简单的 T 恤。

　　图 1-8 是西班牙的出版社为村上春树制作的宣传 T 恤，上面写着"KEEP CALM AND READ MURAKAMI"（保持镇静，读读村上）。标语戏仿了"二战"伊始英国政府用来安定人心的宣传口号"KEEP CALM AND CARRY ON"。

图 1-8　西班牙出版社为村上春树制作的宣传 T 恤

资料来源：*POPEYE* 杂志 2018 年 11 月号。

　　淘旧衣也能淘出故事来。20 世纪 90 年代，村上春树在夏威夷的毛伊岛发现一件黄色 T 恤，上面印着"TONY TAKITANI"。TONY 是个常见的英文名字，TAKITANI 则是一个非常罕见的日文姓氏，意思是"瀑布山谷"，这大概是个日裔美国人的名字。村上觉得这个反常的组合很有意思，而且念起来也很带感，就花了 1 美元买下来。之后，他每次穿上这件衣服都觉得被 TONY TAKITANI 催促着写一个故事下来，于是就有了短篇小说《托尼瀑谷》。故事的女主角酷爱时装，她买的名贵时装填满了一个又一个衣柜，直到压垮自己的精神。这个故事后来还被翻拍成了电影，由伊势尾行、宫泽理惠主演，坂本龙一创作影片插曲。

　　不过，村上自己也好奇为什么"托尼瀑谷"这个名字会印在 T 恤上，是不是确有其人。若干年后互联网普及，这个谜终于解开了。原来托尼瀑谷是夏威夷当地的一名议员，这件 T 恤是为他参加选举做宣传定制的，除了黄色，还有其他好几种颜色。当然，托尼瀑谷本人与小说主人公没有任何相似之处。据村上说，后来"真人托尼"曾托人邀请自己，说是"一起去打个高尔夫如何"。

可惜村上本人一贯讨厌高尔夫，所以最终也无缘见上一面。图 1-9 是夏威夷的托尼瀑谷展示同款白色 T 恤。

图 1-9　夏威夷的托尼瀑谷展示同款白色 T 恤

村上春树谈到自己的穿衣习惯，说是夏天基本只穿 T 恤和短裤，不穿袜子，直接套一双运动鞋。有一次村上应出版社邀请，去银座的高级日料店"吉兆"用餐谈事，结果到了门口，被服务员挡驾说"我们不接待穿短裤的客人"。出版社的编辑急出一身冷汗，好不容易为村上春树设下饭局，竟然不让大作家本人进门，这可如何是好。只见村上气定神闲地从包里掏出长裤和长袖衬衫，就在餐厅玄关大大方方地穿上，顺利"登堂入室"。

村上说，夏季出门，包里一定少不了带一套长裤衬衫。这也是他的服装礼仪。毕竟坚持自己的服装偏好的同时，也要考虑到其他人的立场。如果去参加别人家的婚礼、葬礼，村上也会按一般规则穿上黑色礼服。他的正装是"川久保玲"的，因为觉得这个牌子的裁剪比较符合他的身形。

（四）时尚从在意他人的眼光到融入自己的生活方式

三浦展在书中提到，最近日本街头用 LV 包的年轻女性好像变多了。仔细一看，她们拿的款式大多是多年以前流行过的旧款。原来，这批年轻人的父母正是经历了泡沫经济鼎盛时代的一代人，年轻时买了不少名牌包。如今五六十岁的人，拿着过时的名牌包，总给人一种韶华已逝的悲怆感。不过对年轻人来说，有了一个质量不错的包包，也是一件开心的事。到了下一代手中，奢侈品包包终于不再是追逐时尚的证明，而变成了一件真正的生活用品。

一件经久耐用的商品，能够给两代人使用，也就没那么昂贵了。为了要更长久地使用一件物品，人们不得不用得更小心，这样一来，"珍惜物品"的价值观又开始得到重视。不知不觉间，修理行业重回人们的视野。"修修补补又三年"，听起来很土吧。但现在人们去修理不是因为缺钱，而是因为真心喜欢这件东西，想要一直用下去。

2011年芥川文学奖作家朝吹真理子出生于名门，她从母亲那里得到了一个外婆用过的爱马仕凯莉包（见图1-10）。这个20世纪80年代制作的古董包一直被母亲塞在柜子里，拿出来的时候就好像被饼铛压过一样。于是先送到修理店修补，让它恢复了往日风采。不过，这种经典款式看起来比较老气，跟年轻人平时穿的休闲服装不大好搭配，所以一直被朝吹束之高阁。

图1-10　朝吹真理子从外婆那里得到的爱马仕凯莉包以及那天带的大米、萝卜

到底怎么以自己的方式来使用这个包呢？一天，朝吹当时交往的男朋友请她去家里聚餐。朝吹觉得，终于到了该凯莉包出场的时刻了！于是在包里装了大米和圆萝卜带去，一起煮饭吃。后来男朋友变成了丈夫，可以想象那天的家庭聚会一定是其乐融融。

这以后，朝吹渐渐习惯了使用凯莉包，现在提着凯莉包、带着 MAC 电脑去咖啡馆写作已经成为她每天的日常生活。与之相配的服装仍然只是最普通的白衬衫和长裤而已。

朝吹说，斯人已逝，物品却留了下来。拿着凯莉包的时候，就觉得自己不仅仅是一个人，自己所面对的时间也不仅仅是"现在"。从遥远的过去到未来，这些时空中的人所经历的时间，好像都呈现在眼前了。这就是珍惜旧物的魅力吧。

（五）消费降级，与物品相处的新方式

不愿轻易购物也好，把旧物件修修补补也好，都反映了社会发展到一定程度，人们对"人与物"相处的方式的再思考。

人需要物品才能生活。一开始，物品只是满足实用需求的必需品。渐渐地，大家开始可以买到一些品质更好、更精美的产品，而商家的宣传口径都差不多，"买我的品牌才是有面子"。很多人渴求时尚，其实是向往成为更有价值、有"个性"的人。不过，细想下来，不管什么产品都是工业生产的结果，有些东西确实品质更好，但听说什么牌子"有个性"就买什么的人，远远谈不上"个性"。

只有通过使用让这个物件变成自己的东西，才可以说是在物品上体现了"个性"。领会了这一点的人们抛弃了轻浮的广告说辞，开始自行阐释属于自己的时尚。在人对物品的"驯化"和"珍惜"中，一种新的关系成立了。这时候，即使穿着最普通的衣服，也会因为有了个人色彩而变得富有"个性"，或者说对这个人有了独特的价值。

对时尚的阐释权不再掌握在商家和广告手里。越来越多的人要求自己来定义何为时尚。这导致了原先由卖方定义的整齐划一的消费方式土崩瓦解，而新的时尚观是个人的、分散的、非热点的，于是就出现了"消费降级"现象。或许，我们已经可以看到硬币的另一面："消费降级"并不意味着消费市场的低迷，而是人们对购买和使用物品的观念发生了变化。对于"个人阐释权"的渴望或将成为消费转型的新动力。

资料来源："低欲望"日本的时尚新观点：不买衣服，到底是穷还是酷？［EB/OL］.［2018-11-09］. https：//www. thepaper. cn/newsDetail_forward_2589324.

二、案例二

 土创经济学 | 给孩子买名牌，是炫耀还是避险？

走在街上，经常看到一些人穿戴着各式各样的名牌服饰，脸上写着满满的得意。完全能理解，毕竟随便摘下一件，那都可能是上万元甚至几十万元的价码。

平时空闲时间喜欢逛边上的商业 Mall，其中有不少名牌专柜。厚着脸进去长见识，一件看似普通的 T 恤标价五六千元，吓得直吐舌头。斗胆伸手摸了摸布料，没觉得有多特别。再审视一下设计，也体会不到内在的美感。只能说自己太土了。据说这件 T 恤还是某艺术家设计的。昂贵的价格，蕴含着艺术家的创作价值。这么理解就对了。同样类型的 T 恤，普通的款式标价只有这种特定款式的零头，两者之间的价格差异就是艺术价值。只是艺术价值很大程度上取决于消费者的认同，消费者认为这件 T 恤美，愿意支付艺术美溢价，就如同购买艺术家的一幅画，那么这种购买行为也是理性的。

20 世纪初有一个美国经济学家凡勃伦并不这么认为。在他看来，这类物品没法用性价比去衡量，本质上是奢侈品，消费者购买这类物品，并非出于实用，而更多的是为了炫耀。凡勃伦用"炫耀性消费"一词来概括这类物品的消费行为。

炫耀性消费和理性消费的差别在于，前者在支付溢价时，并非真正认识到这件 T 恤的艺术价值，而是仅仅看中这件 T 恤的品牌。同样的这件 T 恤，如果不是这个牌子，而是一个非常普通的牌子，就不会值这么多钱了。如何才能识别这种差异？有些地方的茶叶品质不错，但没名气，价格很低，好的茶也就一两百元一斤。有些人把这些茶叶收购后，做成某著名茶叶，同样的茶叶贴上不同的名字，价格瞬间就变成了一两千元。喝茶的人到底是在喝茶，还是在喝品牌？按照凡勃伦的说法，其实是后者，这就是炫耀性消费。

炫耀性消费是消费给别人看的。某人以为穿件名牌 T 恤就显得富有，有社会地位、上档次，周围人就会表示羡慕，这样自己就从中获得了快乐。这种快乐增进就是经济学里常讲的效用。炫耀性消费给消费者带来的效用提升是来自他人的赞赏。只不过这种赞赏是自己以为别人会赞赏，实际上别人未必真的赞赏。因此，炫耀性消费本质上还是个人的认知出现了偏差。据说凡勃伦自己就喜欢炫耀，作为风流倜傥的才子，出没于各种社交场所。大概是切身体会，当然也的确才华横溢，很快就提出了新的经济学理论，炫耀性消费理论就是其中之一，直到现在人们还用该理论来有效解释各种奢侈品消费行为。

除了个人，企业也喜欢名牌。有些企业特意购置了豪华车，专门作为公车使用。不过，这种企业消费行为似乎不能用炫耀性消费来解释。有些经济学家把该类消费归结为代理问题。也就是说，当公司高管不是公司的所有者时，就可能利用手中的职权来尽可能多地在职消费，购买豪车、装饰华丽的办公室等都是在职消费的代表类型。代理问题随处可见，这些在职消费也很容易观察到。只不过即便是一些私营企业主也喜欢购置豪车，这就不能归咎为代理问题。那这些企业主又是什么样的消费动机？据说是为了面子。如果公司太寒碜，去见客户或者接待客户时，开一辆几万元的车去，会被别人鄙视，从而无法做生意。这里就有了另外的含义，购置豪车并非出于炫耀，而是为了向客户显示自己的实力，意思是看自己的车就知道自己的公司是财力雄厚的。从这个角度讲，购置豪车的行为就可能起到了信号发送的功能。

做生意的人特别在意吃穿用的物品的品牌。市场上信息不对称严重，客户对自己的情况一开始并不完全了解，通过品牌物品的使用，可以发送某些有用信息。问题在于，这些信号也可能是伪装出来的，一个财务危机的企业也可能打肿脸充胖子，购置一些奢侈品来冒充雄厚的财力。因此，奢侈品作为信号机制是否有效？还真没有确定的解答。然而当企业主在不做生意的时候，也是珠光宝气地行走于市井之间，那就和信号机制不搭界了，这就纯粹是炫耀。当然，也可以说这是为了面子。要是某人手里拎个十几万元的包，觉得特有面子，走在小区里意气风发。问题在于，别人没法辨识这是十几万元的名牌包，也就不会注意。那么面子从何而来？还不就是自己以为有面子罢了。所以这种要面子本质上还是炫耀。

对名牌物品的消费是一件非常有意思的事。成年人的世界总是伴随着炫耀或者信号，但这些经济学理论搁在未成年人的世界似乎就解释不通了。孩子开始喜欢滑板车，去商场转了几圈，发现滑板车的价格相差非常大，便宜的也就一两百元，贵的要五六百元，甚至上千元。买便宜的，还是买贵的？有些家长觉得，反正孩子随便用用，过一阵就用不上了，不如买便宜的。其他家长则认为，应该买贵的，贵的质量好，安全有保障。在小区里找了几个不同价位的滑板车试了试，确实差距很大，好的滑板车稳定性好，结实，而且不失灵活。不比不知道，贵就贵点，还是得买好的。婴幼儿用品买名牌，看似花费多了好多倍，但从安全性的角度想，这付出也值得。

孩子的世界充满了太多的不确定性，而其自身的抗风险能力又没形成，只能依赖大人的决策。大人决策的类型，决定了孩子抗风险能力的强弱。尽量买好的物品和食品，就是为了帮助孩子提升抗风险的能力。从这个角度看，给孩子消费名牌物品，是避险的需要，和炫耀性消费无关，也和信号机制无关。比如说，当孩子开始学走路时，买鞋子就是一大难题。贵的鞋子五六百元一双，便宜的也就一两百元。买什么类型的鞋子？孩子的脚长得快，单算经济账，买贵的肯定不划算。但孩子的脚正在发育，便宜的鞋子万一影响到脚的生长怎么办？贵的那款鞋确实既合脚又舒适，孩子也特别喜欢。不带犹豫地就买了贵的鞋。便宜的鞋未必会伤脚，不过为了那个万一，还是规避点好。

大人舍得给孩子花钱，很多时候并非出于溺爱，也不是出于炫耀，更谈不上浪费。做父母的大多是出于保护孩子的角度考虑，避险是主要的。让孩子更安全健康地成长，是每个父母的目标。为了这个目标，就会多花很多钱，而多花的钱其实就是风险溢价。为了规避那一点点风险，就得支付不菲的钱。这世上没有什么确定性的东西，只要有不确定性，就会有风险。人们为了避险，会额外支付溢价。这是一种理性行为。只不过因为无法准确预估风险发生的概率，所以在支付溢价时，就会采取过度支付的方式。消费者的过度支付构成了企业生产昂贵名牌物品的动力。企业挣了钱，消费者买了个放心，谁也不亏欠谁，这就是市场给社会带来的福祉。

资料来源：土创经济学 | 给孩子买名牌，是炫耀还是避险？[EB/OL].[2019-10-22]. https：//cj.sina.com.cn/articles/view/5044281310/12ca99fde0200103bi.

三、案例三

 非炫耀性消费来袭，到底什么才是真正的有钱？

2018年2月福布斯网站发表文章称，截至2017年底，中国富豪财富总和比去年增长了26%，总额达到1.2万亿美元，约有400名亿万富豪进入福布斯中国富豪榜。

在任何一个时代，富人都需要给自己带上一种标签，从而维系在社会中的地位，既不能脱离这个圈层，又不能让别人随便闯进来。所以，不少富人总习惯以普通人无法企及的方式来标榜自己，比如奢侈品加身、豪车代步。

这种消费模式被称为"炫耀性消费"（Conspicuous Consumption），这是一百年前挪威裔美国经济学家托斯丹·邦德·凡勃伦提出的一种经济理论，也称为韦伯伦商品（Veblen Good），指的是那种能满足人类的虚荣心、炫耀财富与地位的商品。

不过，细心的人们会发现，越来越多的财富阶层开始选择不那么炫耀式的生活，也不再用这种韦伯伦式商品来标榜自己的身份。无论从开的车、买的包、穿的衣服，还是其他一些以前通常喜欢在人前显示的物品，都越来越趋于低调。

富人阶层的人群当然不是消费不起让很多普通人需要节衣缩食很久才能欢天喜地地偶尔购买一下的那些奢侈品牌，之所以把消费的重心从人们看得见的奢侈品牌转移，是因为这些财富阶层已经进入一种"隐秘的炫耀"这种消费模式中。在众多"隐秘的炫耀"中，富人阶层不约而同地选择了教育和文化。不论是对自己的再教育还是对子女的教育规划，都是能让富人阶层们趋之若鹜的"投资性消费"新观念。

是的，"投资性消费"，这是一种和"炫耀性消费"截然不同的消费观念。顾名思义，这样的消费方式在于选择投资的渠道，而投资的目的则在于获得，包括获得更多的物质回报，以及获得更多的精神回报。尤其是后者，是新世界阶层结构下如同百年前的奢侈品一样，能够区别富人阶层和普通人阶层的方式。

我们正在进入一个谈资比名牌包还要贵的社会。设想一个这样的场景：在一个聚会上，你跟两位年轻女士聊天。其中一位女士拿的包看上去挺一般，但是谈吐不俗，可以随意引用《经济学人》杂志对英国大选的分析，或是《纽约客》上一篇讽刺美国政治的文章里的观点。另一位女士的包一看就是名牌，但她谈来谈去，不是电视剧里的剧情走向，就是娱乐杂志对于某明星的绯闻的报道。这是在美国对阶层的划分。

然而在英国，人们对阶层的划分还体现在坐地铁时看什么报纸，因为该国民众读报的习惯相当普遍。一位曾旅居英国多年的美国教授乔·富特（Joe Foote）曾经说过，在伦敦乘地铁，你可以从人们看什么报纸，就能知道他们的阶层、政见和生活方式。这也正是包括英媒《卫报》等认同的"You are what you read"（你阅读什么，你就是什么人）。

比如，着装品位类似的两个人站在一起，分别在阅读《独立报》和《太阳报》。《独立报》为中上产阶级的严肃报纸，而八卦小报《太阳报》则意味着低端市场人群，读者很可能没上过大学。

更值得注意的是，在英国，衣服可以穿错，报纸是不会被拿错的。因为严肃报纸上的文章从措辞到观点，也都是没有在教育上面进行过大量投资（时间和金钱）的群体所无法看懂的。普通人可以伪装看不属于自己阶层的报纸，但看几句就通常读不下去了。

法国社会学家皮埃尔在《资本的形式》中提出了文化资本（Cultural Capital）的概念。文化资本是一种通过教育洗礼，历练而成的个人优势，与生活品位息息相关。建设文化资本就是美国精英阶层们巩固地位、封杀其他阶层上升的新手段。

在今天的西方国家，答案已经很明确 —— 谈吐和阅读习惯以及品位，不仅反映了人们的学识，同时还代表了他的财富量级。美国常春藤盟校的学费，以及父母对能够拿到常春藤盟校录取通知书的子女从小的教育布局和资金支持，都是极其高昂的开销，每一步都在向普通阶层的群众传递一种信息：知识很贵，只有社会地位高的人才配谈知识！

然而这些，和是否能够订阅得起一本专业杂志不太相关。拥有杂志和书籍本身并不是高消费，也不代表阶层已经被区分开来；但是读得懂这些杂志，能够受到最好学校带来的最好教育，才是透过这些消费现象的本质，也才是富人阶层的"投资性消费"。

如今西方国家的富人，把财富越来越多投入各种"无形"的消费和投资——更好的服务、更优质的教育、最好的医疗保险等。国内出国服务领军品牌外联出国专家透露，越来越多的中国新兴富有阶层选择送子女出国留学，而且留学年龄日趋低龄化，希望子女能够从小获得最优质的教育，站在更高的起点放眼整个世界。

2016 年 3 月，教育部发布《中国留学回国就业蓝皮书 2015》称，2015 年出国留学人数已达 52.37 万人，2014～2015 学年，赴美国读研究生的中国学生达 120331 人，较前一年增长 4%；赴美国留学读本科的中国学生达 124552 人，较前一年增长 12.7%，占中国留美学生总数的 41%。

美国的教育世界首屈一指，名校云集，在每年的世界大学排名中 TOP20 院校美国名校占据半壁江山。外联集团教育专家表示，美国大学非常重视对人才的吸引和投资，只要在各方面都很优秀，申请到减免学费、全额或部分奖学金的机会也非常大。而且，美国大学对于本国和持有绿卡的学生在奖学金的批准上名额有所倾斜，只要学生在校表现出色，奖学金可以支持在美学习期间的全部学费和生活费。

美国欢迎来自世界各地的外国人到美国寻求发展，"多样化"是美国大学非常注重的一项因素，在这里，可以接触到更为丰富多彩的生活。越来越多的外国人选择将自己初中毕业的小孩送到美国读书，通过高中阶段的过渡，能够更早地培养子女的国际意识，也能够更自然地适应美国学校的教育方式和校园文化。总而言之，都是希望子女接受更好的教育，而且这样的教育越早能够接触到自然越好。

如此一来，到美国接受具有世界视野的高质量教育，子女的未来才是富人阶层眼下可能会带来最高投资回报率的投资性消费。为了让这样的教育早日付诸实现，给全家人一个绿卡身份，让孩子能够尽早在美国开始浸入式的学习，同时获得家人的陪伴，才是这项投资性消费的第一步。

正在如火如荼施工中的中海首个美国高端公寓开发项目"中海哈德逊99号"，已经开放了"EB-5投资移民计划"，拟募集最多600位EB-5投资人，共3亿美元资金投入该项目建设中。千亿上市公司母公司中国海外集团承诺投资人六重担保：EB-5贷款还款担保；资金不到位，开发商出资担保；I-526不通过，还款担保；I-924不通过，还款担保；项目完工担保；环境担保。

除此之外，每位投资人所创造的平均就业机会为14.7个，远大于移民局所规定的10个就业岗位的要求。因此，进入该计划中的投资人都能顺利拿到绿卡，转换在美合法身份。"中海哈德逊99号"项目位于新泽西州的泽西市，新泽西临近纽约，尤其是泽西市和纽瓦克，和纽约仅一河之隔。有西华尔街之称的泽西市还是纽约的"第六区"（是纽约大都会区的一部分），从这里到位于曼哈顿下城的新世贸大厦仅地铁一站路的距离，泽西市是地区教育中心，有众多高质量的中小学，在教育子女的问题上，泽西市从教育水平、师生比例等方面，均占优势。

此前，根据美国移民局EB-5改革方案，原本50万美元的投资额将上涨到135万美元，100万美元涨到180万美元。我们有理由认为，新规将能直接影响中海项目，"提价"并不是随便说说而已。因此，"中海哈德逊99号"项目开放的600位EB-5投资人名额在这样的转折时刻，或许是既能赶上最后一班未提价顺风车拿到美国绿卡转变身份，又能同时占据最具价值投资项目一席之地的完美项目。

资料来源：非炫耀性消费来袭，到底什么才是真正的有钱？[EB/OL].[2018-03-29]. http://blog.sina.com.cn/s/blog_59b288a90102xxo8.html.

四、案例四

 如何让员工更具有归属感

对于美国公司来说，为什么会出现员工中缺乏归属感的情况成为常态而不是偶尔才出现的例外的问题？

现在，我们可能已经找到正确答案的所在。按照盖洛普组织从2000年就开始进行的归属感调查得出的结果，员工对于公司内部情况表示满意度的比例一直保持相对恒定——这就是不到总数的1/3。最近，盖洛普发布了2011年第三季度每日跟踪调查的结果，最新的数字是29%，相比近十年历史最高值低了一个百分点。完全没有归属感的比例则达到了非常令人沮丧的程度——这就是接近52%，与去年同期相比有一个百分点的出入。在所有劳动者群体中，归属感最低的部分是中年熟练工人。

盖洛普指出，来自其他方面的大量研究报告也可以证实，员工归属感较高的公司更容易表现出"业务加速发展的趋势"，而与此同时，更高的归属感也可能导致对"生产效率低下"问题的容忍度上升。

在确认缺乏归属感这一现象的存在之前，我们应当对产生的具体原因进行深入探究。造成这种情况的一项重要原因就是很多员工认为自己没有得到足够的信任。他们认为高层管理人员总是不遗余力地推卸掉自身应当承担的责任并攫取更多的额外收入，而与此同时中下层员工则失去了获得进步和提高的宝贵机会。由于某些高层管理人员缺乏足够的远见（这才是需要领导发挥独特作用的领域）以及既定的目标（公司应当做什么），从而让这种感觉在公司内部迅速蔓延开来。

从个人层面来看，员工对公司没有太多归属感的主要原因就是对上级的工作表现不满，认为他们没有做什么重要的事情，并且不认可自身的出色工作。因此，对于领导者来说，应当怎样做才能有效应对接下来的挑战呢？首先，就是要明白解决该问题并没有捷径可走。如果基层员工对高层管理人员没有足够信心的话，领导者就必须找到方法来证明自身的价值所在。与此同时，如果员工感觉自身与工作之间没有什么联系的话，他们也必须找出造成这种情况的原因。

对于公司来说，弥合人员之间鸿沟的常用方法就是对目标进行重新标定。原因就在于目标感会让管理层与广大基层员工凝聚为一体。人们可以将公司存在的原因定义为目标。坚定目标就可以成为远见——我们希望达到的目标、使命——我们想做的事情，以及价值观——让我们凝聚成为一体的真实原因等方面的催化剂。

它并不是一种巧妙的文字游戏。对于公司来说，这属于一项最基础的问题。也就是说，只有在员工了解到公司宗旨之后，才会明白自身工作是如何促进目标成功实现的。

在各行业的顶尖公司中，人们就可以看到目标感淋漓尽致的表现。当与这些公司进行联系的时间——无论是作为一名客户、病人、最终用户甚至来访者——人们都可以获得类似的感觉，这就是"这些人是真的知道自己在做什么事情。"目标不是天上掉下来的，它来源于公司领导，并贯穿到内部的方方面面。举例来说，高层管理人员就应当关注问责情况和透明度；他们还应该与基层员工保持经常联系。以此类推，中层管理人员也应该仿效其做法。最终，基层员工就可以认识到这一点。如果采用的是自上而下的模式，所谓坚定的目标并不能坚持下去；只有坚持从下到上，一步一个台阶，才能够保证目标实现苗壮成长。因此，这就意味着所有人都需要尽到自己的责任。

按照 19 世纪英国政治家本杰明·迪斯雷利的观点，"成功的秘诀就在于向着既定目标坚持不懈地前进。"

资料来源：如何让员工更具有归属感 [EB/OL]. [2012-02-15]. http://www.ceconline.com/mycareer/ma/8800063444/01/.

第二章
前人研究成果回顾

〜〜〜〜〜〜〜〜〜〜〜〜〜〜〜〜〜〜〜〜〜〜〜〜〜

第一节　权力的相关理论

一、权力的后果

权力的学术研究最早可以追溯到政治科学（Political Science）领域。随着理论研究的发展和进步，商学院中的管理学与消费者行为学等学科也逐渐开展了权力的相关研究。鉴于权力有着易变性的特点，现有的大部分研究主要着力于探讨权力的后果。根据权力水平的差异，现有的研究大体上说，可以分为拥有权力的后果与权力缺失的后果两大主题。贯穿于这两块研究中的，其实有两个非常重要的理论，大部分的实证结果都可以由这两个理论来解释。下面，笔者就以这两个理论为主线，回顾并总结有关权力的后果的相关理论。

第一个理论论述的是权力和能动与公共（Agentic Versus Communal）倾向的关系。简要地说，这一理论认为：高权力者具有能动倾向（Agentic Orientation），会通过自我保护、自我肯定以及自我膨胀来增加自身的能动性。与此相反，低权力者具有公共倾向（Communal Orientation），通常将自己看成是集体中的一员。这一能动与公共的区分有些类似于文化维度中的自我建构（Self-Construal）（Cross, Hardin and Gercekswing, 2011; Gardner, Gabriel, Lee et al., 1999）。当然，尽管有相关性，但是区别还是很明显——自我建构主要强调的是人与人之间的相互关系，能动与公共倾向则涉及认知、态度和行为的各个方面（Bresnahan，Chiu and Levine，2004）。

根据权力的能动与公共倾向理论，因为高权力的个体有较高的能动性，因此，他通常可以更好地管理自己的认知资源（Cognitive Resource），并提升自我控制（Self-Regulation）的能力，因而在追求目标（Goal Pursuit）的过程中也能够表现出更多的与目标一致（Goal-Consistent）的行为（DeWall et al.，2011；Guinote，2007）。同时，能动倾向还可以使人们"做最真实的自己"，从而较少地受到外界因素的干扰，所以高权力者展现出更少的从众行为（Galinsky et al.，2008）。类似地，Galinsky、Gruenfeld 和 Magee（2003）还发现，能动性还促使高权力者更加坚决果敢，他们有着高乎常人的行动导向（Action Orientation）。并且，权力导致的高行动导向并不只是针对和权力有着直接关联的行动，哪怕是在与权力完全无关的情况下，高权力者同样会有更高的行动动机。此外，高权力个体的行动也不是出于利己或是利他的动机，因为在实验中，高权力的被试无论是在有利于还是有悖于社会公共利益的情况下，都倾向于展开行动。所以，拥有权力导致的是纯粹的行动（Mere Action）与性质（Valence）无关。这一发现后来被总结成为权力行动理论（Power Action Theory）。作为社会心理学领域的发现，权力行动理论后来也被应用到消费者研究的领域。Jiang、Zhan 和 Rucker（2014）基于权力的行动导向视角，提出并验证了关于权力和消费者转换行为（Switching Behavior）的假设。因为高权力与行动相关联，并且转换行为通常需要以某种形式采取行动，所以高权力的消费者会更加频繁地进行转换。这一研究有着很强的实践意义，因为消费者的转换行为实际上是顾客忠诚（Loyalty）的反面，商家需要知道哪些消费者是潜在的长久客户，从而设计针对性的营销策略。

高权力增强了个体的能动倾向，进而也会影响他们的思维方式。其中一个典型的代表就是高权力会增加人们的心理距离（Psychological Distance）（Lammers et al.，2011；Magee and Smith，2013）。这是因为心理距离本身就和能动与公共倾向有着内在的联系。具体来说，能动倾向使人们专注于目标，而目标在本质上是抽象的（如我希望可以提高学习成绩，这就是一个抽象目标）；然而公共倾向的焦点则指向环境中的其他人（如观察和揣测别人的需求），这就会使得人们的思维变得更加具体（Abele et al.，2008）。因此，能动倾向相比于公共倾向会造成更长的心理距离。同样地，心理距离的增加反过来也会促进能动倾向，减少公共倾向（Stephan，Liberman and Trope，2011）。和这些观点一致，

Smith 和 Trope（2006）发现，权力还影响人们在思维方式中的抽象化程度——相比于低权力者，高权力的个体具有更高的抽象思维（Abstract Thinking）。

由权力的能动与公共倾向理论衍生出的另一条线索是关于自我与他人的认知（Self or Others Perception）。众所周知，能动性强的人会更加注重自我，更加具备胜任的、积极的、独立的、果断的特质。然而公共性高的个体则会非常关注他人，表现出亲和善良、乐于助人、关心和同情他人的需要等特点（Abele，2003；Rosette and Tost，2010）。与此观点类似，Rucker、Dubois 和 Galinsky（2010）通过社会层级角色任务（Social Hierarchy Role Task）将实验的参与者分别操纵为权力状态不同的个体，然后要求他们为自己或其他人购买巧克力，每个巧克力需要花费 5 美分。当为其他人购买时，低权力参与者购买的巧克力是高权力被试的 3 倍。相比之下，当为自己购买的时候，高权力的参与者购买巧克力的数量则是低权力参与者的两倍。在另外一个实验中，研究者们复制了这一效应，并且进一步验证了高权力者更愿意为自己支出的原因在于他们认为自己更加重要（Self-Importance）；而低权力的被试乐意为别人花钱的心理机制则是对别人的依赖（Dependence on Others）较高。进一步地，Dubois 等（2011）发现权力具有调节禀赋效应（Endowment Effect）的作用。虽然经典的禀赋效应认为，一般来说，当一个人拥有某项物品或资产的时候，其对该物品或资产的价值评估要大于没有拥有这项物品或资产的时候，即人们会高估自己拥有的物品的价值（Kahneman，Knetsch and Thaler，1990；1991）。但是，这项研究却发现，尽管高权力的人认为他们拥有的财产会更有价值，但是低权力状态的个人则会低估自己拥有财产的价值。所以，在低权力者身上，出现了"反禀赋效应"（Reverse Endowment Effect）。

除此之外，低权力感导致的公共倾向在低权力者借助外界的刺激弥补心理缺失感的行为中表现得淋漓尽致。Mandel 等（2016）的补偿性消费模型（Compensatory Consumer Behavior Model）梳理了一系列这样的表现。例如，Rucker 和 Galinsky（2009）通过三项实验研究了权力如何影响消费者的支出倾向。通过整合三个方面的研究结果：①低权力是人厌恶的消极状态；②地位是权力的基础之一；③产品可以表明一个人的地位，人们认为低权力会激发起个体获取与地位相关的产品以进行心理补偿的愿望。实证的结果也支持了这些假设，低权力提高了消费者对拍卖物品的支付意愿、谈判中的保留价格，不过，前提是这些产品与地位有关的时候。类似地，在近期的一项研究中，Wang、Raghunathan 和 Gauri（in press）进一步发现，低权力感的消费者还会通过多样化寻求行为

（Variety Seeking Behavior）补偿缺失的权力感。并且，这一效应被自主性需求（Need for Autonomy）中介，只要这一需求被满足，"权力—多样化"行为的效应也不复存在。另外，研究表明缺乏权力的个体会感觉到自己的力量不够强大，因此有着更强烈的社会关系（Affiliation-Seeking）构建动机（Case, Conlon and Maner, 2015）。

第二个理论体系是权力控制模型（Power-As-Control, PAC）。顾名思义，这一模型是指掌握权力意味着拥有控制（Fiske, 1993）。这和权力依赖理论（Power-Dependence Theory）一致——这一理论同样认为，高权力者对低权力者的权力就等于低权力者对高权力者的依赖（Emerson, 1962）。运用这些理论，Inesi 等（2011）发现，权力和选择权（Choice）有互为补偿的作用（Substitution Effect）。一方面，低权力状态会促进人们对于选择权的追求；另一方面，当人们拥有的选择匮乏时，也会反过来追求权力。此外，权力与选择权之间还存在一种门槛效应（Threshold Effect）：因为都代表着控制感的来源，所以一旦提供了其中的一个（如权力），那么另一个（如选择权）的增加就会展现出边际收益递减，即吸引力下降。

根据权力控制模型，Keltner、Gruenfeld 和 Anderson（2003）提出了权力的"接近—抑制"理论（Approach-Inhibition Theory）。人们认为，高权力会使人们接近，而低权力则会让人抑制。具体来说，拥有权力与正面情绪、对于奖励信息的关注、自动信息处理（Automatic Information Processing）、快速判断以及不受约束的社会行为相关。相反，低权力则与负面情绪、对于威胁信息的关注、受控的信息处理（Controlled Information Processing）、优柔寡断以及自我抑制的社会行为相关。进一步地，Rucker 和 Galinsky（2009）将权力的接近与抑制特性应用于消费心理和行为的分析。人们发现：高权力将导致个体聚焦于自己的内部需求，因此更加偏爱能够提供直接效用（如性能、质量等）的产品。相反，低权力会促进恢复权力的补偿动机，因此低权力者更喜欢外部可见的消费（如炫耀性奢侈品消费），借此向别人展示自己的地位。

高权力确实意味着高控制力，然而，控制力过强带来的未必都是积极的结果。Fast 等（2009）发现，权力有时会导致虚拟的控制感（Illusory Control）。这种虚拟控制感已经超出了权力本身所涉及的范畴，会使高权力者高估自己，从而做出一些不理性的行为。例如，在一些纯运气的事件中，例如赌博，也会觉得自己赢的可能性更大。可见，高权力会放大自利归因偏差，觉得好事情发生在自己身上的概率会比发生在别人身上的概率更高。类似地，Kim 和 Mcgill

（2011）发现，人们的风险认知（Risk Perceptions）系统会受到风险载体拟人化（Anthropomorphism）程度的影响。然而，拟人化的效应又进一步地被个体的社会权力感调节。具体来说，当风险承担实体（如博彩机器和皮肤癌）被高度拟人化时，低权力消费者在玩博彩机器时的感知风险更高，认为自己输钱的可能性更大，并认为自己患上皮肤癌的可能性也越大。相比之下，高权力的消费者在实体拟人化程度较低时反而会感觉到更大的风险。这是因为具有高（低）权力的人认为自己对拟人化实体（见图 2-1）的控制程度更高（更低）。

图 2-1　拟人化的博彩机器

　　高权力者爆棚的控制感和自信心甚至会诱发他们去做一些有违道德的事情。Lammers 等（2011）进行了一项关于权力与出轨（Infidelity）问题的研究。研究者们通过网络问卷的方式调查了 1561 位男女职场中人对婚姻、权力、性别、出轨等问题的情况和态度。这些被试中，包括了从资历较浅的菜鸟级别员工一直到最为资深的经理。而且，考虑到没有婚姻也就不存在出轨问题，研究者剔除了 286 名并未处于婚姻关系中的参与者，最后的结果是从 1275 名被试得到的。其中 46% 是女性，54% 是男性，平均年龄为 39.1 岁。研究者们发放的问卷中有几个最为关键的问题，其中包括让受访者们评估自己的职位在所处组织中的重要程度（其实就是权力感的测量），并按照实际情形从 0 到 100 的范围进行打分。接下来，受访者们回答了一些较为私密的问题，例如"你有没有想过背着爱人出轨？"或者"你是有多频繁和伴侣以外的其他人拍拖？"经过统计分析，结果表明，权力和不忠的程度有很强的正相关性。即越是权力高的人，出轨的倾向就越强。而且，重要的是，高权力者实际发生出轨行为的比例也越高。这一效应非常稳定，即便研究者控制了年龄、智力等因素，依然存在，并且不被性别调节。这一点可能有一些反常识。但是事实就是，无论男女，只要获得了权力就会更容易出轨。进一步地，研究者还探讨了权力引起出轨的原因到底是什么。结果发现，权力引起的信心的增长是引起出轨的最关键的因素。这种非理性的自信会带来两方面的结果：一是相信自己对于异性的吸引力非常大，具备出轨的硬性条件；二是有信心不会承担出轨带来的负面结果（包括道德上、经济上等）。这些心理都促使高权力者更加容易出轨。更有甚者，研究还显示高权力会使人们更加非人化（Dehumanization）（Lammers and Stapel，2011），即否认其他人或动物具备的"人性"相关的基本要素，并将其视为客体的过程。这是因为处于高权力位置的人常常需要为其他人做决定，而为别人决策通常是比较麻烦和痛苦的。但是，如果这些人都被非人化，那么这种痛苦也就被淡化和减轻了。

恰恰相反，低权力者的控制力则受到严峻威胁。经典的心理学研究发现，经济贫困的 10 岁儿童对货币对象（如硬币）物理尺寸的感知要大于经济上较为宽裕的 10 岁儿童（Bruner and Goodman，1947）。研究者们将这一效应产生的原因归纳为金钱对经济贫困的儿童具有更大的价值，据此，这些孩子认为它的物理体积也更大。Dubois、Rucker 和 Galinsky（2010）在权力的情境中重新考察了这一效应。在其中的一个实验中，参与者首先通过一个回忆任务（Recall Task）启动被试（高或低）的权力状态。随后，实验者要求他们尽可能准确地绘制出一枚 25 美分的硬币。尽管每个人都被要求需要尽可能准确地进行绘制，但是，低权力被试画出的硬币尺寸却比高权力被试画的大得多。这些研究结果表明，暂时的权力状态本身就足以重现出 Bruner 和 Goodman（1947）的经典结果。

二、权力的前因

相比于已经取得了丰硕成果的权力后果的研究，关于权力前因的探讨可以算得上是较为新鲜的研究话题。直到近些年来，才开始有一些学者投身到这一领域。虽然研究的数量不是很多，但是都颇具影响力。

例如，在 Carney、Guddy 和 Yap（2010）进行的一项非常有趣的研究中，由以前的研究结论出发并提出新的问题——既然人类和其他动物都会通过开放、伸展的姿势（见图 2-2）表达权力，并通过收缩、闭合的姿势表达无力，那么，这些姿势能否真正地引起个体的权力感？在这项研究中，结果显示通过展示高权力的肢体语言（与展示低权力肢体语言相反），会导致参与者的神经内分泌（Neuroendocrine）和行为的改变（不论是男性还是女性）。高权力肢体语言的展示会使得他们的睾酮（Testosterone）水平升高，皮质醇（Cortisol）减少，以及更高的权力感和风险忍受度。低权力的肢体语言则表现出截然相反的模式。总之，摆出权力的姿势可以引起一系列具备优势和适应性的心理、生理以及行为的变化。

图 2-2　展示权力的肢体语言

前面笔者提到过高权力会引起能动倾向和更长的心理距离，进而使高权力者会更多地采用抽象的思维方式。Wakslak、Smith 和 Han（2014）探索了这一因果关系的另一个方向：使用抽象的语言会有助于人们在别人的眼中成为拥有权力的主体。他们的理由恰恰是，因为权力激活了抽象（Smith and Trope，2006），所以当观察者发现别人使用较为抽象的语言时，就会反过来推导这个人既有较高地评价别人工作的意愿，又有更多的抽象思维，因此，也拥有更高的权力。Oveis 等（2016）进行了另一项关于语言和权力的研究，不过将研究的目光投向了一种更为简洁但同样信息丰富的情绪语言——笑声。研究者们发现，社会地位会影响个体笑的形式，包括支配性的笑声（Dominant Laughter）和顺从的笑声（Submissive Laughter）。反过来，人们在进行社会地位的推断时也会以笑的类型作为线索。只有支配性的笑声才会被观察者认为拥有较高的社会地位和权力。Hays（2013）的研究则表明，性别是预测权力寻求（Power Seeking）

的重要前因。相比于女性而言，男性对于权力更加情有独钟。这一发现也和笔者的直觉一致，现实生活中似乎有更多的男性更加追求事业上的晋升。与此相关，Meier 和 Dionne（2009）的研究也证明了权力是男性的加分项。他们将一些图片（包括男性和女性的）呈现在电脑上。其中，有的靠近屏幕上方，有的靠近屏幕下方。结果发现，男性会觉得呈现在屏幕下方的女性照片更有吸引力，而女性会觉得呈现在屏幕上方的男性照片更有吸引力。由于垂直空间位置的高低和权力大小存在内隐的联系（位置高通常隐喻着权力高），因此，这个实验也进一步证明了性别的权力效应。

在消费者研究领域，产品尺寸（Product Size）被认为是产品地位的指标——大尺寸的产品代表着高的地位和权力（Dubois, Rucker and Galinsky, 2012）。在这项研究中，研究者们提出消费者偏好超大份食品和饮料的根本原因之一是大分量所起的显示地位的价值（Status-Signaling Value）。第一个实验发现消费者认为在选择集中，具有更大尺寸的选项代表着更高的地位。因为之前的研究发现低权力的消费者渴望地位（Rucker and Galinsky, 2009），所以研究者们进一步操纵了权力。通过一系列的实验，笔者们发现：无论是在实验室还是在现场进行操纵，低权力感都会导致消费者们选择更大份的食物包装。消费者的地位需求（Need for Status）在此过程中起到了中介作用。此外，这一效应会在一些情况下得到进一步增强，例如，当消费是公开的时候（Public Consumption）。然而当尺寸大小与地位的关系相反，即较小的尺寸代表着较高的地位时，这一效应会被逆转——低权力的消费者反而会选择小尺寸的产品。这项研究表明，产品的体积具有象征意义，依照产品的尺寸进行消费决策使消费者可以借助其显示自己的地位和权力。

三、权力相关的其他研究

鉴于之前的研究都是将权力作为一个笼统的概念对待，而忽视了其可能存在的不同内在形式，Rucker、Hu 和 Galinsky（2014）创造性地引入了权力体验（Expereince of Power）与权力期望（Expectations of Power）这两个概念。权力体验接近于以往研究中所述的权力或者是权力感、权力状态等概念。然而权力期望则不太一样，它指的是个体对于权力的希望与预期。研究者们在一系列研究中发现了不少权力体验与权力期望导致的不同效果。例如，当聚焦于体验时，低权力的个体会更加仔细地处理信息；如果聚焦于期望，那么高权力的人在信息处理中会更加仔细。类似地，如果聚焦于体验，低权力的个体会更加青睐和地位相关的产品；如果聚焦于期望，对这类产品更感兴趣的则变成了高权力的群体。但是，当因变量变为行动导向时，不论是在体验还是期望层面，高权力个体总是有着更高的行动倾向。

无论是在社会心理学还是在消费者研究中，研究者们常常提及刻板印象（Stereotype）的两个维度——能力（Competence）与亲和（Warmth）（Bennett and Hill，2012；Fiske et al.，1999，2002）。Dubois、Rucker 和 Galinsky（2016）考察了权力如何影响个体发布能力或亲和类型的信息，以及这两类信息在说服不同权力状态的个体时的有效性差异。具体来说，高权力者更愿意传播能力型的信息；然而低权力者则更喜欢传递亲和型的。从信息接收的角度来说，同样，高权力者更容易被能力型信息说服；然而低权力者则更容易吸收亲和型信息。因此，信息发出者和听众之间会出现权力匹配（Power Match）的效果：高权力的信息发出者更可能说服同样是高权力的听众，低权力的沟通者则可以更有效地说服低权力的听众。这些效应并不会随着操纵情境的变化而变化，在研究者们进行的四个实验中，无论是在口头还是书面的情况下，都得出了一致的结果。

2007 年伊始，次贷危机（Subprime Crisis）几乎横扫了世界上所有主要的经济体。根据分析，造成次贷危机的深层次原因之一就是过多的提前消费，进而造成极低的储蓄率（Saving Rate）（Ran，Ozbas and Sensoy，2010）。因此，在最近几年的消费者行为研究中，也出现越来越多的关于资金决策（Financial Decision Making）的问题（Dholakia et al.，2015；Duclos，Wan and Jiang，2013；Park and Sela，2017；Romero and Craig，2017）。Garbinsky，Klesse 和 Aaker（2014）则探讨了权力与储蓄的关系。他们通过五项研究，揭示了高权力感会增加储蓄。这一效应产生的心理机制是高权力的个体希望通过储蓄保持当前的（高权力）状态。如果储蓄的目的不再是攒钱，而是为了能够把钱花在与地位相关的东西上，这一效应就会被逆转。在这种情形下，反而是权力感较低的人更愿意储蓄。此外，如果金钱不能帮助维持一个人的权力状态，因为权力已经十分稳固；或者当权力可以通过其他替代资源（如知识等）来维持时，高权力对储蓄的影响就会消失。

第二节　印象管理的相关研究

一、戈夫曼的拟剧理论与印象管理策略

有关印象管理（Impression Management）研究的来源，最早可以追溯到美国社会学家欧文·戈夫曼（Erving Goffman）在19世纪50年代提出的"拟剧理论"（Dramaturgical Theory）。这一理论是从符号互动论（Symbolic Interactionism）中衍生出来的（Dornbush，1956）。拟剧理论认为，日常生活好比一个大型舞台，人们就是舞台上的各色演员。在不同的表演中，人们需要在大框架下、在领会舞台情景的定义下、在社会剧本的要求下、在他人与自我的期待中，利用各种各样的策略管理自己在他人眼中的印象，从而实现自己的目的（Goffman，1959）。

Goffman（1959）所讲的框架，实际上是指人们内化了的现存的社会规范和社会准则，是一系列的惯例和共同理解，也就是人们在社会生活舞台上进行演出的依据。他认为，人们在社会生活中扮演的不同角色，就类似于在剧场的不同场次中进行的表演。如果一切正常，那么大家就可以按照剧本的要求按部就班、稳步进行。但是，当剧本不明确或不完整时，就必须要做出随机应变、即兴发挥。

在Goffman看来，所谓的印象管理，说的就是人们如何在他人心目中塑造一个自己所希望的形象的策略。印象管理也是拟剧理论实质上的核心。Goffman提出的印象管理策略主要包括四种。第一是理想化的表演。这一策略的意思是，表演者需要掩饰那些与社会规范（Social Norm），包括社会价值、社会行为标准等不一致的行动，并且努力表现出符合社会规范的行为。这些行为未必是受到内在因素驱使（Intrinsic Motivation）的、发自肺腑的。恰恰相反，印象管理是他人导向（Others-Oriented）的活动（Leary and Kowalski，1990；Hooghiemstra，2000）。因此，理想化表演本身，几乎就意味着肯定存在一定程度的掩饰，只不过具体程度如何存在着个体差异。第二是曲解表演。也就是使别人产生错误的认知，从而得到理想印象的策略。比如人们在日常生活中常说的富不外漏，就是一个典型的例子。有一些人尽管很富有，但出于各种各样的原因，不希望别人知道自己的经济情况，于是就会故意表现出穷人的一些特征。值得一提的是，

这种欺骗的性质并不是一成不变的——有时候是善意的，有时候则是恶意的。第三个策略是神秘化表演。相比于前两种策略，这是一种较为特殊的印象管理形式。所谓的神秘化表演指的是与别人保持一定的距离，从而使别人产生一种崇敬心理。Goffman认为，对一个人越熟悉，就越容易轻视他。反过来，保持神秘感则可以提升个体的形象。这有些类似于"距离产生美"的说法。第四种策略是补救表演。实际上，完美的策略是不存在的，不论采取哪一种策略，都有可能在执行的过程中犯错。一旦在进行印象管理的过程中出现意外的情况，都有可能会导致表演的不协调，亟待后续的补救措施。具体的补救行为既可以来自印象管理者本人（如自我否定），又可以是来自外界的干预（如号召宽容待人）。

Goffman运用戏剧语言对人们之间的相互交往进行了社会学分析，充分肯定了社会体系及其剧本期望对表演者的决定性作用，同时承认了社会期望对个人行动的巨大影响和约束。他对包括印象管理在内的社会科学理论做出了杰出的贡献，但是，因为拘泥于形式主义（Formalism），也存在不少无法回避的局限性（Rawls，1987）。

二、印象管理的文化特征：面子印象管理

虽然印象管理诞生于西方的社会学理论，但是印象管理这一现象并不只在西方社会中流行。恰恰相反，奉行集体主义（Collectivism）文化的东方社会（Bontempo et al.，1988；Triandis and Gelfand，1998）理论上说更加具备管理形象的动机。实际上，儒家文化的印象管理和另一个概念有着非常紧密的联系，这就是面子（Face）。在以中国为代表的，深受儒家文化影响的东方社会，面子融入人们生活的方方面面，深深地扎根于社会和文化的土壤之中。尽管历史更替、社会变迁，人们对于面子的诉求却一如既往的执着。林语堂就说到，面子是统治中国人心灵的三女神之首，其永不变性超乎罗马天主教教条，其权威性超乎美国联邦宪法，中国人正是为它而活。中国人所做的印象管理工作，实际上很大程度上就是面子工作（Face Work）（Goffman，1955）。

重要的是，很多面子印象管理工作是通过消费和使用产品的形式完成的。例如，作为财富和社会地位象征的奢侈品（Luxury Products），就是常用的印象管理工具。在Wong和Ahuvia（1998）早期进行的一项跨文化研究中，研究者们指出，相对于西方消费者，东亚的消费者更注重物品的公共意义（Public Meanings），更喜欢利用物品象征社会地位，更强调奢侈品消费对于群体成员面

子的提升作用。可见，在面子文化中，消费者选购奢侈品是出于提升社会地位和公众形象的需要。在此基础上，张新安（2013）的研究进一步发现，面子观念的两个子维度：想要面子与怕掉面子都与奢侈品消费有着显著的正相关关系。施卓敏、范丽洁和叶锦锋（2012）利用广告作为刺激物考察了消费者的面子需要与奢侈品购买意向之间的关系。研究结果表明，面子需要会显著影响消费者的奢侈品购买意向。具体地说，当面子需要的强度从低到中时，购买意向逐渐增强；当面子需要的强度从中到高时，购买意向又逐渐减弱。即面子需要与奢侈品购买意向呈现出有趣的倒 U 形关系。

除了价格高昂的奢侈品之外，品牌本身也是面子印象管理的绝佳工具之一。Lowe 和 Corkindale（1998）较早地进行了一项中国和澳大利亚两国之间的跨文化研究。他们指出，面子是中国人最信奉的文化价值观之一，而使用名牌产品就是一种很有面子的行为。与澳大利亚消费者相比，中国消费者在购买私人用途的物品时比较注重价格而轻视品牌。但如果购买的是他人可见的物品，则会更多考虑品牌而非价格。Bao 等（2003）也发现，面子观念与品牌导向的消费决策风格有着显著的正相关关系。这个观点同样在 Buckley、Clegg 和 Tan（2006）的研究中得到重复和验证。这些研究共同说明了消费者的面子观念是影响其品牌意识的重要因素。实际上，在此之前，西方营销学者在论述消费者品牌意识的成因时，大多是从物质主义价值观的角度来进行解释的——物质主义观念越根深蒂固的消费者，品牌意识也越强烈。那么面子观、物质主义与品牌观念这三者之间的相互关系究竟是怎样的呢？Liao 和 Wang（2009）针对这个问题进行了研究，结果发现，物质主义价值观除了会直接影响到消费者的品牌意识之外，还会通过面子的中介作用，对品牌意识产生间接的影响。即面子观念是物质主义和品牌意识的中介变量。这项研究阐明了消费者的物质主义价值观对其品牌意识的影响机制，并将面子这一本土化概念同西方营销学的经典理论联系了起来。

由于集体主义文化的深刻影响，中国人的印象管理工作还会涉及重要的他人，包括家人和较为亲密的朋友。例如，对于之前提到的奢侈品消费，Li 和 Su（2007）观察到，尽管亚洲国家的人均收入还处在比较低的水平，但这丝毫没有妨碍到亚洲消费者对奢侈品的钟爱。事实上，亚洲的奢侈品市场正处于迅速崛起并蓬勃发展的状态。在观察和分析了中国消费者一系列与面子紧密相关的消费行为之后，研究者们提出了"面子消费"（Face Consumption）这一概念，并将其定义为个体试图通过消费来提升、维持或挽救面子，以及展示对别人面子的尊敬的一种动机过程。类似地，Wong 和 Ahuvia（1998）提出了家庭的面子（Family Face）这一概念，指出东南亚消费者的奢侈品消费行为将不仅为自己，还为整个家庭获得面子。

既然奢侈品消费作为一种个人行为都能影响到家庭的面子，那么对于一些需要整个家庭共同参与的活动而言，家庭面子的敏感度更是不言而喻。在 Nguyen 和 Belk（2013）的研究中，研究者们以越南的婚礼仪式为研究地点，分析了家庭的面子在儒家社会中占有的特殊地位。他们发现，因为结婚是整个家庭的大事，所以哪怕是婚礼过程中的一些细节问题也可能关乎整个家庭的面子。一位受访者就谈到，在举办婚礼的时候，他本想邀请很多客人，为爱妻奉献一场高规格、大排场、精美绝伦的婚礼仪式。但是，他的父母都是政府官员，如果这么做的话，父母很可能会被指责利用子女的婚礼赚取下属的钱财。如此尖锐的负面评价无疑会抹黑整个家庭的社会形象，造成面子损失。最终，出于对家庭印象管理的考虑，新郎放弃了原先的想法。

第三节　炫耀性消费的相关研究

一、影响炫耀性消费的人格和个体差异因素

众所周知，产品是最早也是最为经典的地位显示工具。早在 19 世纪，美国经济学家 Veblen（1899）在专著《有闲阶级论》（*The Theory of the Leisure Class*）中就指出，钱财的积累并不单单是为了满足衣食住行等基本生活开销，当人们达到一定程度的经济能力时，就会有炫耀的需求。有钱人为了炫耀自己的财富，获得优越感，往往会去购买价格昂贵的商品。这样的消费类型也被称为炫耀性消费（Conspicuous Consumption）。也正因如此，消费者对一些商品的需求程度，反而会因为它的标价越高而变得更高。也就是说商品的定价越高，反而能够畅销。这一结果也和基本的经济学供需原理背道而驰，也为人们理解消费行为开辟了新的路径。

此后，对于炫耀性消费的探讨开始逐步向经济学以外的学科扩展。在社会心理学和营销学中，研究者们开始探索什么因素会促进（或是抑制）消费者的炫耀性消费行为。最早进入研究视野的是人口统计学变量。Duquesne 和 Dubois

（1993）发现，收入是影响奢侈品购买的重要因素。这也很符合常识，因为奢侈品高昂的价格，只有收入较高的社会中上层群体才能有机会购买。Park、Rabolt 和 Jeon（2008）则进一步发现，相比于收入，年龄是预测炫耀性奢侈品消费的更为重要的变量。具体地说，年龄与奢侈品消费呈显著的负相关关系，年龄越大的消费者购买奢侈品的动机越弱。Stokburger-Sauer 和 Teichmann（2013）的研究发现，性别也和炫耀性消费有着密不可分的关系。总体来说，女性对炫耀性产品和品牌的购买意愿要比男性高。此外，对于女性消费者来说，奢侈品牌比非奢侈品牌提供了更多的独特性、地位和享乐价值（Hedonic Value）。孟祥轶、杨大勇和于婧（2010）以北京市八个城区的居民为样本，分析了其炫耀性消费的特征。他们指出，受教育程度与炫耀性消费有显著的负相关关系。此外，北京市民的炫耀性消费还有职业特征——在公共部门工作的人员，尤其是担任一定管理职务的，其炫耀性消费占总消费的比重是最高的。

　　此后，物质主义（Materialism）开始逐渐成为解释炫耀性消费行为的核心因素。这一概念在心理学和营销学领域被定义为获得和拥有财物对消费者而言的重要性（Burroughs and Rindfleisch，2002；Richins and Dawson，1992）。根据这一定义，物质主义较高的人通常具有几个典型的人格和行为特征：特别看重财物的获得，渴望高收入，重视经济安全，而轻视社会网络和人际关系；更加地自我导向，只愿意保留自己可以使用的资源，而不愿意与他人分享；追求物化的生活风格，不愿意过物质上简化的生活；相对于非物质主义者，物质主义者对生活的满意程度较低（李静和郭永玉，2008）。Eastman 等（1997）的研究发现，物质主义观念越强的消费者，会进行更多的地位消费（Status Consumption）。在 Podoshen、Li 和 Zhang（2011）进行的一项跨文化研究中，相比于美国消费者，中国消费者不论是在物质主义方面还是炫耀性消费上都有着更高的得分。同样地，物质主义与炫耀性消费的关系还在一系列其他的情境下得到反复验证（Kamal，Chu and Pedram，2013；Podoshen，Andrzejewski and Hunt，2014；Sun，D'Alessandro and Johnson，2014），包括在不同的国家，或是处于不同的购物环境（线上或是线下）等。此外，还有研究表明物质主义会调节笔者之前提到的性别对于炫耀性消费的作用。在男性消费者中，这一作用是正向并且显著的。但是物质主义对于女性消费者炫耀性消费的预测作用则没有这么显著。考虑到女性总体的炫耀性消费需求比男性要高，这实际上表明了女性不论是否物质，都喜欢进行炫耀性消费（Handa and Khare，2013）。这也与 Stokburger-Sauer 和 Teichmann（2013）的发现一致。

除了物质主义之外，与社会比较（Social Comparison）有关的变量也和社会功利性很强的炫耀性消费有着密切的联系。例如，个体对于有关社会比较信息的重视和敏感程度存在差异，这一差异被称为社会比较信息关注度（Attention to Social Comparison Information）（Bearden and Rose，1990）。在一系列的研究中，社会比较信息关注度被发现是促进消费者进行炫耀性消费的重要原因之一（Goldsmith，2005；Zhang and Kim，2013）。与此类似，人际影响敏感度（Susceptibility to Interpersonal Influence）也对炫耀性消费有显著的影响（林升栋，2006）。更进一步地看，人际影响敏感度是一个多维度的构念，包含规范影响敏感度（Normative Influence）和信息影响敏感度（Informational Influence）两个层面。在炫耀性消费这一问题上，多数研究的结果都指出规范影响敏感度的预测作用大于信息影响敏感度。例如，张新安、厉杰和马源（2010）发现，规范影响敏感度对身份消费有显著的影响，而信息影响敏感度的作用则不显著。在一项涉及英国和印度消费者的跨国对比研究中，Shukla（2011）也发现，规范影响敏感度对于奢侈品购买意向的影响在两国都成立，但是信息影响敏感度的作用只在印度消费者身上被观察到。同样，Kastanakis 和 Balabanis（2014）也重复出了规范影响敏感度的效果，说明这一效应是稳定的。

一些个体差异因素也被证明和炫耀性消费高度相关。从种族（Race）的角度来说，相比于其他种族的美国人，非裔美国人（African Americans）的炫耀性消费倾向更高。另外，音乐爱好也可以预测炫耀性消费。研究发现，爱好嘻哈的人比爱好其他形式音乐的人有着更强的炫耀性消费需求（Podoshen, Andrzejewski and Hunt，2014）。自我概念的清晰性（Self-Concept Clarity）是指个体能够清晰地、自信地对自我概念的内容（即知觉到的个体属性）进行界定，并且具有内部的一致性与外部的时间稳定性的程度，反映了个体自我概念的明确性和一致性水平（Campbell et al.，1996）。研究表明，自我概念的清晰性对生活满意度、抑郁程度等心理适应性指标有重要的影响（刘庆奇等，2017；Usborne and Taylor，2010）。实际上，自我概念越清晰的个体，对于社会环境的依赖程度和受到环境影响的可能性也较低。所以，相比自我概念比较模糊的消费者而言，自我概念清晰的消费者们通过炫耀性消费的形式进行社会比较的需求也较少（Gil et al.，2012）。类似地，灵性（Spirituality）指的是一个人的超越性追求，即与自身以外的更大力量（如大自然等）的联系（Hill et al.，2000）。从这一定义不难看出，灵性崇尚精神层次的升华，强调的是超越自己的力量，因此毫无疑问与功利和世俗的炫耀性消费相悖。Stillman 等（2012）就发现，灵性会降低消费者的物质主义思想，进而削弱炫耀性消费的欲望。

二、影响炫耀性消费的社会性因素

随着社会认知（Social Cognition）视角在消费者研究中的兴起和火热，学者们开始从社会性因素的角度入手，探讨促进炫耀性消费的动因。例如，Ordabayeva和Chandon（2011）研究了社会平等（Equality）与炫耀性消费的关系。人们普遍认为，如果在一个社会群体中，物质财富或收入是高度平等的话，底层的人应该会减少消费，增加储蓄。然而，这一预测及其因果机制从未被实验研究过。在本书中总共进行了五项研究，结果出乎意料，虽然高平等性可以增加最底层的人的满意度，因为这减少了他们和别人拥有的财富的绝对差距。但是，高平等性同时也增加了从地位消费中可以获得的地位收益（Position Gains），因为在高平等性的前提下，地位消费可以让较低层次的消费者超越更多的聚集在社会中层的消费者。所以，综合起来看的结果是当消费者专注于较少的财富差距（Possession Gap）时，高平等性可以减少炫耀性消费；但当消费者专注于更大的地位收益时，高平等反而会增加炫耀性消费。这一研究推翻了人们对于社会平等和炫耀性消费二者关系的认知，做出了重大理论贡献。

Shalev和Morwitz（2012）从社会认同（Social Identity）的视角进行了分析。尽管之前的大量研究表明，消费者会接受来自他们所认同的来源的影响，并拒绝来自其希望与之分离的来源的影响。这一研究则超越了该既定原则，并描述了一个新的影响过程：由社会比较驱动的自我评价及恢复（Comparison-Driven Self-Evaluation and Restoration，CDSER）。具体来说，当一个人观察到一个意料之外的反常规的产品用户，这会导致这个人对于自己在这种产品所象征的意义上的自我怀疑。例如，当一位看上去衣衫褴褛的人却使用着名牌奢侈品的包，鉴于奢侈品使用象征着财富以及社会地位，观察者可能会怀疑是否高估了自己在社会阶层中的相对位置。如果是社会认同感在起作用，这个人应该不会对奢侈品感兴趣，因为其使用者并非其想成为的类型。但是实际的结果恰好相反，作为对于这种自我评价威胁的回应，观察者对目标产品反而会更感兴趣，有更强的购买意愿。这表明了在这一过程中起到主导作用的是由社会比较驱动的自我评价及恢复。金晓彤和崔宏静（2013）则以社会认同的视角分析了当前新生代农民工群体中的炫耀性消费现象。研究者们认为，农民工进行炫耀性消费的出发点主要是商品的外显意义，根本目的在于实现其社会认同的重新建构。因为农民工的内心存在两种社会身份的冲突：一方面他们生活在经济较为发达的城市; 另一方面自己本身又比较拮据。在这种混乱的认同状态下, 农民工需要通过炫耀性消费行为建构新的社会认同。这一行为是其对于城市边缘身份的一种抗争, 希望依靠这样的行为匹配自己的新身份, 并融入城市生活。

根据 Ryan 和 Deci (2000) 经典的自我决定理论 (Self-Determination Theory), 人类有三大基本需求, 分别是胜任需求 (Need for Competence)、关系需求 (Need for Relatedness)、自主需求 (Need for Aotonomy)。这些心理需求对于个体来说非常重要, 因为只要其中有一个没有得到满足, 个体的心理健康就会受到威胁。其中, 关系需求指的是人们需要有足够的社会联系 (刘靖东、钟伯光和姒刚彦, 2013)。正如 Cacioppo 等 (2006) 所言, 人是社会化的动物 (Social Animal), 无法孤立地存在。可是, 人们渴望自己被群体接纳的愿望并不是一直都可以被满足。社会排斥 (Social Exclusion) 就是大家极不愿意但是时常会遇到的情形。遭遇社会排斥的个体会通过不同的手段进行应对, 炫耀性消费就是其中之一。马永斌、王其冬和董伶俐 (2014) 发现, 与未遭遇社会排斥时相比, 社会排斥会增加消费者的身份消费需求。Molden 等 (2009) 将社会排斥划分为被拒绝和被忽视两类。依据这一理论框架, Lee 和 Shrum (2012) 细化了社会排斥对消费者行为的影响。他们认为, 社会排斥既可能产生自我聚焦 (Self-focused) 的行为, 也可能诱发亲社会表现 (Prosocial Behavior), 取决于社会排斥的具体类型。总的来看, 不同类型的社会排斥会威胁不同的需求, 进而导致不同的结果。如果社会排斥的形式是较为含蓄的忽视, 这会增加消费者的炫耀性消费行为。如果是明确的拒绝, 则会引起更多的帮助和捐赠行为 (Donation)。此外, 当效能型需求 (Efficacy Needs) (如权力、人生意义等) 得到满足时, 被社会忽视的影响可以被消除。当关系型需求 (Relational Needs) (如自尊) 得到加强时, 被拒绝的影响被消除。

社会关系固然重要, 伴侣关系也是人生中必不可缺的要素。炫耀性消费在浪漫关系开始和维护的过程中都扮演着重要角色。首先, 对于男性而言, 购买昂贵的奢侈品有助于帮助他们吸引到心仪的恋爱对象 (Griskevicius et al., 2007; Janssens et al., 2011; Sundie et al., 2011)。这一效应有着进化心理学 (Evolutionary Psychology) 方面的依据。在原始时代, 生存条件恶劣, 食物的获得异常艰难。男性作为食物收集的主力军, 食物获得能力自然而然地成为衡量其实力的重要考量。对于力量相对较弱的女性来说, 因为自身的觅食能力比较弱, 所以从生存的角度来说更加依赖于男性。显然, 如果某个男性能展现出过人的食物获取能力, 那么他也肯定会得到更多异性的注意。在现代社会, 填饱肚子早已不是什么难题。然而，男性作为先天拥有体力优势的一方，对其能力的考量依然存在，只不过考核的载体变成了财富累积能力。奢侈品因为价格高昂，成为升级版的"食物"，奢侈品的购买力就代表着男性的能力。作为信息的接收者，女性自然倾向于认为那些拥有炫耀奢侈品的男性看起来更有吸引力。其次，Wang 和 Griskevicius（2014）研究了女性使用奢侈品对于浪漫关系的作用。和男性吸引异性的目的不同，女性使用奢侈品是为了阻止同性的竞争对手。研究者们从进化论的角度出发，进行了五个实验，以研究女性的奢侈品是如何成为一种专门针对那些可能会对她们的恋爱关系构成潜在威胁的女性的信号系统的。结果显示，激活女性守护伴侣的动机会促使她们寻求和展示奢华的物品与品牌。此外，女性使用昂贵的物品是为了表示她们的恋人对她们尤为忠诚。从效果的角度说，使用这些产品也确实可以有效地阻止其他女性觊觎自己的伴侣。这一研究发现了炫耀性消费的新功能，揭示了奢侈品和品牌在人际关系中起到的重要作用。

炫耀性消费除了可以作为赢得社会比较的趋近型行为之外，也可以成为消费者完成自我补偿的防御型工具。Sivanathan 和 Pettit（2010）通过四个实验研究，证明了消费者进行地位消费的一大目的是保持自我完整性（Self-Integrity）。研究者们发现，在受到自我威胁（Self-Threat）的情况下，个体会寻求代表着高地位的商品以治疗他们的心理创伤（研究 1）。如果存在另一种途径来修复他们的自我完整性时，消费者寻求地位消费的意愿就会降低（研究 2）。此外，在一个极具代表性的美国消费者样本中，低收入者的自尊心也比较低，这促使他们更加愿意为高地位的商品花钱（研究 3）。最后，这些高地位商品还可以保护个体免受未来潜在的自我威胁（研究 4）。

三、仿冒奢侈品

近些年兴起的仿冒奢侈品是炫耀性消费中比较特殊的类型。根据 Lai 和 Zaichkowsky（1999）的定义，仿冒奢侈品（Counterfeit）通常是非法的、低价的，而且质量较差，但却拥有高品牌价值的仿制品。由定义可以看出，仿冒奢侈品吸引消费者的第一个因素——价格。此后，研究者们开始探讨促进消费者购买仿冒奢侈品的非价格原因。例如，Wee、Ta 和 Cheok（1995）通过一个问卷调查，将仿冒奢侈品购买的非价格决定因素归类为心理因素（如对仿冒品、品牌地位和新奇追求的态度）、人口统计学因素（如年龄、受教育程度和家庭收入）、产品属性因素（如外观、耐久性、形象、感知的时尚内容、感知质量）。Tom 等（1998）则发现，一旦消费者购买过仿冒奢侈品，他们对于这类产品的好感度就会显著提升，因而在下一次的购买决策中，再次选择仿冒品的可能性也越大。Cordell、Wongtada 和 Kieschnick（1996）认为，消费者购买仿冒产品的意愿与产品性能期望呈正相关，并且与对不法行为的态度呈负相关关系。

著名的华人学者 Xuemei Bian 进行了一系列有关仿冒奢侈品的研究，颇具影响力。Bian 和 Veloutsou（2007）调查了消费者对仿冒产品的态度和购买行为。此外，研究者们还调查了消费者对仿冒品牌的看法，并将其与正品品牌，以及非标识产品进行了对比。结果发现，人口统计学变量能够有效地预测中国消费者对于仿冒奢侈品的态度。不过，对于英国消费者的仿冒奢侈品购买意图，人口统计学变量的预测效果并不明显。并且，并非所有受访者都对仿冒品牌有很高的评价。有些出乎意料的是，其实中国消费者，对仿冒品牌的评价很低。在购买情境中，消费者实际上很难分辨品牌的真伪，当他们把仿冒品与真品相对比时，英国消费者认为仿冒品比较不可靠。在另一项研究中，Veloutsou 和 Bian（2010）调查了仿冒奢侈品消费情境中，消费者感知的六种维度的风险与整体风险之间的关系，以及在两种不同的文化中，当购买仿冒品牌时，这六种风险类型对整体风险的解释能力。研究者们总共收集了 525 份有效问卷，其中 230 份来自英国，295 份来自中国。总体而言，在不同的调查环境中，结果都支持了感知风险的维度与总体感知风险之间的相互关系。然而，也有一些不同之处，包括：在不同模型中的解释力不一样（在英国样本中更强）；预测总体风险时各个维度的组合不完全一致。不过，毫无疑问的是，心理风险（Psychological Risk）是在不同文化和情境中都具备稳定效应的维度。尽管从理论上说，当购买仿冒产品时，社会风险（Social Risk）应该是一个很重要的维度，但是这项研究提供的证据并不支持这一观点。Bian 和 Moutinho（2009）通过定性研究（Qualitative Research）的方法系统地考察了影响消费者的非欺骗性仿冒品购买行为的因素，具体包括感知品牌形象（品牌个性、产品属性、消费收益、后果）、感知风险、产品知识、产品涉入度（Product Involvement）、人口统计学变量。研究者们首先通过一个焦点小组（Focus Group）研究制定了消费者用来评价被研究品牌的标准。随后，通过一个半结构化的定性访谈，获得了主要的研究结果。研究者们发现，在上述的变量中，品牌个性对于非欺骗性仿冒品的购买行为有着最强的预测能力。人口统计学变量以及产品涉入度并没有显著的影响。进一步地，Bian 和 Moutinho（2011）引入了拥有权（Ownership）的问题探讨了消费者对于仿冒品与真品的态度对比。结论是总体来说，除了在资金风险的角度上，相比于仿冒奢侈品，消费者对于真品的态度更为积极。更加重要的是，所有权会在很大程度上改变消费者对于仿冒奢侈品的态度——获得拥有权会提升消费者对于仿冒品的态度，这一发现和 Tom 等（1998）的结论一致。对于真品，是否占据拥有权则对于消费者的态度没有明显的影响。

中国是世界上最大的仿冒奢侈品市场（史瑗宁和程英升，2009；崔茜，2014）。这一现状也引发了不少国内学者对于仿冒奢侈品问题的研究和探讨。周锦和顾江（2011）针对我国的仿冒奢侈品消费现象进行了剖析。研究者们认为，促使（或抑制）中国消费者购买仿冒奢侈品的主要是三对矛盾。第一对矛盾是追求时尚与消费能力有限的矛盾。消费者既想鹤立鸡群，又难以负担真品高昂的价格。仿冒奢侈品刚好既便宜，又有地位显示的作用。因此，这对矛盾增强了消费者购买仿冒奢侈品的动机。第二对矛盾是低价格与较高质量的矛盾。通常来说，商品都遵循着"一分钱一分货"的原则，但是对于仿冒奢侈品而言，由于不用考虑设计等成本，反而可以将更多精力放在产品的做工上，如今有很多所谓的高仿品从产品质量上而言已经很接近真品。同样，这对矛盾也会促使消费者购买仿冒奢侈品。第三对矛盾是融入社交圈子与道德风险的矛盾。人们常常会以物识人，很多时候一个人拥有的物品的级别就可以决定他的社交网络的层次。仿冒奢侈品因为相对低廉的价格，可以成为消费者通向更高阶层的敲门砖。但是，这种"进阶"的方式包含欺骗的成分在里面，所以会受到道德上的谴责。对于自我道德标准比较高的个体而言，这对矛盾会降低其购买仿冒奢侈品的意图。江晓东、姚慧和晁钢令（2009）通过实证研究检验了感知风险、物质主义和伦理意识对于消费者购买仿冒奢侈品意愿的影响。结果发现，物质主义有正向的作用，而感知风险和伦理意识则有负向的影响。陈洁、韦俊龙和杨梦泓（2016）通过三项实验室实验，并运用调节聚焦理论（Regulatory Focus）分析了广告信息对非欺诈性仿冒奢侈品购买意愿的影响。研究者们之所以要通过这个视角进行研究，是因为仿冒奢侈品这种特殊的商品兼具调节聚焦中的促进性（Promotion）因素和防御性（Prevention）因素。一方面，消费者可以通过购买和使用仿冒奢侈品获得地位；另一方面，在使用仿冒品的过程中也面临着风险——如果被别人拆穿将会是非常丢脸的事情。在前两项实验中，研究者们发现，以促进聚焦损失框架表达和以防御聚焦获益框架表达的广告信息效果较好。实验三则识别了这一效应的一种边界条件。该结论仅对面子观念较强的消费者成立，而在面子观念较弱的消费者身上就不复存在。廖勇海、陈洁和李晓磊（2016）则探索了权力与仿冒奢侈品消费的关系。研究的主要结论包括：高权力消费者更偏好仿冒奢侈品；这一效应被仿冒奢侈品的价格调节，只有在仿冒奢侈品价格较低的情形中成立，而在高档次仿冒奢侈品中，效应就会消失。

在仿冒奢侈品这一研究领域，Wilcox、Kim 和 Sen（2009）详细地总结了消费者购买仿冒奢侈品的原因。研究者们认为，消费者对仿冒奢侈品品牌的渴望主要取决于社会动机（如自我表达、社会融入等）。特别需要指出的是，如果消费者对地位型产品持有的是社会性而非功能性的态度时，他们对于仿冒奢侈品品牌的喜爱态度就会剧烈上升，而对于真品品牌的态度会大幅下降。此外，只有当消费者持有功能性态度时，其关于仿冒品消费的道德信仰才会影响到他们对于仿冒奢侈品品牌的偏好。最后，研究者们证明了消费者对于仿冒奢侈品的社会性动机可以被商家设计的营销元素组合（如产品设计、广告等）影响，因此营销人员可以借助特定的营销手段来遏制仿冒品消费。毕竟，仿冒奢侈品既不被法律允许，又不受道德认可。

四、炫耀性消费的后果

炫耀性消费这一话题在消费者行为的研究中已经持续了数十载。这意味着，在成为一个经典的研究课题的同时，出现重大理论突破的空间也越来越狭窄。同时，一个值得注意的现象是，随着经济的发展和进步、人们生活水平的日益提高，拥有炫耀性产品，例如奢侈品早已不是大富大贵的专属。如今，即便是发展中国家的普通工薪阶层，拥有一些名牌奢侈品也是司空见惯的事情。鉴于理论（绝大多数研究都聚焦于消费者进行炫耀性消费的前因）和现状（炫耀性产品的使用已经非常广泛）的改变，引申出来一个新的研究方向——炫耀性消费的后果。相比传统的前因研究而言，后果研究还处在萌芽状态，现有的研究数量比较有限。

Hudders 和 Pandelaere（2012）研究了物质主义观念和奢侈品消费对于消费者幸福感的影响。之前的研究表明，因为物质主义是一种以追求财富和财产为特点的生活方式，所以，不难想象，崇尚物质主义会使人们的主观幸福感下降（Burroughs and Rindfleisch, 2002；Kashdan and Breen, 2007；Kasser et al., 2014），这一效应也通过元分析得到了进一步的验证（Dittmar et al., 2014）。尽管这一结果被人们熟知，许多人却继续追求物质目标而不是其他更有利于其精神健康的目标。鉴于此，研究者们致力于寻找一种可能会促使人们持续追求物质主义的内在机制。根据理论分析，他们认为奢侈品消费是潜在的答案之一。

为了测试这种可能性，研究者们在比利时进行了大规模的问卷调查。结构方程模型分析的结果表明，相比于物质主义观念淡薄的消费者，观念强烈的消费者会更倾向于进行奢侈品消费。此外，奢侈品消费会增加积极情绪、降低消极情绪以及增加生活满意度。这项研究解释了为什么消费者会对奢侈品消费乐此不疲，他们确实能够从这一活动中获得乐趣和享受。

Wang、John 和 Vladas（2015）进一步研究了使用奢侈品会如何改变消费者的社会行为。研究者们认为，使用奢侈品的经历提高了人们自我感知的社会地位，因此，它会进一步触发自私自利的行为（Self-Interested Behavior），例如为自己占用更多的资源或者插队。这些假设在四个实验中依次得到了验证。值得一提的是，这四个实验中的大部分都是实地试验，具有很强的外部效度。在实验一中，奢侈品使用组和普通商品使用组中的被试分别拿着价值近 2000 美元的奢侈品品牌和不到 100 美元的普通手提包，在校园中的一个繁华地带滞留了 15 分钟。随后，奢侈品使用组的被试被观察到有更高的比例会拿走非常漂亮但只剩下最后一支的钢笔。在实验二中，研究者们更换了因变量测量的场景——在咖啡店排队或插队。结果在这个实验中，基本效应得到了重复，并且地位提升的中介效应也获得验证。实验三则发现了一个调节变量：社会可见度。只有在社会不可见，即私密的情况下，使用奢侈品的个体才会表现得更为自私。在公开情形中，他们反而会捐赠得更多，表现得更为利他。最后一个实验增加了一组情况，当使用奢侈品不能给消费者带来地位的提升时，之前观察到的效应也就不复存在，从而进一步验证了感知地位的中介作用。

Gino、Norton 和 Ariely（2010）将目光投向了仿冒奢侈品的使用结果。这项研究发现了非常有趣的研究结论。虽然人们购买仿冒品的目的在于发出积极的信号特征（如富有），但是研究者们却表明，使用仿冒产品会让人的真实性（Authenticity）降低，进而不诚实行为会增加，并且觉得别人也是不道德的。在四个实验中，被试分别戴上仿冒或者正品的名牌太阳镜。在不同的任务中，相比于使用正品的被试，那些戴着仿冒太阳镜的被试展现出更多的欺骗行为，不管这些被试是本身就有比较高的仿冒奢侈品喜好的，还是被随机分配到使用仿冒太阳镜的。接下来的一个实验证明了戴仿冒眼镜的效应会超出自我的范畴，进而影响到对其他人的非道德行为（Unethical Behavior）的判断。最后一个实验则表明，由使用仿冒奢侈品引发的不真实性终结了仿冒品使用和不道德行为的关系。研究者们也把这种不真实性称为仿冒的自己（Counterfeit Self）。此外，研究者们还发现，人们无法预测仿冒奢侈品的使用对于自己的影响。因此，仿冒品的使用代价是具有欺骗性的。这项究也从另一个角度验证并拓展了经典的"人如其物"的观点（Belk，1988；2013；Tian and Belk，2005）。在不知不觉中，人们会变得越来越像自己购买和使用的物品。

第四节　显示地位的微妙信号的相关研究

一、产品与品牌的微妙信号

显示地位的微妙信号（Sutble Signals of Status）是近几年消费者行为研究中的新兴话题。并且，研究热度一直在持续走高。消费者研究中一些非常有影响力的专家都对这个话题有着浓厚的兴趣。代表性的人物包括：哥伦比亚大学商学院（Columbia Business School）的 Silvia Bellezza，哈佛大学商学院（Harvard Business School）的 Anat Keinan，宾夕法尼亚大学沃顿商学院（Wharton Business School）的 Jonah Berger，以及南加州大学马歇尔商学院（Marshall School of Business）的 Joseph Nunes 等。在消费者行为研究的顶级会议，即消费者研究协会北美大会（Association for Conumer Research North American Conference）上，近几年都会进行这一话题的圆桌讨论，参与者也不乏顶尖学校的重量级嘉宾。

Berger 和 Ward（2010）是这一研究话题的开创者。在此之前，几乎所有的炫耀性消费理论都表明更加明显和高调的信号有利于地位信息的传递（Berger and Heath，2007；Charles, Hurst and Roussanov，2009；Solomon，1983）。但是，这项研究却反其道而行之，深刻地探讨了微妙信号。四个研究表明，即使微妙信号存在被错误理解的可能性（如观察者们误将高级的产品或品牌认为是较为便宜的替代品），拥有充足的文化资本（Cultural Capital）的消费者们仍然更加偏好微妙信号。因为这类产品可以为他们提供一些与众不同之处。和普通人不一样，这些坐拥文化资本的业内人士有着解码微妙信号所需的必要鉴赏力。研究者们还发现，这一效应是由向外沟通的需求所驱动的，表现在当产品是身份相关（Identityre-Levant Product）或者消费情境是公开的时候，效应会进一步增强。这项研究呼吁人们重视微妙信号的地位显示价值。

Han、Nunes 和 Drèze（2010）从品牌的角度入手分析了微妙信号的表现形式。这项研究着重探讨了一个全新的概念：品牌突出性（Brand Prominence）。

它反映的是一个品牌的标志或商标图案的炫耀性有多强。由这一概念出发，研究者们提出了一个分类体系，可以依据消费者们的财富状态和地位需求（Need for Status）分到四组人群中的一组。这四个群体分别是：贵族（Patrician）、暴发户（Parvenu）、普罗大众（Proletarian）和装腔作势者（Poseur）。并且，研究者们还证明了，每一组消费者对于品牌标识的偏好（炫耀或低调）是取决于他们渴望将自己融入其他群体，还是与其他群体区分出来。其中，富裕并且地位需求较低的消费者希望进一步和自己所属的群体（贵族）建立联系。因此，他们会选择比较"安静"，但是可以被贵族群体识别的微妙信号，即品牌突出性较低的产品。富裕并且急需地位的消费者群体（暴发户）则会选择更加"喧嚣"的明显信号（品牌突出性较高的产品），借此把自己和经济能力较差、难以购买奢侈品的人（装腔作势者）区分开来。装腔作势者群体一旦有机会，也会使用明显信号的产品，包括仿冒奢侈品，和暴发户这一群体靠近。

人们通常认为一些信号会使得人们看起来地位较低，而另一些则会使人们表现得似乎很有地位。这些"信号—地位"的联系感觉上是固定的，一成不变的。但是，实际上很早的时候，著名的社会学家 Simmel 就指出，时尚既是一种模仿，也是一种循环（Simmel，1957）。一些情况下，在某个时间或者空间领域已经被边缘化的元素在另一地点或者另一时间又会成为引领时尚的潮流。不妨回想一下当前社会中的一些流行元素，是否有不少是复兴了古典的东西。据此，Silvia 和 Berger（2018）探索了地位信号出现循环反复的情况。他们发现，在特定的情况下，一些在以往被认为是低地位的信号也可以反过来成为高地位的标识。这些循环的信号包括产品和品牌的使用等。

二、特殊的微妙信号：社会行为、生活状态与社交媒体

著名的社会心理学家 Ash 曾经设计并实施了经典的从众（Conformity）实验，发现个人的观念与行为在面临群体的引导和压力下会被扭曲，进而不由自主地放弃自我，而寻求与多数人保持一致（Asch，1956）。也就是日常生活中所说的"随大溜"现象。从众的效应无所不在，可以解释诸多的个体行为甚至社会现象。可以说，从众是社会心理学领域最重要的发现之一（Bond and Smith，1996；Larsen，Triplett and Brant，1979；宋官东，1997，2002）。心理学家们也普遍认为，从众可以给个体带来好处（Cialdini and Goldstein，2004；Kruglanski and Webster，1991；Miller and Anderson，1979）。例如缓解社会压力（Social Pressure），远离别人的指责、嘲笑，增加社会认可（Social Acceptance），等等。

与此相反的是，如果不从众，也就是特立独行，与众不同（Nonconformity）的话，个体很有可能会被社会排斥甚至边缘化。与这些传统的理论不同，Bellezza、Gino 和 Keinan（2014）则探讨了人们如何应对别人特立独行的行为，例如穿着运动服而不是优雅的服装走进豪华酒店，或者穿着红色运动鞋在专业的场合出没。研究者们认为，特立独行可以成为一种特殊形式的炫耀性消费。这是因为，在别人的眼中，特立独行的个体是具备高地位和能力的。她们将这种效应称为"红色运动鞋效应"（The Red Sneakers Effect）。通过一系列的研究表明，相比于从众的个体，人们确实会推断特立独行的个体具有更高的地位和能力。感知自主性（Perceived Autonomy）在这一过程中起到中介作用。此外，红色运动鞋效应也被观察者的独特性需求（Need for Uniqueness）这一个体差异调节。具体来说，这一效应会随着观察者独特性需求的强或弱而变得强或弱。当观察者对于环境不熟悉时、当特立独行的行为被认为是非有意而为之时或者当社会规范缺失时，红色运动鞋效应都会消失。

古人云，"一寸光阴一寸金，寸金难买寸光阴。"可见，对于人们来说时间和金钱是最为宝贵的两种资源。但是，在实际生活中，人们却常常只注重财富的积累而忽视时间的重要性（Mogilner，2010；Whillans et al.，2017）。Bellezza、Paharia 和 Keinan（2016）探讨了时间如何成为一种炫耀性的信号。在此之前，对炫耀性消费的研究往往都是分析人们如何把钱花在能够释放地位信号的产品上。研究者们认为，繁忙和劳累的生活方式，相比于悠闲的生活方式，已经俨然成为一种身份象征。一系列的研究表明，人们会认为忙碌的个体地位比较高。之所以会产生这样的认知，是因为人们会觉得忙碌的人身上拥有许多人们喜欢的个体特征（如能力、雄心等）。并且，忙碌的状态也从侧面说明此人在职场中是稀缺的。这项研究通过将显示地位的焦点从商品的宝贵和稀缺性转移到个人的宝贵和稀缺性上，从而揭示了一种另类的炫耀性"消费"。

从直觉上来说，富裕的人掌握着大量，甚至是冗余的资源，因此他们不用担心资源不足（Resource Scarcity）的问题。哪怕是进行适当程度的挥霍和浪费，也不会造成多少负面的影响。从这个角度看，浪费（Thriftless）应该可以作为地位判断的一个线索，越浪费的人地位越高。但是，Wang（2018）发现，这一直觉并不可靠。在人们的眼中，节俭（Thrift）反而才是代表地位的象征。这是因为人们认为节俭的人更加具有长远的眼光（Future-Oriented），格外注重长期的利益。当浪费行为被操纵成更加符合长期的利益时，这一效应也会被逆转，浪费替代节俭成为高地位的线索。

近些年，社交媒体的发展异常火热。研究表明，社交媒体早已成为人们日常生活中不可或缺的重要组成部分。长时间沉浸于社交媒体的人们，其态度、行为，甚至生活习惯都早已深受社交媒体的影响（Correa，Hinsley and Zúñiga，2015；Xiang and Gretzel，2010；杨秀娟等，2017）。Valsesia，Proserpio 和 Nunes（2018）发现，人们在社交媒体上的状态也可以成为显示地位的微妙信号。研究者们的发现也是反直觉的（Counter-Intuitive）。通常来说，对于社交媒体，例如微博或者 Instagram，研究者会认为那些拥有众多粉丝（Follower）的用户是具备高地位的。这项研究却提出了一个新颖的观点：在预测社交媒体博主的地位时，他关注的人的数量，而非粉丝的数量，更加能够预测其社会地位。具体来说，关注的人越少，观察者会认为博主的地位越高。这一效应不论是在实验室实验中，还是在源于实际场景的二手数据中，都得到了一致的验证。

第五节　延伸思考

一、案例一

为什么企业 LOGO 越来越像?

LOGO 本是品牌价值非常具有抽象化的展现，是许多老牌奢侈品引以为傲的象征，带有密集 LOGO 的产品也帮助奢侈品打开过许多新市场。在你心目中，一个好的 LOGO 需要满足什么条件？能让人一看就记住？可浓缩代表品牌的价值观？颜值至上或是独特性万岁？但是，公司的 LOGO 变得越来越相似了，这多少违背了从前人们对 LOGO "要独特，有代表性"的认知。在竞争日趋激烈的全球市场上，严格管理和正确使用统一标准的公司的 LOGO，将会提供一个更有效、更清晰和更亲切的市场形象。这无疑对企业有着巨大的推动作用，LOGO 是人们在长期的生活和实践中形成的一种视觉化的信息表达方式，具有一定含义并能够使人理解的视觉图形，有简单明确、一目了然的视觉传递效果。LOGO 是一个企业的灵魂，是对外进行企业活动、内外交往一个最重要的视觉武器。

当一家公司进入市场时，它必须面对已经经验丰富的强大竞争对手。他们拥有客户的忠诚度，这意味着新公司的剩余资源很少。新进入者抢占市场份额的唯一方法是创建品牌形象，以建立客户群。企业品牌标志设计是快速吸引客户的方法之一，企业必须考虑拥有令人印象深刻的品牌标志。企业品牌标志设计通过创建人们所期望的标识来为您的企业工作，并将您的企业转变为品牌。深圳VI设计公司通过结合特定的颜色、字体等设计元素来做到这一点，以使人们可以与品牌标志相关。一旦人们和目标受众喜欢品牌标志，他们就会开始相信品牌标志所代表的公司所提供的质量和服务。深圳VI设计公司良好的公司品牌标志可以成功表达公司的业务信息并与人们进行沟通。观众必须看到品牌标志和调用设计，才能轻松获得信息。因此，专业的品牌标志设计师将确保品牌标志立即与人们建立起融洽的关系。

但是，公司品牌标志设计中的任何复杂性都会破坏企业的前景。相反，简单的品牌标志设计是可取的，因为它可以轻松及时地向客户传达业务信息。应避免使用带有混乱图片和深色的设计，对于代表公司的品牌标志而言，最理想的做法是使用最少的颜色和较少的文字。由于许多公司员工不熟悉品牌标志设计，因此最好交给专业品牌标志设计师。聘请一位了解企业平面设计的合格平面设计师。您可以将一切留给设计师，设计师会提供一些品牌标志版本供您查看，您可以选择其中一个进行品牌标志开发。

但随着消费者行为变迁，许多奢侈品牌都曾为LOGO产品苦恼过。经研究发现，通常来说，越高级的品牌，LOGO标识越明显。这条结论几乎适用于所有平价品牌和奢侈品的对比，后者一般会通过大小和位置来凸显LOGO。当产品的价格继续上涨时，LOGO的重要性反而下降了。为了更好地传播品牌，LOGO变得简单易读是必要的。Base Design创意总监兼联合创始人Thierry Brunfaut认为，消费者每天所遭受的视觉信息冲击其实是非常巨大的——无论是走在街道上，还是面对着电脑手机。视觉上的混乱和压力，使获取内容和导航都很难。影响力和清晰度已经成了几乎所有品牌都在追随的两个关键词。所有的这些大胆而中性的LOGO都在告诉用户同一个信息：我们的品牌和我们的服务都足够简单、直接、清晰，并且有着非常良好的可读性。随着移动端的发展，很多设计也向着扁平化靠拢，考虑到用户的体验，在移动端上能更清晰地显示、识别。大品牌的LOGO更朝着简化而去：一来现在大品牌诸如Google的影响力巨大，不需要靠LOGO承载太多东西；二来这种简洁LOGO的效果在移动端能够更简单地被预测到。

"Siegel+Gale"联合首席执行官 Howard Belk 说："我的理论是，他们希望从 LOGO 上就体现出品牌的外观和感受，并且与他们的用户产生联系。这些企业正在寻找一个真正富有凝聚力的身份，而这种凝聚力能够外化为体验和视觉。所以，面对着自己的 APP 和网站的界面，他们试图去简化它。而 LOGO 在简化的过程中，自然而然地会将其中的一些古怪、独特的元素移除。"

Moving Brands 创意总监 Andy Harvey 说："我认为这是品牌从初创一路到建立起来过程中的自然变化。在品牌草创的时候，需要通过发声来获取更多的注意力，当它成为人们日常生活中的一个组成部分之后，它更需要让人觉得它稳定而可靠。这个时候，如果品牌的目标是获得更广泛的吸引力（或者获得更多收入），那么在品牌创建之初所设定的个性和独特的特质可能会成为品牌后续发展的掣肘。我们认为将品牌等同于色彩、字体、LOGO 是一个相对危险的想法，尤其是在当前这个品牌蓬勃发展的世界当中。更多成熟的科技品牌其实是通过他们的服务、内容、行为以及声音来营造他们的调性。相比于仅仅拥有一个 APP 或者网站的初创企业而言，这些成熟的大型科技公司和品牌有着更加复杂多样的生态，他们会更加现代也更加富有生命力，采用更加友好的字体 LOGO 并不是什么问题，而这也是很自然的事情。"

Base Design 创意总监兼联合创始人 Thierry Brunfaut 说："这些强大的数字品牌的领导者们其实非常清楚，他们的身份和价值已经不再是通过一个简单的标志来进行界定了，真正能够代表他们的是他们的产品和服务。他们足够强大，而这种强大要归因于他们所提供的功能和服务。在之前，设计 LOGO 的时候，设计师会先寻求并基于这个概念来设计，但是现在，品牌本身就是概念。也许这些品牌的 LOGO 看起来很相似，但是因为他们提供的服务截然不同，所以实质上的内核是完全不同的。用户所认同的是他们所提供的功能和服务，并且这是 100% 可被识别的。这些品牌在各自的领域已经非常专业了，并且他们所提供的功能和服务也相当广泛，并且深入成为我们生活和文化中不可分割的一部分。这也是为什么，他们不再需要一个个性化十足的 LOGO，因为这些品牌已经从一个名词变成了生活中的一个动词，比如'谷歌一下这个东西'，这种表述已经随处可见了。从品牌变成词汇，从名词变为动词，这使这些品牌的关注点发生迁移，相比一个个性十足的 LOGO，似乎一个专属的字体会更重要，在 APP 和网页上使用专属于这个品牌的字体，这比起 LOGO 产生的影响更加深入，也更加'润物细无声'。"

"Siegel+Gale"联合首席执行官 Howard Belk 说："我认为现在的另外一个趋势，是不再让 LOGO 来承载全部的品牌宣传的工作。在界定品牌这个事情上，它所承担的工作比以往更少。相比之下，和 LOGO 相关的一些周边元素和体验开始发挥更多的作用。在我看来，LOGO 开始更多的是发挥的桥梁的作用。LOGO 处于中心，但是周围还有一堆其他的元素和体验来确保整个品牌功能的完整性。它必须适配很多其他的组件和部分。"

Thierry Brunfaut 是 Base Design 的联合创始人和创意总监，他们曾为潘通、纽约现代艺术博物馆等进行品牌设计。在他看来，那些以加粗中性无衬线字体做 LOGO 的公司，它们都想在茫茫信息流中明确地传达出一个信息：我们的品牌和服务都非常简单直接又明确。与此同时，"Siegel+Gale"设计公司的创意总监 Howard Belk 则认为，大多数公司都在寻找更简洁直接的交互方式，而变成无衬线字体的 LOGO 只是改变的一部分。"他们想要一致性极高的品牌形象，一套紧密相连的体验、形象和调性。当他们在审视 APP、网站或是交互界面的设计时，会尽量将其简化。这样一来，你就会逐渐将 LOGO 里更独特的细节去掉。"Superunion New York 的创意总监 Nick Clark 觉得，经过 2007 年前的拟物化设计趋势后，消费者都已经跨过了电子交互学习初期，能够很好地理解和操作抽象扁平化的交互界面。这样一来，能够在屏幕相对较小的智能手机上，更快、更好地呈现和运行的简化设计自然越来越受欢迎。"科技公司的字体也受到这种（简约）趋势的影响，甚至已经成为毫无悬念的选择了。不过，其实科技行业和其他行业一样，都有自己内部约定俗成的偏好视觉语言，如果不按规则来走也有可能会遭到嫌弃。"

来自 Moving Brands 的 Andy Harvey 认为，科技公司在发展到一定程度后均选择重新设计 LOGO，其实非常正常，因为公司所处的状态，以及 LOGO 所代表的内容已经有所改变。近年，Google 和 IBM 等公司都发布了自主设计的字体，而且多为开源免费，鼓励用户使用，也是一种变相的品牌宣传。不过，正如曾设计了 Billboard、Verizon、美联航等公司 LOGO 的 Michael Bierut 所言，人们对 LOGO 的重要性有点评价过高了。耐克标志性的"钩"SWOOSH 也许算得上其中一个最成功的 LOGO 设计了。但别忘了，最开始的时候，并不是特别满意这个设计的耐克公司只给设计师付了 35 美元的设计费。人们对这个 SWOOSH 的感情，更多的是对耐克产品的移情。Michael Bierut 认为，LOGO 设计不像跳水比赛这种一次性的竞争，而是像游泳比赛一般看持续表现的游戏。在比赛过程中，消费者对 LOGO 的看法和品牌的长期表现挂钩。而且，这些 LOGO 也会随着时代发展而改变，成为时代印记。Nick Clark 认为，这几年的科技公司 LOGO 可能都爱这款了："我们这段时间看到的可能都是这类风格的了，直到有人站出来，再次打破这一切。而对于未来的颠覆，我非常期待。"

资料来源：为什么 Google 和 Facebook 这样的企业 LOGO 越来越像？[EB/OL].[2018-09-18]. https://www. pig66. com/2018/145_0918/17183426. html.

为什么科技公司的 LOGO 都开始越长越像了？[EB/OL].[2018-02-25]. https://www. logonews. cn/how-do-tech-companies-look-longer. html.

二、案例二

 中国人"面子"新变迁

1944 年，"面子"这一概念最早由我国的胡先缙女士带入西方社会科学研究领域。长期以来，"面子"的定义出现过很多不同的解读，无论是从社会价值还是心理意义，抑或是试图结合两者的社会心理学，"面子"都没有一个统一的学术界定。作为目前我国为数不多的研究"面子"的学者之一，翟学伟始终将"脸"和"面子"放在一起对比并加以阐释，他认为："'脸'是一个中国人为了自我和相关者的完善通过印象整饰和角色扮演在他人心中形成的特定形象，而面子则是一个中国人在社会交往时依据对脸的自我评价，估价自己在别人心目中所应有或占有的地位。"

值得注意的是，这里的"中国人"指的是受中国传统文化熏陶的人，"为了自我和相关者的完善"既可以解释主流文化的脸面观，又可以阐释亚文化中的脸面观，"角色扮演"也是个体为了维护形象（积累的或公认的）而做出的一定情境下的一系列行为。在翟学伟看来，"脸"是"面子"的产生前提，先有"脸"的特定形象，才有"面子"对此特定形象的自我评价、心理排位。

（一）官员的面子最值钱？

近日，深圳一女子自称某书记亲戚，从开发商手中拿到 7.8 折购买大南山紫园别墅的批条，低于市场价 839 万元。因买方拖交房款，生疑的开发商向某书记汇报后，才发现被糊弄了。据调查，女子所称书记亲戚现为广东省官员。

若非买方拖交房款，只一个"书记亲戚"的头衔，便让这疑似炒房的女子挣了800多万元。围观者或许都会感叹：官员的面子真值钱、真好用！

不经意间，"面子文化"已从爱慕虚荣变为谋实利，面子与利益和权力更紧密地结合在一起。事实上，人情社会的面子是双向的，主动施与是为了更好地回报。面子不再是饶有趣味的人情，而变味成了一种交易。并非是官员的面子值钱，值钱的是所谓面子背后的公共资源和利益。秉持公权力的人须有极大的智慧，才能跳出如此面子迷局。

兰州大学管理学院副教授尚虎平点评：这本质上不是人的面子问题，而是权力的面子问题，是权力资本化后的资本预期收益问题。房地产商打折的对象是权力，而非书记本人，更非书记的亲戚。由于官员手中拥有能够让投机者在未来赚取更多收益的权力，所以这只是一种投资行为，它与购买钢筋混凝土没有本质区别。目前我国已经形成了围绕公共权力的差序格局，越靠近权力的人，无论是商业领域，还是学术领域、社会领域等，都会取得比不靠近权力的人多得多的收益。这也是商人给"书记亲戚"亲切打折的原因，通过打折自己可以往差序格局的圈内挤，未来会有更多的收益。

面子交易、人情买卖的市场日趋火爆，甚至无须官员亲自出马，面子也可畅通无阻，以至于为坑蒙拐骗者提供了新的生财之道。谁曾想过，在面子成为某种优势资源的时候，谁在为这场荒唐交易买单？当然是民众。民众赋权予官员，官员却视之为私物家产，慷民众之慨来换取自身及其近亲的利益。面子交易的实质，实际上是对政府公信力和社会公平的无底线透支。官员的面子为何如此值钱？是因为缺乏透明的权力环境，给了其利益置换的空间。

（二）面子被物质化了？

如今，中国的奢侈品消费速度突飞猛进。近期公布的一份研究报告甚至称，中国将超过日本成为全球奢侈品需求最大的国家。有媒体认为，奢侈品消费飞速增长，一个不可回避的原因就是国内由"面子文化"演变而来的炫富消费文化。随着物质生活的改善，奢侈品成了挣面子和标榜自己为"人上人"的重要工具。

其实这背后还有更深一层的原因。中国正逐渐从一个"熟人社会"过渡到"陌生人社会"，此前以熟人关系为纽带的生活方式发生了本质的变化。社会流动打破了熟人的关系网，但契约精神、公平和公正等陌生人社会的规则还尚未成型。面子仍是重要的，但声誉和体面不再是它的首要来源，实力和地位才是决定因素，因而人们炫富，利用外在的物质符号在陌生人面前露脸，将奢侈品视为身份、实力、地位的标志，面子被最大限度地物质化了。

华南理工大学政府绩效评价研究中心主任郑方辉点评：面子被物质化的问题、恶意攀比奢侈品的问题，本质上是西方消费主义拜物教与我国传统的功利主义的一种畸形结合。随着改革开放的深入，西方的消费主义拜物教思想逐渐侵蚀了我们传统的消费观，如今炫名牌、炫物质的行为不仅仅存在于富人阶层，就是"穷"学生为了能有名牌可炫，甚至不惜做一些出格的事情，大众被一种庸俗的消费文化困扰。消费主义拜物教又更进一步与"中国式功利"结合，在如今这个陌生人社会，一个人为了在陌生人面前立竿见影地证明自己的社会成就，需要被别人"扫一眼就发现实力"，于是倾向于脱离自己的支付能力购买奢侈品，奢侈品就变成了面子、成就的符号和象征。这实际上是"消费主义撞上功利主义"的畸形结果。

其实，微信红包也具备面子表达功能。就个人形象方面而言，一个人若想知道自己是否有面子，他就要对包括自身形象在内的自我品行、能力、成就、威望、社会地位等进行认知和评估，其中，自身形象还要符合他所在社会文化的价值观要求。首先，社交媒体提供了丰富的符号和场景资源，为个人建构符合社会要求的自我形象提供了多种可能。根据皮尔斯的"符号三分法"，微信红包属于形象式像似符号。这种符号看起来简单直接，有一种"再现透明性"，靠形象创造对象，似乎符号与对象的关系自然而然。作为形象式像似符号的微信红包，与传统红包的关联不言而喻，所以在一定程度上，微信红包也延续了传统红包表达祝福、表现财富能力的符号功能。其次，在传统习俗里，由于红包中的金额数量多少反映了个人社会资源的拥有量的多寡，为了照顾到发红包人的面子，维持人际关系的平衡，红包通常要封起来，不让不相关的人看到金额的多少。电子媒介常常通过改变社会生活中的"场景地理"来影响我们日常的生活。微信朋友圈的出现，为私密的红包互动提供了情景展示的平台，人们可以通过晒红包互动的截图，把在相对私人领域内的红包互动公开传播。"晒红包"除了展示互动双方关系的亲密，更可以展示红包双方物质拥有的能力。虽然之前彭兰等学者认为微信对红包金额的大小没有限制，淡化了微信红包基于个人能力的面子，但笔者认为，在面子的评价标准日趋物质化的当下，拥有财富物质的个人还是可以通过发微信红包，主动用媒体中的符号资源，搭建红包互动的情景，证实能力和成就，展示能干有为的形象，提高在他人心中的地位，得到个人面子的实现。

就社会关系方面而言，一个人若想知道自己是否有面子，除了要对包括自身形象在内的自我品行、能力、成就、威望、社会地位等进行认知和评估，还要对自我的社会关系进行估价。首先，正如詹姆斯·凯瑞所言："传播的仪式观不是指空间上信息的拓展，而是指时间上对社会的维系，它不是一种传递信息或影响的行为，而是共同信仰的创造、表征与庆典，即使有的信仰是虚幻的。传播的仪式观，其核心是将人们以团体或共同体的形式聚在一起的神圣典礼。"同理，传统红包的意义并不在于空间上信息的传递，而是维系共同社会生活的一种仪式。如今，微信红包通过参与和共享，一定程度上继承了传统红包的仪式功能，维系着社会关系的平衡，同时，微信红包也借助社交媒体平台的虚拟在场，扩充了传统红包仪式可进行的场景和范围。其次，给予和回报礼物，不仅仅出于功利动机和人情伦理，更重要的是对于社会关系的建构和维系，微信红包双方在礼物交换过程中，通过给予和回报，拉近给予者与接受者的情感距离，实现社会关系的团结。现代社会的原子化，不仅促使了公共领域的衰落，还使人与人之间的关系变得冷漠。微信红包的互动仪式，为改善情感交流提供了可行的方式。一对多的交流方式，增加了日常人际互动的频率，非面对面的交流、交流过程中时空的距离感，又降低了日常社交的尴尬和不适；微信红包的互动仪式，还将情感交流作为动力传递下去。如微信"抢红包"，因为有了"抢"，增加游戏趣味性的同时，也让用户在游戏的体验中感受到了彼此的情感能量，而且这种情感动力又诱发了新的互动。

通常来说，一个人管理关系网络越驾轻就熟，那么他在社会交往中越可能占优势，通过社交网络获得社会资源就越容易，而赋予交往关系以价值判断是"面子"有无的要素。微信红包通过增加红包互动中的情感交流方式和情感传递体验，在维系社会关系网络的同时，能够高效管理已有的社会关系网络，为交往关系的价值判断增加筹码，从而获取个人面子。

(三) 面子文化陷入怪圈？

人们的生活丰裕了，价值观多元了，道德标准也模糊了。过去有面子的如今没面子，过去没面子的现在有面子，为了面子礼尚往来，可是"礼"却躺进了回收站。面对这些，人们更多的是尴尬和无奈。社会的文化和心理层面发生了微妙的变化，固有的准则受到严重冲击，却没有一个新的主导文化来撑起局面，当下中国的核心价值亟待构建。

中国社会科学院研究员扎拉嘎点评：这不是一个健康的现象，反映了高速发展的变革时期人们社会文化心理的错位和扭曲。面子文化在中国有着悠久的传统，但人们还停留在装面子、撑面子的阶段，追求的是一种虚假的、外在的面子，而缺乏一种稳定的、自我尊重的内在价值。民众更在意别人如何评价，缺乏清晰的自我认知，这是面子文化陷入怪圈的原因。中国以经济为主导发展了太久，社会、文化建设缺位，人们的公德心、道德意识淡薄，所以必须要提一提核心价值体系的建设。只是，核心价值体系的构建要与传统文化衔接、与民众的心意相连，既要保留传统的优势，又要巩固近几十年的成果，既要概念清晰、表述准确，又要转换话语、适应大众口味，这样才能深入人心。

资料来源：张潇爽. 中国人"面子"新变迁 [J]. 人民论坛，2012（14）：56-57.

三、案例三

"洋化楼盘"的资本逻辑：高房价和炫耀性消费

2018 年底，民政部、公安部、自然资源部、住房和城乡建设部、交通运输部和国家市场监管总局 6 部委发布了《关于进一步清理整治不规范地名的通知》（民发〔2018〕146 号）。根据要求，各地在 2019 年 3 月前需完成摸底排查，并确定清理整治的不规范地名清单，其中包括：对居民区、大型建筑物和道路、街巷等地名中存在的"大、洋、怪、重"等不规范地名进行规范化、标准化处理。2018 年 6 月 11 日，海南省民政厅发布了《关于需清理整治不规范地名清单的公示》。该名单显示，海口市、三亚市等多地共 84 个地点在整治名单中，并主抓"洋名"社区的整改，这一举措引起了舆论关注。

澎湃新闻发布的《中国的楼盘喜欢怎样取名？17 万份数据里的房产变迁史》一文中认为，相关部门大可不必对楼盘命名这样的事情"约束"过多，需要以一个更宽容的心态来看楼盘案名的变迁，这种变迁无疑藏着一段中国与中国人的专属记忆，里面书写着如何走向美好生活的真切历史。

诚然，洋化楼盘（Xenophilic Community）的出现，经常被视为中国国际化或全球化的象征，也是本地社会对全球化浪潮的一种呼应，可以说是一种时代的烙印。从消费者角度看，追求异域风情的体验也是消费需求多元化的表征，是个人选择。因此呼吁社会采取宽容的心态并无不妥。

然而，自1998年中国住房市场开放以来，这些模仿欧美风格的洋化楼盘数量激增，创造了独特的城市景观，诸如北京的波特兰花园、巴黎春天、新硅谷等，它们不仅以欧美地名命名，还旨在模仿其同名地的外在光环。在这一现象滥觞的背后，恐怕不仅是一种消费风尚，为什么房地产开发商如此热衷于洋化楼盘？这背后是否有更深层次的资本逻辑呢？我们将这种现象解读为"场所仿真"：一地刻意复制他处，并让居民生活在该仿真环境中，为其提供一种替代体验。关于这个主题的相关术语还包括"地方伪装""地方营销""城市模仿""跨国建筑"等，已经在学术界得到了广泛探讨。在这些解读的基础上，我们的研究期待能捕捉到仿真的城市空间与本土背景和历史文化的脱节现象，并进一步反思其背后的资本逻辑。

（一）2000年以来洋化楼盘的蔓延

2000年以来，北京市有近3200个新建楼盘，我们通过名称和建筑风格有效识别出了540个洋化楼盘，约为全部新建楼盘的1/6。这些洋化楼盘主要分布在三环到五环，其次是五环到六环。数据来源于2017～2018年安居客网站上16000多个北京居住小区的价格记录、名称、开发年份、容积率、社区规模、停车空间、建筑风格以及地理位置等信息（见图2-3）。

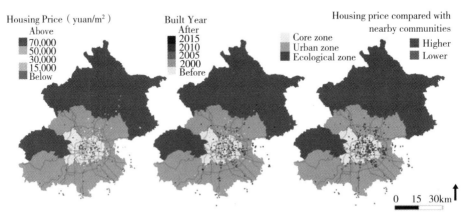

Figure 2 The spatial distrbution of xenophilic copycal communities in beijing.（A）Houstonsing price.（B）Builf year.（C）Housing price compared with the nearby communities.

图2-3　北京洋化楼盘的空间位置、销售价格及开发年份

尽管坐落在北京这一代表着中国传统文化意象的大都市，这些洋化楼盘却

越来越逼真。开发商甚至完全照搬欧美社区的模样，例如，北京城郊有一个美国怀俄明州杰克逊霍尔社区（Jackson Hole, Wyoming）的复制品，为了营造美国西部风情的社区氛围，开发商采用美国西部风格设计，配有宽敞的后院。不仅仅是硬环境，就连小区安保人员都穿着牛仔服，保护着1000多户渴望美国生活方式的新居民。

（二）洋化楼盘的仿真方式

在这540个洋化楼盘中，有两种主要的建设模式，第一种是模仿某一历史时期容易识别的典型欧美建筑风格，例如，图中，图像A和图像D的住宅是欧洲殖民地风格；图像G的联排别墅是地中海风格；图像I的别墅是美国南部乡村风格。

第二种是现代建筑风格加上外国地名，如图像B中的联排别墅、图像H中的公寓以及图像C、图像E和图像F中的高层建筑。这些楼盘名称明显传递出异域文化。例如，硅谷拥有现代科技感，而华尔街则代表着现代金融业。

图像 A

我们总结出七个主要的洋名类别，如表2-1所示，包括：欧洲地名、美国地名、日韩地名、欧美科技符合、文化休闲单词、生活方式以及一些抽象概念等。与美国和日韩地名相比，欧洲地名数量最多。这意味着欧洲地名传递出的文化风情在北京最为流行。

图像 B

图像 C

图像 D

图像 E

图像 F

图像 G

图像 H

图像 I

表 2-1　七个主要的洋名类别及其用词

Type	Foreign Names
Europe	Europe, Rome, Windsor, Oxford, Berlin, Rhone, Barclay
America	America, California, Hawaii, NY, Portland, Vancouver
East Asia	Seoul, East Asia, Tokyo
Technology	Silicon Valley, E（electronic）
Recreation	Olympic, Golf, MOMA, Cappuccino, Mocha
Living concept	LOFT, SOHO, Patio, CBD
Symbolic name	Yoyo, K2, MOHO, V7, CAGO

　　除了地名，后面四类体现技术、娱乐、艺术或体育文化的名称，传递着本地与全球之间潜在的国际联系。例如，在名称中使用 MOMA 可能会给人一种特有的国际化美感，而使用摩卡或卡布奇诺，可能给人一种欧美中产阶级的生活方式想象。

　　也有些名字是由字母表和阿拉伯数字组合而成，也暗示着某种异域风情。例如，V7 给人一种威望和运气的感觉："V"代表 VIP（非常重要的人），7 是西方文化中的幸运数字。此外，我们还发现一些高端社区以 K2 命名。事实上，这是一家房地产公司的名称。K2 通常被称为乔戈里山（Mount Chhogori），代表着一种"高"或"顶"的感觉。因此，K2 的使用代表了该公司建设高端社区的目标。图 2-4 显示了前 50 个高频用语的词云（如 GOLF、EUROPE、SOHO、MOMA 等）。

图 2-4　楼盘洋名中的高频单词

（三）洋化楼盘背后的超额利润

在约 3200 个 2000 年之后开发建设的居住小区中，小区房价平均值为 41079 元。540 个洋化楼盘价格，明显高于 2760 个非洋化楼盘。其中，如果比较洋化楼盘与其周围 200 米范围内的小区，洋化楼盘价格高出 11592 元；比较 500 米范围内的小区，价格高出 5636 元；比较 1000 米范围内的小区，价格高出 4811 元；比较 5000 米范围内的小区，价格高出 3439 元。并且在任何一个空间范围内，这种差异都具有统计学意义的显著性。

当然，楼盘的价格是由更多因素决定的，我们的研究进一步控制了其他参数（包括开盘时间、容积率、社区规模、停车空间、建筑质量、距离市中心距离等）。计量模型显示，洋化对于楼盘价格有显著的正向提升作用。

（四）洋化楼盘的资本逻辑：炫耀性消费

一个场所的经济价值可以体现在该地楼盘的市场价格上。在房产市场中，如果其他变量（如开发年份、区位、配套基础设施等）较为相似，具有相同使用价值的楼盘的平均价格应该差不多。如果是这样，楼盘无论是否洋化，应该与其周边的非洋化楼盘有相近的市场价格。但是为什么研究中发现两者具有明显的价格差异呢？

额外的洋化立面装饰、绿地生态环境建设会增加开发成本，并且开发商还需要投资打造一系列社区软环境，这些额外成本都会通过房价转移给消费者。更重要的是，仿真的洋化楼盘带来了额外的符号化的意义：一种体面、优雅和时尚的生活，即所谓的西方中产阶级的生活方式，而居住在这种社区中能够体现主人的社会经济地位和审美情趣。恰恰是这一点迎合了消费者的炫耀性消费心理，即一种为公开展示某种经济能力和审美情趣而购买奢侈品的行为。

对于买方来说，需要为一种商品支付更高的价格，才能公开展示出消费者可以保持或达到一定的社会经济地位。同样，开发商也利用这种炫耀性消费欲望，提高洋化社区的售价，追逐超额利润。并在销售、广告过程中，不断宣传洋化楼盘带来的异域体验——欧美范、优雅格调、国际时尚、有品位等。

在当前全球化浪潮之下，以洋化楼盘为代表的仿真现象，虽然在一定程度上被视为中国城市国际化的空间表现。但是研究表明，洋化现象显著拉高楼盘价格，购买洋化楼盘是一种炫耀性消费。购买者愿意生活在一个仿真社区，享受它传递出的异域风情，以及其他符号化的文化意义。正是抓住了消费者的炫耀性消费倾向，房地产开发商不断推出更多的洋化楼盘并提高其价格，以攫取超额利润。因此，洋化楼盘不仅反映出文化自信的问题，我们更需要思考其背后的资本逻辑，及其对于城市房价的结构化影响。

资料来源："洋化楼盘"的资本逻辑：高房价和炫耀性消费 [EB/OL]. [2019-06-20]. http://www.pinlue.com/article/2019/06/2023/419209280907.html.

四、案例四

中国人的面子观和炫耀性消费行为

根据胡润研究院发布的《2016 年中国千万富豪品牌倾向报告》，截至 2015 年 5 月，中国 600 万元资产高净值人群数量约 314 万，比上年增加 24 万人，增长率达到 8%，为历年之最。贝恩咨询 2015 年度《中国奢侈品市场研究报告》显示，2015 年中国奢侈品市场规模为 1130 亿元人民币。

凡勃伦认为，当人们拥有足够的财富之后，便会转而追求社会认可的荣耀地位，为获得这种地位，仅仅拥有财富是不够的，人们还必须为所拥有的财富提供证明以让别人知道，奢侈品消费就是人们证明财富以换取社会荣耀地位的最佳方式。个体借由行为或社会性资源展现其自我价值，寻求他人的确认且受到意外的认同时，凸显于个体内心的自我价值与相应体验。这一界定蕴含着丰富的内涵：面子实质上是个体对自我在他人心中的价值与地位的关注，自我价值是面子的内核，社会性资源是面子的象征。自我价值的认同诉求与回应的冲突即评价冲突是面子的直接诱因，个体在交往中表现"相符行为"或允许他人利用自己的社会性资源是赢得面子的基本途径。

中国人的奢侈品消费行为具有鲜明的炫耀性特征，笔者首先在何友晖对面子得失过程分析的基础上，将消费者的面子观区分为"想要面子"和"怕掉面子"两个维度。结果表明，中国人在奢侈品消费上既受"想要面子"这一促进性动因的影响，同时又受"怕掉面子"这一预防性动因的影响。

（一）消费者的面子观

面子这一概念起源于古代中国儒家社会，它是中国人在社会交往中最常见的一种心理和行为。对于中国消费者面子观的研究，中国奢侈品消费与西方奢侈品消费的不同。

中国消费者的奢侈品消费行为中，炫耀攀比的成分居多。对于西方消费者来说，个人感受价值是影响他们选择奢侈品的主要原因，而中国消费者更为看重奢侈品的炫耀性价值。

在中国消费者非常看重奢侈品的象征性意义。很多消费者并不具备消费奢侈品的财富基础，购买一件奢侈品往往需要他们省吃俭用几个月作为代价。

在中国，很多消费者购买奢侈品不是为了自己使用，而是作为礼品送人。奢侈品送人不仅显示了送礼者的实力和慷慨，也会使收礼者感觉自己得到送礼者的重视和尊敬。因此，礼品在中国的奢侈品消费中占据了很大的份额。

（二）炫耀性消费行为

1899 年，凡勃伦在《有闲阶级论》一书中分析了美国社会中新兴暴发户群体的消费行为，提出了"炫耀性消费"的概念，用于解释他们为了炫耀财富而不是满足真实需求的消费活动。"凡勃伦效应"则指炫耀性消费现象，指消费者对商品的需求随商品价格的上升而增强，或仅仅因为价格高而购买某种商品的反常消费行为。在实验调查中，消费者通常不会承认其炫耀性的消费、地位消费和象征消费等，因此，在很长时间内，炫耀性消费通常被学者认为由"物质主义"引起。物质主义的研究，一种是将物质主义视为一种人格特质，另一种是将物质主义视为一种价值观（"以拥有为中心"、"拥有代表成功"以及"拥有代表幸福"）。但在东方文化中，人们往往认为彼此之间高度互相依赖，即互赖自我。因此，在东方文化中存在很多彼此互相依赖的机制。个体的行为必须要考虑其社会含义，维护自己和社会交往对象的面子非常重要。由于成功和财富可以挣来面子，购买价格昂贵的奢侈品就有利于消费者维持或提升自己的面子。如果购买奢侈品送人，不仅会让自己有面子，也同时会让收礼方感到有面子。

奢侈品消费在东亚儒家社会中具有不同于西方消费者群体的诸多特征。考察东方人的奢侈品消费行为，仅仅考虑他们的个人价值观如物质主义等因素并不足以全面理解这些独特性。在中国这样人际关系高度互赖的集体主义文化中，消费者所购买和使用的产品和品牌，会向其他人传达有关他们的品位、收入以及偏好的诸多信息，是其他人评判他们是一个什么样的人的重要依据。因此，在研究中国消费者行为问题时，他人的观点和评价是不可忽视的影响因素。中国消费者的奢侈品消费行为不仅具有"促进"动因，还具有"预防"动因。消费者之所以选购奢侈品，一方面是出于提升社会地位和形象的需要来获得面子；另一方面，消费者也完全可能会因为需要避免他人的负面评价以保住面子而不得不这样。

资料来源：张新安. 中国人的面子观与炫耀性奢侈品消费行为 [J]. 营销科学学报，2013，8（1）：76-94.

五、案例五

 非炫耀性消费

非炫耀性消费，是在这个被认为充满了意义和象征意义的空间里找到的。在这个意义上，它与坎贝尔的"白日梦"的概念密切相关，在这个概念中，购买的现实与使用的幻想结合在一起。不同之处在于，本案例提供了一种分析，将这种现象与特定的政治经济和时代背景联系起来。

在炫耀性消费中，富人购买昂贵的物质商品和服务主要是出于对炫耀的渴望。相比之下，在非炫耀性消费中，可能没有试图炫耀展示高价值的商品（如昂贵的户外休闲、运动或烹饪设备），而这些东西可能会被储存在视线之外（如在橱柜、一个杂物间、一个闲置的卧室或车库）。

（1）实现一个理想化的家庭角色。在《时代》杂志上，Hochschild 描述了在斑点鹿镇上有时间压力的家庭的生活。这是一个社会结构以中产阶级为主的并处于美国中西部地区的城镇。Hochschild 的主要关注点是增加工作时间对家庭生活的影响，尤其是对双职工家庭的影响。这些描述中有趣的是把有时间作为消费动机的时候对于一个潜在的未来的假想。例如，在讨论野营度假时，Hochschild 描述了从制订计划中获得的"强大的情感满足"，虽然这是在一个象征着他们潜在的现实状况的装满昂贵装备的车库中。满足特定理想家庭角色的愿望在购买和有关使用的相关幻想中，但实际的度假是由于时间的压力而做不到的。在未来的某个时间点，商品的所有权代表着潜在的生活的潜力，而这种渴望与日常生活的现实之间的矛盾所产生的焦虑，可以得到缓解。

（2）生活方式的认同。休闲生活方式的元素也可以用"希望""幻想"等非炫耀性的消费来表达。这里的幻想或虚幻元素可以将其与炫耀性消费区分开来。它的主要的意图并没有显示出来；相反，它的重要性在于它对未来某些幻想的象征意义。在这些人当中，购买昂贵的高品质物品表达了他们的幻想，有一天，"那种人……"象征着成为这样一个人的潜力。然而，由于时间的压力，潜力是无法实现的。由于时间的压力，使得使用也不可能实现。一段时间去工作，一段时间消费吗？这里尝试将一种特定的消费模式与经济生产问题联系起来，并提供了一种解决方案，以解决某些社会缺乏时间所产生的焦虑和需求。在文化消费领域的研究中，本书强调了对消费的象征性本质的描述。

第一个关键论点是生活质量。非炫耀性消费可能像任何一种幻想一样，是一种愉快的体验。不管经济体制类型如何，我们都希望能在所有类型的家庭中找到这种消费类型的例子。然而，自由市场社会中享有特权的成员，工作时间越长，消费和休闲时间越少，他们就被迫以幻想为基础，通过减少消费来激励自己的工作。随着这些中等收入和高收入人群的工作时间增加，反过来又减少了可用的消费时间，"虚拟"休闲必须逐渐取代真正的休闲。

第二个关键论点与经济绩效有关。凯恩斯 1936 年提出了充分就业的建议。另一种选择（没有同样的通胀效应）则是自由市场与社会民主政体类型之间的对比。在自由市场经济中，高收入和短期消费时代之间的宏观经济矛盾，最终只能通过非炫耀性消费等机制来解决。社会民主社会的成员意味着他们可以购买他们有更多时间享受的商品和服务。这一群体的需求增加，增加了在休闲和其他服务行业就业的宏观经济效益。虽然本案例不建议特定国家的消费行为模式取决于政治体制类型，但本案例认为与这些制度有关的时间组织影响生产和消费之间关系的性质。炫耀性消费是 20 世纪 60 年代发达经济体的主要标志。在 21 世纪，非炫耀性消费扮演着同等的角色，至少在那些自由市场体制中的高收入人群中是如此。

资料来源：非炫耀性消费 ［EB/OL］.［2018-03-27］. https：//m. sohu. com/a/226449355_558442？_trans_=010004_pcwzy.

第三章
主要概念与设计

第一节　主要概念

本书涉及的主要概念包括：权力、印象管理、信号（微妙信号和明显信号）、感知与主流的差异（Perceived Distinction from Mainstream）、换位思考（Perspective Taking）。笔者将一一澄清这些概念的理论定义，并针对易混淆的近似变量进行简要的辨析。首先，对于权力，笔者遵从 Dubois、Rucker 和 Galinsky（2015）的定义，所谓权力指的是个体对于资源（包括物理资源、社会资源等）的非对称控制。值得一提的是，这个定义也和大部分消费者研究对于权力这一变量进行的概念界定一致（Jiang, Zhan and Rucker, 2014；Jin, He and Zhang, 2014；Rucker, Galinsky and Dubois, 2012）。该定义直接反映出权力拥有者占据的得天独厚的优势，以及低权力者无法避免的劣势。

此外，笔者需要澄清权力与一些类似概念的区别。第一，权力不是地位。尽管这两个概念都反映了个体在社会阶层中的相对位置，因此在很多方面都有相似甚至相同之处。在很多情况下，高地位的人确实同时有着高权力，高权力的个体也同时享受着较高的地位。但是，权力更加强调个体的优势与控制，而地位更倾向于衡量一个人拥有的声望、尊重和他人对其的敬畏（Blader and Chen, 2012；Fast, Halevy and Galinsky, 2012）。所以，权力和地位并不是完全对等的关系。例如，对于一名个人作风有问题的官员，他仍然拥有着较高的权力，但是却得不到别人对其的尊重，所以社会地位并不高。反过来说，对于饱受社会好评的人，比如"感动中国"的获奖者，他们受人尊敬，有着极高的声望和社会地位。但作为普通的市民，这些人并不属于高权力的群体。除此之外，权力和地位的不同也可以从获得和失去的途径这两个角度论述。权力的获取大多是借助于有行政效力的外界因素，例如政府工作人员的聘任。同理，权力的丧失在很多情况下也是经由一定的强制力所致，比如政府或企业的工作人员被免职。与此相反，地位的获得和失去都是一个"自动"的过程。一个人获得较高的社会地位可以是因为言行举止获得的广泛的社会认同。与此类似，个体失去社会地位时也无须经历程序化的步骤。当人们的表现不符合社会规范或大众的预期时，其社会地位自然而然会被降低。

第二，权力不是权力距离（Power Distance）。字面上看，这两个概念极其类似。但是实际上它们之间并没有直接的联系。根据定义，权力距离指的是人们对权力分配不平等的接受程度。它和不确定性规避（Uncertainty Avoidance）、个人主义与集体主义观念（Individualism versus Collectivism）、男性度与女性度（Masculinity versus Femininity）、长期取向与短期取向（Long-Term Orientation versus Short-Term Orientation）一道，解释了跨文化差异的成因（Hofstede，1983；1985）。权力以及权力的差异与权力距离完全可能没有任何相关性。举例来说，在中国的某企业中，从基层员工到高层领导，分别是从权力状态很低到很高的个体。但是他们却都处于高权力距离的文化。总之，为了保持概念和理论的清晰度，在本书中，笔者将目光聚焦于权力及权力印象管理。

第三，对于印象管理，本书继续沿用 Goffman（1959）的经典定义——人们努力在他人心目中塑造一个自己所希望的形象的过程。具体到权力印象管理，笔者把这一目的非常明确的印象管理类型定义为人们努力在他人心目中塑造一个高权力者形象的过程。因为权力印象管理在本书中是因变量，所以笔者在具体施测的时候会以权力印象作为替代，其意义基本等同于消费者感知的使用某件产品的个体具有多高的权力。

针对信号类别（微妙信号和明显信号），笔者遵循 Berger 和 Ward（2010）、Han、Nunes 和 Drèze（2010）这两项研究进行的相关界定：判断信号类别的主要依据是其炫耀性程度（Explicitness），程度高的是明显信号，低的则是微妙信号。信号类别也直接决定了产品的属性：明显信号对应的是炫耀性产品，而微妙信号对应的是非炫耀性产品。此外，值得注意的是，笔者所说的微妙信号和明显信号均属于价格相对较高的炫耀性消费的范畴。简要地说，高调显摆的炫耀性产品属于明显信号，而低调含蓄的则属于微妙信号。

有关感知与主流的差异的定义，笔者同样与 Berger 和 Ward（2010）保持一致，即消费者认为观察的对象（或某一具体属性）和大部分人的差异程度。这一概念与独特性感知（Perceived Uniqueness）有一定的联系，都强调个体或群体与其他个体或群体的差异。它们的区别在于，感知与主流的差异更加强调和大多数人的区分，所以隐含了比较对象的数量属性。然而感知独特性没有这一假设，它既可以指代和个别或少数对象的区别，又能说明和大多数对象的不同，具体属于哪种情况取决于研究情境。

最后，换位思考指的是人们把自己放在别人的视角进行思考的认知倾向（Cognitive Tendency）（Long and Andrews，1990）。换位思考是一种个体差异，不同人进行换位思考的意识和能力存在显著差异。需要注意，换位思考很容易和共情（Empathy）混淆。这两个概念有着一定程度的联系。例如，都代表着能够理解别人的能力，且都是宜人性的重要体现。但实际上，共情指的是与别人情感上的互通能力。用口语化的描述就是"我能感受到别人的感受"（Davis，1983）。作为两种相关但是有别的社会能力（Social Competencies），两者在概念和引发的结果上均有很大的不同（Galinsky and Rucker，2008）。为此，Galinsky 和 Rucker（2008）做了一个很生动的比喻，形象地说明了换位思考和共情的区分。他们把换位思考比作"个体进入别人的头脑中进行思考"，而共情则被比喻成"将别人放入自己的心中进行体会和感受"。为了便于阅读，我们把主要变量的定义和出处整理成表3-1。

表3-1 主要变量的定义

变量名	定义	出处
权力	个体对于资源（包括物理资源、社会资源等）的非对称控制	Dubois、Rucker 和 Galinsky（2016）
印象管理	人们努力在他人心目中塑造一个自己所希望的形象的过程	Goffman（1959）
信号类别	判断依据是炫耀性程度，程度高的是明显信号，低的是微妙信号	Berger 和 Ward（2010）；Han、Nunes 和 Drèze（2010）
感知与主流的差异	消费者认为观察的对象和大部分人的差异程度	Berger 和 Ward（2010）
换位思考	把自己放在别人的视角进行思考的认知倾向	Long 和 Andrews（1990）

资料来源：笔者整理。

第二节　研究设计

本书旨在探讨信号迷失效应（基本效应），并揭示其产生的机制（中介效应），以及产生作用的条件（调节效应）。为此，笔者总共设计并开展了十项子研究，涉及的方法包括量表开发、问卷调查、实地观察和实验室实验。之所以采取这些研究方法，是因为各个方法既有自己的优势，又存在相应的不足，这些不足又可以被其他方法的优点弥补。简要地说，量表开发可以为概念提供全面准确的测量。但是作为工具性的研究，开发量表本身无法支持定量的关系，因而不能直接对假设进行检验。问卷调查则可以利用量表，借助统计分析的手段进行定量关系的推导，完成相关性的检验。不过问卷调查这一研究方法也存在着两点缺陷：问卷调查采用的是自我汇报的方法，所以无法规避一些可能影响调查结果的外部因素，例如受访者的填答环境和心理状态。另外，相关性关系也无法成为因果关系的论据。鉴于这两点原因，笔者后续又采纳了实地观察和实验室实验的方法，帮助弥补这些缺陷。因此，通过综合使用四种不同的研究方法，本书希望可以从多个角度为假设进行交叉验证。此外，在尽可能增加方法多样性的基础上，笔者也最大限度地丰富了样本的来源。就样本性质而言，在不同的研究中将分别使用大学生和消费者样本；从样本的文化背景角度而言，将采用中国样本以及美国样本；从样本来源的角度，既有线上的样本源，又包括线下的招募。

具体来说，各项子研究的逻辑顺序安排如下。首先，笔者将借助问卷调查的方法建立起非炫耀性消费（微妙信号）与高权力的相关关系。鉴于目前没有非炫耀性消费的测量量表，笔者还需要先开发相关的测量工具。此外，为了克服自我汇报数据的缺陷，笔者也会进行一个实地观察的研究，为这一相关性提供进一步的证据。接下来的两个实验测试了基本的信号迷失效应。其中，研究信号迷失效应——标识大小，以低调标识作为微妙信号的非炫耀性消费的落实，研究信号迷失效应——品牌知名度则更换到小众品牌，以验证效应的稳定性。在基本效应得到验证之后，笔者随即为中介效应寻求实证支持。在两个实验中，笔者将分别使用测量和直接操纵中介变量的方法进行测试，进而为整条因果关系链提供直接支持。最后，在检验调节效应的三个实验中，笔者会分别考察信号迷失效应是否会在权力感较低的消费者身上进一步加强；当权力印象管理的主体是别人时，或者换位思考的意识被启动时，信号迷失效应能否被减弱甚至消失。

第三节　案例分析

一、案例一

 腾讯"智慧零售"VS 阿里巴巴"新零售"

阿里巴巴新零售概念的提出，还要追溯到 2016 年，在云栖大会上马云第一次提出新零售的概念，马云提出传统零售行业受到了电商互联网的冲击，未来，线下与线上零售将深度结合，加上现代物流，服务商利用大数据、云计算等创新技术，构成未来新零售的概念。纯电商的时代很快将结束，纯零售的形式也将被打破，新零售将引领未来全新的商业模式。

马云提出新零售概念后，资本市场响应非常快速，市场上出现了非常多新零售的产品和项目，比方说 O2O、无人货架、便利店、生鲜电商等，经过市场的洗礼真正活下来的新零售业态其实不多，尤其是无人货架基本上全部死掉。腾讯是什么时候开始提出"智慧零售"的概念呢？这要追溯到 2018 年，腾讯副总裁林璟骅在 2018 年中国零售数字化创新大会上第一次介绍腾讯智慧零售的理念，腾讯智慧零售的目标是让零售商建立有效直连用户、精准营销转化、商家自建数据资产的"新数字化运营"，和为用户带来线上线下一体化、千人千面个性化推荐、高效便捷消费过程的"新消费体验"。在为用户构筑美好生活的同时，为零售业带来新的商业机会。

可以看出来，由于阿里巴巴本来就是电商业务为核心，电商之前已经颠覆了零售业态，阿里巴巴提出新零售的目的可能更多是创新自己的业务，整合各类线上线下的资源，以及强制更多的支付场景；然而腾讯则因为天生没有电商的基因，提出智慧零售的战略是更多地为零售商进行赋能，提供相应的工具、赋能企业，依托微信积极打造社交电商，提升微信支付的渗透率以及为自己创造更丰富的场景。

（一）腾讯与阿里巴巴的零售布局

阿里巴巴比腾讯早布局，但是腾讯追赶的步伐很快，基本上没有落下，下面我们通过投资布局图可以看出阿里巴巴和腾讯的新零售战争，硝烟四起。

腾讯和阿里巴巴为什么要花这么多资源投资新零售呢？主要有以下原因：线上的流量逐渐变少，流量红利开始下滑，体现出来的就是流量越来越贵，好的流量还越来越少，所以都希望能通过线下的入口来抢占新的流量；移动网络的升级（4G、5G）、物联网的发展，给智慧零售的开展提供了相应的基础支持，比方说刷脸支付、智能货柜、AI算法的发展都极大地推动了新零售的发展；作为腾讯和阿里巴巴，他们希望通过新零售去抢占更多的支付场景，提升自己的支付渗透率，同时通过布局相应的公司，获得相应的投资或者并购的收益；同时国家一直在提倡消费升级，而消费升级最相关的就是零售，中国是世界上最大的消费市场，拥有极大的发展潜力。

但是腾讯和阿里巴巴的投资风格有很大的差异，腾讯是参股式投资，阿里巴巴则是大比例投资，但是在投资的业态上面基本上表现得很相似，可以看出，阿里巴巴和腾讯主要布局的新零售公司包括如下业态：创新型跨界超市、生鲜社区、杂货店、便利店、连锁体验店，以及无人零售。

首先我们来比较大型的战略投资：

腾讯：美团、步步高、家乐福、永辉超市、中百集团、京东、沃尔玛、每日优鲜。

阿里巴巴：饿了么、联华超市、百联集团、新华都、三江购物、苏宁、银泰、居然之家。

通过对比可以发现，在战略型的投资上面腾讯其实不输阿里巴巴，甚至可能还略胜一筹，其次一些场景下的布局其实2家公司都是对标，没有太大的差距。

（二）腾讯智慧零售和阿里巴巴新零售的解决方案

目前，腾讯和阿里巴巴都是通过云的方式去赋能和提供解决方案，腾讯依靠腾讯云，阿里巴巴则依靠阿里云，而在应用支持层面都是通过各自的产品矩阵去提供相应的服务，具体我们来看一下腾讯和阿里巴巴提供的解决方案有哪些异同。

第一是行业对比，看一下，腾讯和阿里巴巴的智慧零售支持哪些行业。

阿里巴巴：快消行业、服饰行业、餐饮行业、酒店行业、美家行业、消费电子行业、新零售商行业。

腾讯：服饰连锁、大卖场、商超、百货、购物中心、快速消费品、餐饮连锁。

从行业来看，服饰、餐饮、快消、商超等行业腾讯和阿里巴巴都是支持的，阿里巴巴可能支持的行业解决方案更多一些。

第二是看针对各个行业，阿里巴巴和腾讯是分别提供了哪些解决方案，重点来看商超这个行业提供的解决方案对比。

腾讯的商超解决方案如下：商超场景主要的核心需求是如何选择一个最好的开店地址，如何获取更多的用户流量，分析不同的用户画像，以及用户离店后商家如何再次触达用户。

腾讯提供的解决方案如下：

（1）顾客留存：通过电子会员卡、红包、一物一码、小程序公众号来进行触达。

（2）营销转化：通过消费者画像分析、行为分析，将到店顾客转化为会员，通过扫商品码、会员管理与精准营销实现顾客返店复购。

（3）用户拉新：通过 LBS、短信、公众号、腾讯广告等进行用户触达，通过商圈洞察、社区洞察、人群画像、品牌舆情来进行用户分析。

（4）运营管理：通过企业系统与腾讯系统和第三方系统打通，同时通过智能选址和门店安防来提供服务。

（5）商品管理：基于门店商圈客流画像和偏好合理调配门店商品，根据顾客购物动线和停留监测，优化陈列，提高坪效，基于对门店和商品销量的预测，合理筹备库存和分配库存。

（6）用户运营：捕捉消费者场内动线与热力区域，丰富线下场景，提供更迎合消费者喜好的商品和品类，通过快捷的扫码购、人脸支付等技术设备升级购物体验，提升收银效率。

阿里巴巴提供的解决方案如下：

提供 APP 或小程序，支持对接饿了么、美团等第三方外卖平台，基于阿里巴巴多年沉淀的业务中台技术，建立商品、会员、交易、营销等共享服务中心，实现全渠道数据的共享和一致，帮助零售商打造线上、线下无差别的全渠道销售能力。

前台：影响推广和转化交易的工具，包括微博微信抖音社群以及营销通道。

中台：包括业务中台和数据中台。

后台：包括 erp、crm、仓储管理、财务管理、协调办公管理等多个后台管理系统。

总结：通过对比，其实可以发现两者的差异其实不大，但是在表面上看起来阿里巴巴提供的解决方案更全，包括全渠道的解决方案，底层共有的基础则可能都会涉及智能选址，用户画像分析，用户触达、用户营销以及必备的一些运营系统。另一个方面其实很多解决方案都是一个集合工具包，里面很多分支的解决方案可能是其他一些公司提供的，阿里巴巴和腾讯只是将这些解决方案整合到了一起。

我们来想象一下，如果你是一家餐饮店的老板，你会选择阿里巴巴还是腾讯的解决方案。首先如果你只是一家小餐馆，那么很多老板的第一选择是接入外卖，接入外卖自然会选择美团外卖和饿了么，美团是被腾讯投资的，饿了么则是阿里巴巴直接收购的，所以可能两者你都会选择。

除了外卖我们再来看一下堂食的选择，可能会涉及的一些问题就是点餐、结算、会员等方案的选择，点餐一般可以直接使用微信扫码、通过公众号或者小程序扫码点餐，结算则一般微信支付、支付宝支付都支持。会员系统基于复购和触达，选择小程序或者服务号公众号会更加有效，而另外涉及智能选址可能小餐馆是不会用到的，采购系统、订单系统一般也不会用到。

所以对于小餐馆来说，除了外卖的选择外，更多的可能会选择微信公众号和小程序来营销、提升复购以及连接用户。

我们从腾讯和阿里巴巴提供的解决方案来看，针对餐饮行业他们的目标都是大型餐饮连锁行业，而且一般选择合作的都是头部餐饮公司，比方说腾讯和必胜客的合作，通过合作头部公司去为行业内的其他餐饮企业提供参照。

针对大型餐饮连锁公司，我们可以看一下提供了什么样的解决方案。

腾讯：通过智慧商圈、智能点餐、结算以及各种营销工具提供服务，比方说和必胜客合作推出了智能机器人送餐，智能点餐以及会员相关的服务。

智慧商圈：通过 LBS 大数据洞察周边商圈与社区，描绘人流趋势与客群画像，为选址与营销提供指导。

经营优化：场内洞察与智能语音等能力使排位点餐、结算支付等环节更智能化，提升客户满意度。

智慧营销：将到店顾客转化为会员，通过会员管理与精准营销实现顾客返店消费；敏锐捕捉顾客各方面反馈，网民情绪跟踪、正确引导，避免舆情危机，提升服务的体验。

阿里巴巴：为餐饮行业输出新零售数字化解决方法，解决大型连锁餐饮企业多终端多渠道业务融合和场景创新难题，帮助连锁餐饮构建全渠道运营能力，满足其营销多样化、差异化、自动化及数据资产变现诉求。同时深度融合伙伴能力及阿里巴巴自身业务优势，为行业和产品复制奠定坚实基础。阿里巴巴主要提供了两个解决方案：一个是智能语音点餐平台，另一个则是会员管理系统。

对比腾讯的智慧零售和阿里巴巴的新零售，其实更多的是 2 家互联网巨头公司针对线下的布局，看到的都是中国数万亿的零售消费市场的潜力，以及线下的各种流量入口。阿里巴巴和腾讯通过提供各种行业的解决方案，其实底层的逻辑还是希望通过数字化、在线化、工具化去改造整个零售行业，通过重新构建"人—货—场"来进行创新。比方说通过各种线上线下的入口去获取更多的流量，例如直播电商、社群电商；通过供应链改革和升级以及物流更广阔的覆盖来提升货物的流转，例如菜鸟物流、京东物流以及各种供应链系统、采购系统、订单系统的赋能；通过创造更多更丰富的场景，来撮合客户和商品的交易，例如抖音带货、斗鱼带货，无人零售，生鲜电商，各种到店和到家的业态。其实最终都是通过各种解决方案和各自的产品矩阵，来升级整个零售行业，为用户带来更好更丰富的购物体验，为商家带来更高的效益，也为平台带来更多的流量以及抢占更多的市场，不断提升在线支付的渗透率，从而达到一个三方共赢的局面。

资料来源：腾讯"智慧零售"VS 阿里巴巴"新零售"［EB/OL］.［2020 - 03 - 24］. http：//www. woshipm. com/newretail/3551206. html.

二、案例二

 消费的 B 面，哪些人买车会感到更幸福？

2020 年 4 月，国务院联防联控机制就稳定和扩大汽车消费召开发布会，提出将进一步放宽二手车市场、便利车辆异地交易登记、加快新能源汽车配套措施等一系列促进汽车消费的相关政策。为促消费，各地也相继通过提高牌照投放率、补贴、购置税优惠等方式鼓励消费者购车。时值每年"金九银十"的销售旺季，不知相关政策的出台会对汽车消费产生怎样的影响。

据《中国统计年鉴》的最新数据，截至2018年末，全国居民平均每百户家用汽车拥有量为33辆，较2013年增长了一倍。其中，城镇居民的家用汽车拥有量从22.3辆增加至41辆，农村居民则从9.9辆增加至22.3辆。有学者曾预测中国汽车拥有量约在2025~2030年达到饱和点——每百户约90辆，由此可见，中国家庭汽车消费还有增长空间。

从宏观层面来看，促进汽车消费能够扩大内需、增加国内市场活力。对消费者而言，购车的目的多是满足生活出行的需要。针对汽车消费与居民幸福感的关联性，安徽大学学者王孝璗、崔宝玉与安徽外国语国际商务学院学者石玉娟开展了实证研究。通过分析2017年中国家庭金融调查中汽车消费与居民主观幸福感的相关数据，学者们发现拥有家用汽车可以降低居民处于低水平幸福的概率，其中，农村居民、男性群体与中部地区居民收获的"幸福效应"更明显。

王孝璗认为家用汽车具备消费品和资产的双重属性，一方面可以满足人们的安全、社交和尊重需求，另一方面也可以作为物质增加人们的心理满足感，促进人们自由借贷、平滑消费。

澎湃新闻：汽车消费中，消费者心理具体是如何影响幸福感的？

王孝璗：一方面，消费者具有从众心理，已有学者指出，大多数青年汽车消费是一种寻求与同辈参照群体共性生活方式并避免被边缘化的选择，具有降低失落感的心理暗示作用；另一方面，消费者具有炫耀性心理，彰显个人经济条件和家庭社会经济地位能够满足这一心理，所以拥有品牌好、价格高的汽车消费者有更高的幸福感。

另外，汽车作为家庭财富的一种表现形式，其本身就对消费者幸福感有影响。有学者曾测算，家庭净财富每提高一个标准误，幸福感指数提高0.07。

澎湃新闻：根据您的统计分析，哪些群体更容易从家用汽车消费中收获幸福感？为什么？

王孝璗：我们分析发现，农村居民、男性居民、中青年群体更容易从家用汽车消费中收获幸福感。

对于当代农村家庭来说，家用汽车已经与当年的彩电、冰箱一样成为了礼仪消费的重要组成部分，拥有家用汽车不仅可以方便出行，在相对落后的地区，家用汽车的社会地位和身份象征又能进一步满足农村居民的心理需求。

男性群体对汽车的热爱则部分嵌入在社会主流价值观中。主流意识认为男性的车感和方向感普遍优于女性，因此相比女性，男性更容易体验到汽车带来的自由和驾驭感，进而从中收获幸福感。这种明显的幸福感也会反向增强男性群体的购车意愿。最后，与其他年龄段相比，拥有家用汽车为 25～40 岁的中青年群体带来的"幸福效应"更强。这一年龄段的人群接受新事物的能力更强，收入日趋稳定，受到的经济约束相对来说较小，与刚步入社会的年轻人相比，社交、探亲、家庭出行等需求增加。因此，家用汽车的消费属性和资产属性与该群体的生活方式更契合。

澎湃新闻：研究结论显示，汽车购买行为会降低人们处于低水平幸福感的概率，提升处于高水平幸福感的概率。这一结论的具体含义是什么？

王孝瑢：这一结论意味着家用汽车对感受到较低幸福、一般幸福以及较高幸福的人来说，均具有较为明显的幸福提升效用。本研究通过采用 Ordered Probit 模型估计家用汽车消费对幸福感的影响，并通过计算其边际效应得出了上述结论。

模型显示，当控制居民个体特征、家庭特征和地区特征变量的影响后，汽车购买行为使居民处于"非常不幸福""不幸福"和"一般幸福"的概率分别下降了 0.2%、0.8% 和 3.6%，使居民感到"幸福"与"非常幸福"的概率分别增加了 3.4% 和 1.3%。可以发现，"一般幸福"的人更容易受到汽车购买行为的影响，更有可能从"一般幸福"迈向"幸福"之列。这可能是由于"一般幸福"的人多处于物质需求升级阶段，对心理上的满足效应更敏感。然而"非常不幸福"和"不幸福"的人受生理需求影响更大，"非常幸福"的人有更强的自我实现需求，所以这三者的幸福感提升程度相对较少受到家用汽车的影响。

澎湃新闻：研究中提到了东部、中部、西部三个地区的居民幸福感指数，整体来看东部地区幸福感高于西部地区，中部地区幸福感低于西部地区，为什么？在家用汽车领域，为何汽车消费为中部地区居民带来更明显的幸福感增加？

王孝瑢：东部地区经济发展水平高，在收入水平、教育资源、休闲娱乐、城市交通等方面的便捷与丰富度使居民幸福感指数较高。中部地区虽然经济状况好于西部地区，但需求相对来说更加多样化，且房价偏高，因此中部地区居民幸福感指数低于西部地区。家用汽车消费的差异与城乡之间差异解释接近。东部地区比中部地区发展层次高，家用汽车普及度更高，消费市场趋于饱和，且公交地铁等基础设施完善，道路交通拥挤情况较为严重，因此相对降低了家用汽车带来的精神愉悦感。西部地区则可能由于购买力水平较低，汽车消费潜力尚未充分释放，所以家用汽车消费对幸福感的作用无法充分体现。

澎湃新闻：居民购买力的提高是否一定意味着幸福感提升？研究结论能为政策制定提供怎样的启示？

王孝璈：居民购买力的提高不一定意味着幸福感提升。物价水平不变时，购买力随着收入的增加而提高。如果基础需求很大程度上未被满足，幸福感会随着购买力水平的提高而提升，但当收入或者购买力水平达到一个临界值后，进一步提高收入或购买力水平对提升幸福感的效果就很小甚至无效。

这种情况类似于 Easterlin 悖论。因此，若要提升整体居民的幸福水平，应从缩小收入差距着手，通过增加再分配政策与再分配力度，促使低收入群体增加收入提升幸福感。根据研究结论，刺激家用汽车消费符合高质量发展的内核要求，既能为经济发展贡献动力，也可提升个人幸福感。首先，汽车消费可以有效释放消费潜力，促进"出口转内需，投资转消费"的经济转型。政府应继续对广大消费者释放汽车消费的鼓励信息，尤其是加大新能源汽车的普及力度，完善新能源充电桩等基础设施的大范围覆盖。

其次，居民幸福感随着年龄的增长呈现 U 形趋势，因为与 25 岁以下和 60 岁以上的人群相比，中青年群体承担了更多生活成本和工作压力。我们的研究也发现，这一年龄段的多数消费者更容易从家用汽车消费中获得幸福感。因此，政府通过联合各大商业银行、汽车类企业等强化补贴支持力度，能够有效提升该群体的家用汽车消费。

另外，随着东部地区城镇需求的逐渐饱和，引导汽车消费重心从城镇向农村、中西部地区合理转移，有利于缓解总需求量大和发展不均衡的矛盾，达到消化过剩生产能力的目的。最后，家用汽车消费市场前景向好，应以此为发展机遇推动汽车生产企业向高端制造产业链迈进，做大做强新兴战略产业，提高中国汽车在市场上的国际竞争力和品牌影响力。

资料来源：消费的 B 面，哪些人买车会感到更幸福？[EB/OL].[2020-10-03].https://www.sohu.com/a/422399752_260616.

三、案例三

 新中产：消费升级 or 消费降级

2015 年，由财经作家吴晓波创办的"吴晓波频道"首先提出了"新中产"这个概念，由此引发了诸多的讨论："年入 20 万元，我是新中产吗？""新中产的标准是什么？""新中产究竟如何界定？"在接下来的几年里，吴晓波频道持续调研，发布"白皮书"，为这个群体画像。本文摘自他们最新出版的《这个国家的新中产：新中产画像与未来商业白皮书》，澎湃新闻经授权刊载，标题为编者所拟。在中国几代人的成长回忆之中，方便面似乎永远占据着一席之地。曾经红极一时的"好劲道"慢慢退出舞台，豚骨面、火鸡面等成为后起之秀。方便面市场"你方唱罢我登场"的新旧角逐背后，隐含着巨大的经济发展与社会变迁因素。

2019 年我国的恩格尔系数（指食品支出总额在个人消费总额中的比例，计算方式为：食品支出总额÷个人消费支出总额×100%）为 28.2%，自 2000 年起已经连续下降 8 年。这说明随着人们收入和消费水平的提高，用于吃喝的支出比例逐渐下降，其他类型的消费比例开始增加。

人们对生活的追求从"吃饱穿暖"上升至"吃好穿好"的层面，这让曾经广受欢迎的方便面开始遭人白眼，"垃圾食品""油炸不健康"等成为它的固定标签。方便面市场因此发生动荡。如知名方便面品牌"康师傅"，2016 年 9 月市值蒸发超过 1000 亿港元，被香港恒生指数排除在外。

但"神转折"也就此发生。据专业市场研究机构尼尔森的统计数据显示，2018 年，方便面市场销量同比增长 3.2%，销售额同比增长 8.0%。康师傅、统一两家企业的 2018 年年报也显示，方便面收入分别较上年同期增长 5.73% 和 5.66%。方便面市场重铸辉煌，拼多多成功敲响美国纳斯达克上市的钟声，牛栏山二锅头业绩涨势惊人，越来越多的低价市场产品实现了"逆袭"。于是很多人根据其他国家的经验说，这是"消费降级"的标志性信号。

然而，2017 年中国经济刚刚出现群体性的"消费升级"——越来越多的人开始购买有品牌的商品，开始为服务、知识付费，为何短短一年后，消费就突然降级了？显然，"消费升级"与"消费降级"的提法是存在矛盾的。很多人基于直观感知，将一些所谓"低质"商品的热销等同于"降级"，如方便面、榨菜等，这一论断忽视了中国社会阶层和居民需求的多样性。关于这一点，我们通过方便面的一些数据就能窥得隐藏于消费概念下的真实图景。

尼尔森梳理康师傅和统一的年报发现，其方便面收入的增长离不开一个关键词，即"产品升级"。据康师傅2018年年报，该公司逐步布局高端和超高端市场，将原本的高价面、高端面合并定义为"新高价"，并将10元以上的桶面定义为"超高端"，同时以多规格、多口味产品创造消费场景，满足消费需求，结合IP（知识产权）合作、多媒体营销等方式，吸引年轻家庭。

正是这些"高端面"，直接拉动了康师傅、统一等企业的方便面业务的增长。数据显示，2018年，康师傅高价袋面的销售额同比增长10.61%，容器面的销售额同比增长5.50%，而售价较低的干脆面等产品的销售额却较上年同期下滑23.92%。所以，仅从商品价格或质量来判断消费的"升"或"降"，是有失偏颇的。"消费降级"观点的提出，从宏观背景来看，是因为中国社会零售消费总额增速及城镇居民人均消费支出增速的双双持续性下降（见图3-1）。

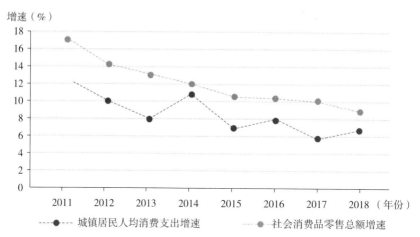

图3-1 中国社会零售消费总额增速及城镇居民人均消费增速

资料来源：根据国家统计局数据整理。

根据国家统计局2019年2月公布的数据，2018年全国社会消费品零售总额增速为9%，比上一年的10.2%有所下降。比如，福建2018年全年社会消费品零售总额增速为10.8%，比第一季度的12.7%几乎下降了2个百分点。重庆、贵州、海南、北京、天津2018年社会消费品零售总额增速分别为8.7%、8.2%、6.8%、2.7%和1.7%，分别比第一季度增速放缓了2~5个百分点。

但是，社会消费品零售总额增速放慢，是因为该领域受到国内外多重因素的影响，特别是与汽车和住房相关的一些商品消费出现阶段性的增长乏力。2018 年消费增速比 2017 年回落 1.2 个百分点，说明消费发展过程中还存在诸多变数，危与机并存。所以，不能单看这个数据来判断消费是否降级。

当然，不可否认的是，在消费者群体中，确实存在局部性的消费降级行为。这些局部的消费降级，来自其他消费造成的挤出效应。一部分原因是过去五年一轮的房价大涨之后，对新购房群体的消费造成了挤出；另一部分原因则是过去数年中消费金融快速普及，带动一部分消费群体的超前消费，这当中超出消费能力的部分，同样对其他方面的消费造成挤出。

消费降级局部客观存在。但从本质来看，消费降级在更大程度上是部分消费群体的消费结构变化所带来的结果。这在整体上其实就是消费升级的体现。

(一) 三次消费升级：满足自我需求的升级

"不说别的，从我家 20 年内换的 3 个电饭煲，就能看出消费变化。" 1989 年出生的陈彦辰说。

1999 年，陈彦辰家里买了第一个电饭煲，上下两层结构，是三角牌的。家人购买时只考虑了煮饭时间更短和经济能力，这款电饭煲虽然有时会糊锅，但质量好，用了 8 年，陪伴陈彦辰度过了少年时期；2007 年，陈彦辰家将三角牌电饭煲换成了松下牌的，知名品牌，性能更强，不仅可以煮饭，还具备保温、煲汤、定时等多种功能，而且基本上不会糊锅；2012 年，陈彦辰买了一款进口的智能预约电饭煲，这款产品的性能、口碑和品牌广受好评，使用了电磁加热技术，能够让米粒有良好的受热状态，煮出来的饭口感颇佳，而且能够在前一天晚上预约时间，做好第二天的早饭。这让陈彦辰减少了做饭花费的时间，感觉生活水平得到了提高。

电饭煲在升级，其他家电也没落下。洗衣机由只有单一清洗、甩干功能的双桶半自动型洗衣机，换成了能烘干、能洗羽绒服、除菌、除味的全自动智能滚筒洗衣机；电冰箱由冰柜式换成了省电、具有保鲜效果和能看烹饪视频的三开门冰箱……陈彦辰是一个标准的新中产，他的经历是中国大规模消费升级的一个注脚。与几十年前相比，如今人们在"买什么"和"怎么买"这两方面都发生了巨大变化。过去 40 多年，中国在改革开放的过程中经历了数次消费升级，它们本质上都是中国消费者在不断提升和满足自我需求。

第一次消费升级是在 1978～1992 年，这一阶段的中国处于短缺经济阶段。

1978 年，中国城镇居民家庭的恩格尔系数是 57.5%，农村居民则是 67.7%，而 1978 年日本居民的恩格尔系数不到 30%。

第二次消费升级是在 1992~1998 年，这一阶段发展最快的行业是饮料、服装、家电和零售业，满足了人们吃、穿、用的需求。

这一阶段，这些行业的消费品出现了过剩，产品必然能够卖出去的格局被打破，供给方必须在基础功能之外挖掘更多的属性，才能将东西卖出去，于是"品牌"在这一轮消费升级的过程中开始成为消费者的诉求。

第三次消费升级是在 1998~2014 年，这一阶段的核心是城市化。买一套房、一辆车是最重要的消费需求，"以城里人、大城市的方式生活"成为消费者的核心诉求。

2019 年后，正在进行的新一轮消费结构升级转型正驱动着相关产业的增长。在这一过程中，增长最快的是教育、娱乐、文化、交通、通信、医疗保健、住宅、旅游等方面的消费，尤其是与 IT 产业、汽车产业及房地产业相联系的消费增长最为迅速，以云计算、大数据、移动互联网、物联网、人工智能为代表的新一代信息技术消费呈爆炸式增长。不难发现，每一次消费升级的主要消费内容，其侧重点虽有所不同，但无不反映当时相应行业的发展方向与趋势。在表象上，消费升级体现为诸多新的消费现象。比如，某些商品客单价比原来高，某些商品价格没有提高但质量变得更好了，某些细分市场的小众商品开始流行，更多满足体验性需求的消费出现。

剥开消费升级本身的定义，其关键词体现在四个方面：支出，花出去的钱更多了；结构，需要花钱的地方变多了；升级，买的东西更加高档了；层次，满足消费的心理需求提升了。

新中产的消费升级是新一轮消费升级的核心力量。我们可以从消费构成和消费类别来对其进行分析。

（二）消费构成：必需型消费、发展型消费、美好型消费

进一步来分析历次消费升级的不同之处可以发现，随着经济的不断发展，每次消费升级对应的重点消费品，同样经历了一个由低级向高级转变的过程。鉴于消费的主体是人，那么消费品的变迁反映的就是人们需求层次的变化。于是，消费升级正是马斯洛需求层次理论的一种外在表现。

根据马斯洛需求层次理论，人类的需求由低到高，分为生理需求、安全需求、社交需求、尊重需求、自我实现需求。

消费升级恰好迎合了这一逻辑。在前两轮的消费升级中，新中产的衣食住行等基础性需求基本得到了满足。2014 年之后，在新中产引领的新一轮消费升级中，增长最快的是娱乐、文化、教育、交通、通信、医疗保健、住宅及旅游等方面的消费。

在衣食住行等方面，消费则出现了分化。比如，汽车从一种准奢侈品变成日常用品，汽车的社会地位属性下降，而实用属性上升。因此在品牌之外，其本身品质和实用属性的重要程度，在理性的新中产消费观中得到了提高。

所以，新中产的消费需求可以对应和简化到更具体的消费层级上（见图 3-2）。

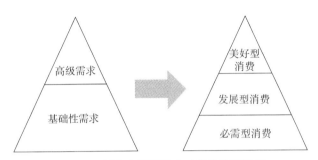

图 3-2 新中产消费需求对应的消费层级

为了帮助大家更直观地了解新中产对必需型消费、发展型消费和美好型消费的需求，下面用表 3-2 来呈现给大家。

表 3-2 新中产消费层级与需求的对应

消费层级	消费需求
必需型消费	满足生理需求和安全需求的消费，包括衣食住行这些日常最基本的支出
发展型消费 （功利型消费）	所有的这一类消费，都是为了外在的目标，为了让自己变得更好。与其说它们是消费，不如说是一种带有自我投资属性的支出，为此消费的新中产希望有一天能够从中得到更多的回报。比如，大多数人认为效率、能力、魅力、地位、财富和健康对于一个人而言是正面属性，新中产受到这一社会观念直接或间接的影响，追求其中的全部或部分
美好型消费 （幸福感消费）	非必需型消费，与发展型消费不同的是，美好型消费是纯粹花钱买开心、买幸福感，或是花钱减少不幸福感，是一种基于兴趣、真正源自内心的消费，不受外在因素的限制，是"把生命浪费在美好的事物上"

新中产消费升级的结构性变化在于：以上三种类型的消费虽同时处在增长

的通道中，但分化已经十分明显，发展型消费和美好型消费的增长幅度显著高于必需型消费。新中产通过消费透露出他们潜在的人生观和价值观：不论出于外在（发展型消费）或是内在（美好型消费）的动机，他们都希望自己的生活变得更好。

（三）消费类别：为幸福和发展的需求花钱

2019 年 1 月 21 日国家统计局发布的《2018 年居民收入和消费支出情况》显示，全国城镇居民支出结构中，占比提升最大的两项是居住和医疗，其次是文教娱乐，占比增加的还有交通通信和生活用品及服务（见图 3-3）。

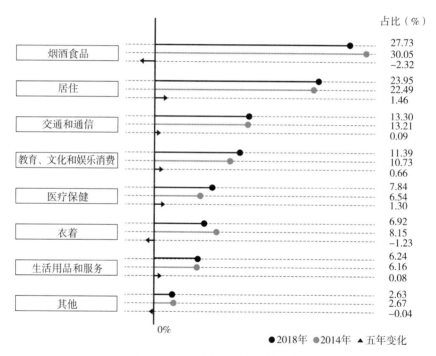

图 3-3　全国城镇居民支出结构变化

资料来源：根据国家统计局数据整理。

在支出结构占比中明显下降的，是生活必需品、吃和穿。吃、穿、用的占比排在后三位，医疗和文教娱乐则是支出提升较快的消费类目。居住是一项例外，其本身是必需型消费，但在实际的支出中，居住更多体现为对房价上涨预期的投资行为而非消费行为（即便是购买自住房）。综合而言，中国居民的消费结构在过去几年中的典型变化，是必需型消费占比快速降低，而发展型消费和美好型消费同步快速提升。在消费类别上，前者与后两者存在显著的层次高低之别。

这种区别，来源于居民必须在必需型消费得到满足后，才会将发展型消费和美好型消费不断拉进消费清单，成为他们的主要支出构成。在必需型消费需求，如吃、穿、用等得到充分满足前，发展型消费和美好型消费偶尔会成为生活的点缀，但绝不会成为居民消费的日常。所谓的消费升级，便是这种消费群体从低层次需求的满足感溢出，到消费重心向高层次消费位移的过程。新中产的消费行为，是这一过程最典型的体现。他们为幸福和发展的需求花钱，消费构成从生活必需型消费为主，转变为以发展型消费和美好型消费为主。

资料来源：新中产，消费升级 or 消费降级 ［EB/OL］. ［2020-12-02］. https：//www. the-paper. cn/newsDetail_forward_10217282.

四、案例四

 奢侈品之中国简史及现状

对于全球奢侈品产业来说，中国制造已成为了最大的代工基地，中国消费者已成为了最大的购买群体，但中国品牌在哪？一个有亿万国民参与消费而形成的万亿市场，其背后真的只是炫耀、自我犒赏、阶层焦虑吗？奢侈品消费的本质到底是什么？中国品牌的出路到底在哪？

（一）奢侈品是历史名词，其实质是精品

"奢侈"一词在中式语境中，原指"只有大户人家才能消费得起的物品"，大意是指"挥霍浪费钱财，过分追求享受"，充满贬义。而今，以 LV、HENNESSY、HERMES、CHANEL、DIOR、BURBERRY、CARTIER、BLANCPAIN、ROLLS-ROYCE 等为代表，涉及葡萄酒及烈酒、时装及皮革制品、香水及化妆品、钟表及珠宝、豪车游艇与私人飞机、精品零售与高级酒店等领域，来自法国、意大利、英国、美国等西方国家的（品牌）产品，也常被国人统称为"奢

侈品"。

其实，"奢侈品"只是一个特定时期的历史称谓。改革开放之初的 1979 年 3 月，法国服装设计师皮尔·卡丹（Pierre Cardin）在北京的民族文化宫举办了一场内部时装秀，正式打开了西方品牌进入中国的大门。动辄数千元的服装与鞋履，数万元的箱包与腕表，其价格之高昂令国内咂舌，更是与国民普遍仅有的数十、百元月薪形成了鲜明对比——1979 年，全国城镇居民人均可支配收入为 387 元，1990 年为 1510 元，2000 年为 6280 元。在当时的经济语境下，"奢侈品"一说得以成立。

一方面，在 1995 年之前，购买这些商品只能通过外汇兑换券来结算，它带来了某些拥有特权国民的炫耀性消费；另一方面，在改革开放的前 20 年，在短缺经济状态下，对于仍在追求吃饱穿暖的国民而言，这些从国外进口的商品，实在太"奢侈"了！

但随着中国经济的突飞猛进，国民收入也随之大幅上涨——2005 年，全国城镇居民人均可支配收入为 10493 元，2010 年为 19109 元，2015 年为 21966 元，再花数千元购买一两件服装或鞋履，似乎也并非遥不可及。然而另一个事实是，"先富起来的一部分人"月入数万元乃至数十万元，他们才是这些商品的主力消费者。在高昂价格之下的奢侈品实质，是"精品"——以精益求精的态度，为客户提供的精美产品与精致服务。

法国有一个行业组织，"法国精品行业联合会"（Comité Colbert），它成立于 1954 年。创立的初衷是传播法国手工艺品，推动法国精品的对外贸易。联合会对于品牌的筛选拥有严格的标准，尤其注重精品的手工艺及文化传承。成立至今，联合会已拥有 80 多个法国本土精品品牌，其中不乏大众耳熟能详的"奢侈"品牌，如 HERMES、LV、CHANEL、DIOR、BACCARAT、BOUCHERON、CARTIER、GUERLAIN、LANCOME、CHATEAU LAFITE-ROTHSCHILD、MAR-TELL 等。

（二）奢侈品为何卖这么贵

先说工艺精湛，比如说爱马仕的包包。其实爱马仕包包的制作，从养殖就已经开始了。每一个爱马仕的皮具工匠，都是动物学大师，他非常清楚地知道，这个动物它是生长在什么样的环境，它的皮有什么特质，背上或肚子的哪块皮，经过怎么样的方式能够处理得最好，最适合用来做什么。这种匠心跟工艺，绝不是广州白云皮具城的"制皮大师"所能够制作出来的。在此我们仅就工艺本身来讨论，还请大家不要上升到动物保护的领域。

说完皮包，我们再谈钟表。比如瑞士的机械表，能将数百个零件整合在手腕上的方寸之间，这对材料的把握与精妙运用、设计的创意与绝妙执行、工艺的精湛与巧夺天工、功能的创新与精益求精等提出了极为苛刻的要求，绝对是人类在天体学、物理学、材料学、工艺美学等方面集大成的极致成就。无论是皮包还是钟表，每一件奢侈品背后都凝聚了数十位大师一去不复返的青春，就为了只给你呈现一个独一无二的艺术品（极致的腕表、奢华的珠宝、顶级的包包、绝妙的美酒等），除去原材料成本，你还得为大师的珍贵时光及人生买单，对吧？

再说客群精准，比如你不屑一顾的石英表，或许正是某些仍在佩戴电子表的消费者垂涎欲滴的"奢侈品"。想想学生时代的你，只能佩戴价值数十元的电子表时，是否渴望拥有一枚售价上千元的石英表？同理，你梦寐以求的机械表，或许只是另一部分人喜欢就买的日常消费品。当你月薪刚过万元，却想要购买一块价值 5 万元的机械表，确实捉襟见肘；但对于那些月收入 10 万元甚至更多的人而言，"盘它"则毫无压力。

时常有很多人吐槽，"奢侈品什么都好，唯一的缺点就是贵。"其实，贵不是它的缺点，是你的。如果你觉得它贵，往往是因为你不是它所针对的消费者。最后是供需失衡。当一个产品面临着三个以上的消费者争抢，品牌方就获得了绝对的谈判优势地位。

（三）使用奢侈品就是为了炫耀吗？

先说自我犒赏，这个很好理解。贫穷不但限制了想象力，还限制了对美好生活的向往。这个就不多解释了。最后，重点说说被看见——效率最高的社交方式。奢侈品是社会人际交往（特别是陌生状态下）成本最低、效率最高的沟通方式——除非，你已经不需要靠任何外物，都能让别人时刻看见你。

比如阿里巴巴的马云先生，无论穿得多低调，走到哪里都依然会是人群中"最闪耀的那颗星"。但问题是，这世上能有多少人拥有这么一张妇孺皆知的帅气脸庞呢？举个例子：倘若你是个楼盘销售员，同时有两个客户走进售楼处，一位身穿普通 T 恤、牛仔裤及帆布鞋；另一位西装革履，且不经意间露出的腕表价值不菲，你会先接待哪一位？极有可能，你会先接待后一位。为什么？因为他看起来更有购房的实力，得优先接待；他则（通过腕表的无声彰显）获得了最快速且优质的服务，提升了他的办事效率。一味地强调内涵而忽视外表，也是一种肤浅。你用什么品牌，哪个款式，如何搭配，都直接将你的财富、品位、生活方式等显露无遗，若对方也懂，只需简单交流，你们两人瞬间就会聊得很投机。

（四）奢侈品品牌的传奇故事是营销噱头吗？

如何才能打造一个奢侈品牌？答案是完善且稳定的供应链和实用美学的设计加上忠实赋能的资本。缺一不可，当然，也不是都具备了就一定行。在动辄百年历史的奢侈品业界，成立于1946年的DIOR其实很年轻，但它凭什么会成为法国品牌的骄傲，成为无数女性的梦想呢？那得从1947年的DIOR说起。

1947年2月，当时正值"二战"结束不久，人们尚未从战争的阴霾中走出。迪奥先生举办了他的第一个高级时装展。90套完全颠覆人们期待的礼服列队展出后，所有的观众都在欢呼，巴黎上流社会的小姐太太们更是为之疯狂！他将裙长提到离地40厘米，优雅地露出女性的脚踝；袖子长度通常到小臂中央，即所谓3/4袖，里面衬以长手套；圆润平滑的自然肩线，用文胸整理的高挺的丰胸，连接着束细的纤腰；垫高的臀部，凸显女性线条；由20码长布料加工而成的大裙摆，再加上夸张的帽檐——这些都令巴黎的时装界为之一振。

这场DIOR的首秀，唤醒了"二战"后缺失的法式优雅。DIOR精致奢华的服饰，种种不同的细节，组合出极其纤美的女性气氛。如此幻梦一般的服装，让饱受战火摧残的女性，在华美的服装里被唤醒了"二战"前的温柔回忆——这种充满新鲜意象的轮廓也让巴黎再度执掌时尚潮流，让法国时装业再次享有国际时装领域的至尊地位。这场革命性的时装首秀引起了业界的巨大震动。此设计风格被命名为"New Look"（新风貌），正因如此，迪奥先生获得时装界的"奥斯卡奖"、美国的雷门·马可斯奖（Neiman Marcus Award），这是该奖第一次颁发给一位法国人。从某种意义上来说，美国人接受了DIOR的设计，承认了法国巴黎的时装仍然处于世界时装业"领头羊"的地位。

除了DIOR，还有两个奢侈品牌案例值得和大家分享：Mercedes-Benz的S级轿车。1951年，在第一届法兰克福车展上，奔驰发布了代号为W186/W189的300轿车和代号为W187的220轿车，拉开了S级轿车的辉煌序幕。它的诞生背景大致如下："二战"结束（1945年）之后的德国，国民经济遭受到了严重摧毁，引以为傲的制造工业更是备受打击。作为燃油汽车的发明者——1886年1月29日，Karl Friedrich Benz（卡尔·弗里特立奇·本茨）发明了世界上第一辆三轮汽车，而汽车制造又被誉为"现代工业皇冠上的明珠"，在德国工业急需一个代表作之时，奔驰挺身而出了——这作品应既能彰显德国工业的制造水准，又是恢复德国制造的信心之作。

S级轿车由此诞生。S源于德语的"Sonder Klasse"，也是英文当中"Special Class"的意义。S级轿车从诞生之初就注定不平凡，它引领着汽车业界豪华车市场的发展，已经成为一种标准、一个定义，看似难以突破的辉煌却被每一次S级轿车的换代而重新改写。它的存在，为下一个时代的汽车发展指明了方向。

反观它的两大竞争对手，BMW第一代7系（车厂代号E23）是1977年推出的；1994年，AUDI才诞生了第一代A8。历史是值钱的，S级在全球范围内的销量几乎是7系和A8的总和。综上所述，当品牌的发展能成为国家历史、民族记忆的一部分，这份荣耀就能获得世人的尊重，这份尊重，便是高溢价的基础。

1837年，Charles Lewis Tiffany（查尔斯·路易斯·蒂芙尼）和他的合作伙伴在纽约百老汇大街上开设了第一家饰品店。最初它只是一家很小的文具饰品店（开业第一天的总营业额是4.98美元），但Charles先生可不这么认为——他酷爱钻石和珠宝，对这些大自然与人类的艺术品十分痴迷，他的理想就是将TIFFANY打造成世界级的珠宝品牌。当时，美国作为一个新兴国家（建国于1776年），人民刚刚富足，他们崇尚古老的欧洲文明——在当时，欧洲宫廷的王室珠宝品质优良，乃珠宝界中的精品。日渐富裕的美国人渴望拥有象征上流社会的王室珠宝作为对自己价值的肯定，以此来表明自己新的经济和社会地位；但又渴望在各个领域建立起属于美国人自己的标志，从而得到世界的肯定。

正是对这种社会心态的精准把握，Charles先生广开门路，大范围搜集和学习欧洲贵族的珠宝产品及设计，TIFFANY由此成为美国境内选购欧洲钻石的最知名场所。但Charles先生并不满足于售卖欧式风范，他洞察到了美国国民的消费心态转变，加入了自己的独特设计理念，从而迈开了他伟大梦想的第一步——1868年，TIFFANY开始制造黄金时尚珠宝设计，为美国人带来全新的奢华体验。

不同于欧洲珠宝的繁复与华贵，TIFFANY处处象征着美国精神。Charles先生早年就为品牌定下了一条信念，"大自然是我们最伟大的设计师。"由此，TIFFANY具有大自然般原始的美，加上极简风格的设计，瞬间便唤醒了人们心底最原始、最纯净的爱意与美好。

从贩卖欧洲皇室贵族的雍容华贵之美，到确立代表美国精神的自然纯净之美，这一转折的背后，是国力上升所带来的文化自信——1894年，美国GDP超过英国；到1905年，其人均GDP也超过英国；1910年，美国的整体综合国力跃居世界第一。TIFFANY这个案例是我特别欣慰的，我由此看到了中国精品品牌崛起的可能——当下的中国，跟百年之前的美国，太相似了。美国没有太多历史，所以喜欢往前看，科技感十足，崇尚大自然。但中国的题材太多太多了，比如今年在很多城市做快闪店的麒麟珠宝，取材于敦煌，创立于巴黎的珠宝品牌，始创于1997年。对于国内品牌而言，"东方传统+西方表达"或许才是可取之道。

资料来源：奢侈品之中国简史及现状［EB/OL］.［2020-10-12］. https：//www. sohu. com/a/424199030_293356? scm=1019. e000a. v1. 0&spm=smpc. csrpage. news-list. 35. 1608173157919Xev2djZ.

五、案例五

 营销的未来究竟是怎样?

就在今天早些时候，中国和美国签署了一个贸易协议，虽然还不是一个完整的协议，但是它是一个双赢的思维模式。世界需要的是共同的协作，大家看一下今天的股票市场就能够证明这一点，股市今天已经上涨390点了（美国道琼斯指数）。为什么中国和美国这两个国家不可以成为合作伙伴呢? 只有这样，才能共创繁荣，让这个世界变成对每个人都是很好的世界。

(一) 三个主题

三个主题：市场营销的历史、今天的市场营销以及市场营销的明天。市场营销的未来会是怎样的呢? 未来非常有可能消费者会变得非常聪明，可能我们不再需要销售人员，我们也不再需要广告，互联网让消费者学到了很多，了解了很多。不光是互联网，还有像脸书（Facebook）这样的社交平台，没有任何的广告，没有任何的销售人员，消费者就已经了解很多了。

在未来，如果说不再需要销售人员，不再需要广告，会怎样呢? 我猜想那时候的市场营销最需要做的就是管理好口碑，最有效的广告就是来自消费者的朋友，还有体验过产品的这些人，消费者可以信任他们所说的经历和体验。举个例子，假设我推出了一款新的红酒，我可以寻找一下到底谁是影响红酒选择的有影响力的人。有一些人是红酒的专家，他也有非常庞大的红酒的网络，我就可以把我的红酒作为一个礼品给这样一个影响者。如果他很喜欢它，我的工作就做完了，我其实不需要广告，也不需要销售人员，甚至都不需要给他钱，因为他对红酒很满意，也很愿意去谈论这个红酒。所以，市场营销是会改变的。

（二）市场营销的历史

我们先回到过去看一下市场营销的历史。市场营销学（Marketing）是一门非常年轻的学科，市场营销学的历史不超过 150 年，但是市场（Market）本身已经有数百万年的历史了。当人们有了盈余的货物想要卖出去的时候，就出现了市场。销售（Selling）只是市场营销的一部分，销售是非常简单的，因为产品已经存在了，你的工作只是找到客户。市场营销是更重要的，要去决定是不是要去生产这个产品，要生产怎样的产品，擅长什么，市场需要的是什么，是不是可以满足市场的需求。一旦生产了这个产品，企业当然需要广告和销售人员，还有定价。

（三）市场营销的演化

我想告诉大家的就是市场营销是一门不断在变化的学科，总是会有新的想法、新的理念出现，可以看到市场营销理论不断地变化，基本上每十年都有一些巨大的变化。为什么我每三年左右都会再版和更新我的《营销管理》一书呢？就是因为在很短的时间里，新的案例、新的理念、新的市场营销的一切，都变化太多、太快了。

（四）不同的营销导向

一些市场营销理念在发生着变化。开始的时候，我们认为最重要的就是生产好的产品（产品导向），然后宣传自己的产品。后来，宝洁、联合利华等企业发现这不是最好的实践。市场营销最重要的是顾客，顾客需要的是什么？于是，后来市场营销就从产品中心导向转向了顾客导向。后来市场营销进入了品牌导向。企业要想成功，品牌名称必须具备吸引力，要有感情在里面。消费者想买的产品可能有很多的选择，要让消费者选择你，你的品牌必须能够跟他们产生共鸣。

品牌通常就是一个价值主张，这是非常重要的一个概念。品牌应该去表达你为客户创造的价值，如果并不确定为什么客户要来选择你，你就有问题了。事实上价值主张就是要描述你和竞争对手的区别，你的定位是什么、主要的特点是什么。比如说麦当劳，它的价值主张可能是好的食品、平价的食品。这样的价值主张范围很广，还不够准确，需要对每一个不同的客户群体有更准确的价值主张。

对老年人来说，麦当劳意味着非常好的安全的地方，可以坐下来吃一顿饭菜，老年人可能没有妻子了，只是需要一个舒适的环境，平价的食品。对于年轻人来说，吸引他们到麦当劳，需要有一个不一样的价值主张。对于带孩子的母亲来说，也需要有另外的价值主张。

所以，对不同的细分人群，需要有不一样的价值主张，最重要的是找到你的目标市场，这就是品牌导向的市场营销，也就是说要做好目标市场和价值主张。近来，市场营销出现了一个变革，就是数字化。每一个公司如果说不转向数字化营销，都是在犯错误。即使是非常小的零售店，让人们到你的商店来买东西还不够，你应该让消费者不需要到你的店里就可以买到你的商品，这样他们在线上就可以选择你店里的商品。

以我们家为例，我的夫人从来不去商店，她买的东西都是通过亚马逊从网上买的，她每天都收快递。现在，越来越多的人都因为太忙而不去商场了，所以企业需要通过数字化向消费者提供销售渠道。

（五）什么是真正的市场营销

如果你定义市场营销为通过销售团队、广告来提升销量，这是过去的定义。现在的市场营销，我们叫 CCDV（Create, Communicate and Deliver Value），即为目标市场创造、沟通和交付价值。同时，最新的一个观点，市场营销是驱动企业增长的商业准则，也就是说它的功能是促进企业来增长的。

为什么说市场营销可以比企业任何其他的职能部门都能够带来更多的增长呢？因为市场营销是真正唯一一个花时间和客户在一起并希望客户发生购买的部门。所以对于市场营销部门来说，如果营销人员培训得好，他们和客户待的时间长，他们会最先发现市场的机会。同时市场营销部门会最先发现客户有哪些需求，企业别的部门没有注意到的时候市场营销部门就可以感受到。另外市场营销部门也可以感受到企业存在哪些威胁，或者说在客户买你的产品的时候存在哪些障碍。对于市场营销人员来说，我们必须真正接触到市场，真正接触到客户，把密切的观察传回到我们的企业当中。

（六）市场营销的框架

那么，今天我们的市场营销框架到底是什么？

第一，顾客（Customers）、公司（Company）、合作伙伴（Collaborators）、竞争对手（Competitors）以及环境（Contexts），这就是我们通常所说的"5C"。每一个市场营销的框架或者计划，都要考虑到"5C"原则。第二，需要描述产品（Products）、价格（Pricing）、渠道（Place）和促销（Promotion），这就是通常所说的"4P"。"4P"是一个起点，但是你还可以加另一个P，叫作包装（Packaging），比如你是一家香水公司，比香水更重要的就是香水的外包装，还有对于这个产品如何来进行营销、定位，所以包装是非常重要的。另外，大家可能会说销售呢、服务呢？这些在4P当中的哪里？大家不用太担心这个，在市场计划中，"4P"只是一个起点，你可以加上"S"（Selling或Service），需要什么就添加到"4P"框架当中就可以了。这就是"4P"的扩展版，例如包括产品、服务、品牌、价格、激励、沟通、交付等。

如果你刚刚开始创业，或者要开始推出一个新产品，市场营销战略的流程通常都是从市场研究（Marketing Research，MR）开始，这是最重要的。对于市场研究，企业要做很多的调查，收集很多数据。市场研究之后企业会发现市场非常复杂，包括市场当中的不同细分群体，所以企业需要进行市场细分（Segmentation）。由于不同的细分群体的需求是不一样的，所以企业需要选择目标市场（Targeting），之后再来进行定位（Positioning）。这就是我们通常说的STP。

STP之后，企业就选择好了你的目标市场（Target Markets，TM）。当然，企业可以选择好几个目标市场，但是每一个都要提供不同的市场战略。选择好了目标市场（TM）之后，企业需要提供价值主张（Value Proposition，VP），然后建立市场营销计划（Marketing Plan，MP）。接下来企业的营销计划开始进入执行（Implementation），之后还要做监控和调整（Control）。如果企业发现销售业绩不好，就要把这个流程往回倒一下，分析原因是什么：可能是营销战略制定得好，但是执行做得不好，或者团队不行；执行做得好，但是销售业绩仍然不好，那可能就是营销战略有问题，比如说定价太高，或者广告推广做得不好，或者可能目标客户选得不好，比如在目标群体市场里已经有别的竞争对手比你做得好很多。通过这样的监控，企业可以找出问题并进行改正。

（七）四种 CEO 看待市场营销的视角

接下来，我们来说一说四种 CEO 看待市场营销的视角。这里我们必须要问一个问题，你企业的 CEO 对于市场营销了解多少？第一种 CEO 是 1P 型的 CEO，他们觉得价格（Price）是最关键的，觉得市场营销就是定价定多少，市场营销只要负责产品定价就可以了。第二种 CEO 是 4P 型的 CEO，他们会综合考虑产品、定价、促销和渠道。第三种 CEO 是 STP 型的 CEO，他们不仅知道 4P，还知道企业需要进行市场细分、目标市场选择和定位（STP），这样的 CEO 显然更优秀。第四种 CEO 是 ME 型的 CEO，即市场营销必须无所不在（Marketing Everywhere，即 ME），他们知道企业的工作就是给客户创造价值，营销是一切工作的开始，这是最优秀的 CEO。

（八）市场营销将如何演进

市场营销需不需要不断地进行演进？当然。例如，在传统的大众营销（Mass Marketing），电视剧中间插播一个广告，企业需要花很多的钱，但是却带来一个问题，即如果消费者并不对这个产品有需求或者兴趣，这样的广告就很烦人。换句话说，这样的大众营销效率很低，不够精准。

反过来，在今天的数字化精准营销的时代，传统的大众营销还有用吗？当然。企业首先需要通过传统的大众营销来进行品牌的价值主张宣传（聚焦品牌形象而非销售线索），然后再通过更精准的数字化营销工具例如 Facbook、谷歌等来进一步触达目标顾客并进行场景营销。因此，企业要学会把传统的大众营销和新的数字化营销结合在一起，这样才能为目标客户创造最大的价值。

现在市场营销面临的最主要的一个问题是消费者越来越聪明，任何关于竞争对手的信息都可以从网上去获得，销售渠道也越来越多。我去加油的时候可以顺便买个冰激凌，原来没有想过加油站也可以成为食品的零售店。另外，现在还有越来越多各种新技术。

（九）关于"增长"的发现

关于增长，与通过并购实现增长相比，我比较倾向于内生性增长。我知道有些企业现在的业务很不错，通过并购其他的企业，把竞争对手买下来，这些是外生的增长。但是有很多证据显示，如果一个企业实现了内生性增长，不是通过并购来实现的，这样的企业会更优秀。内生性增长意味着企业有更优秀的市场营销能力，有更好的领导力等。同时，企业的市场营销战略也会更加融入到企业的各个部门当中，并通过产品、客户来进行价值提升。

我最近和一家企业正在合作，叫富士胶卷。大家知道柯达胶卷这家公司已经不存在了，因为现在消费者不买胶卷了，所以柯达"死掉"了。那么，为什么富士胶卷却还活着，而且比原来业务还大？我现在正在写一本关于富士是怎么生存下来的新书。如果你的行业面临着颠覆性的技术，你都应该读一读这本书，了解一下富士胶卷这家公司，学习富士公司如何在危机当中进行创新。

（十）新市场营销的十大特征

这里，我列出来了新的市场营销的十大主要特征，大家可以看一下你们自己企业的情况，这十个特征哪些方面做得好。如果都做得很好，公司肯定是很有潜力的。如果这十个方面都没有做好，我觉得你们公司就要小心了。

（十一）营销革命4.0：绘制消费者旅程地图

我想谈一下营销革命4.0，这是我们最近对于市场营销的一个分析，聚焦数字化如何来影响到各个行业。首先，我们使用一个概念，叫消费者的旅程。比如说如果买一辆车，有些消费者从来没有想过要买车，但是某一天他看到一个橱窗，看到了橱窗里面有一辆车，问了问价格，觉得买得起，可能很快就买了这辆新车。这个消费者的旅程非常短。对于这种消费者，企业的市场营销有的时候都来不及有什么反应。

然而另一种消费者的旅程可能会比较长：消费者想买一辆车，可能会先问朋友都买什么车了，他们喜欢什么车，然后去4S店看一看，之后还会试驾一下。不管是长的消费者旅程，还是短的消费者旅程，或者其他任何介于两者之间的消费者旅程，企业都需要在消费者的旅程中找到接触点，并进行有效的市场营销工作。如果企业在某个接触点接触到消费者了，但是由于销售人员培训得不够，他们跟消费者一接触时客户就流失了，这个市场营销工作就不够有效。所以，在消费者购买的过程当中，企业必须要保证与消费者有接触点，同时还要保证在每个接触点上的市场营销工作有效，才能让消费者买你的产品。

（十二）顾客的"5A"路径

消费者的购买过程可以用"5A"路径来描述：消费者对于你的产品或品牌有所了解（Aware）；消费者被企业的价值主张所吸引（Appeal）；消费者接下

来可能会有一些问题进行问询（Ask）；之后消费者可能就愿意购买（Act）；如果他喜欢你的产品，他将来还会复购（Act Again）。

当然，最好的事情是把顾客变成终身顾客，而且要让顾客成为你产品的拥护者和倡导者。如果顾客特别喜欢你的产品，他就会变成了你的拥护者和倡导者，向自己的朋友和周围的人来宣传你的产品有多好，让朋友也去买你的产品。我们把这样的顾客叫作顾客倡导者（Customer Advocate），或者叫品牌大使（Brand Ambassador）。

谁应该成为企业的品牌大使？首先是企业的员工。如果企业自己的员工都不宣传企业的产品，那就一定有问题，可能是因为企业给员工的工资比较低。比如，沃尔玛公司曾经有段时间里员工工作很辛苦，而且没有安全感，感觉随时都能够被公司取代掉。后来，沃尔玛意识到问题，并进行了改变，从而把员工逐渐变成沃尔玛的品牌大使，员工不但对沃尔玛感到非常自豪，而且在面对消费者时也开始自然微笑和积极工作，这就是我们大多数企业需要学习的。

要记住，市场营销不仅是面向顾客，同时也要面向企业员工。我从万豪酒店学到了这一点，这是世界上较大的连锁酒店之一。万豪酒店说客户排第二位，因为员工是第一位。因为如果没有最好的员工，就不会有最好的客户服务。

酒店是服务行业，需要的不光是交付服务，而更加应该是交付一种体验。事实上，体验营销（Experience Marketing）就是专门研究这个领域的。消费者去商店买一个商品，是不是有一个好的体验，这非常重要。如果企业能有大量的员工成为品牌大使，那么顾客的体验一定会更好，也就能够帮助企业实现成功。

（十三）顾客导向化

关于顾客导向化，我要推荐来自澳大利亚的布朗父子一起写的《客户文化的必要性》这本书。在这本书里，企业可以用六个维度来衡量自己在多大程度上做到了以顾客为中心。

第一个维度是顾客洞察（Customer Insight）。企业不仅要了解顾客，还要能够知道他们的感觉，他们的深层需求，要像钻到顾客心里那样了解顾客，这才是顾客洞察。

第二个维度是顾客预判（Customer Foresight）。因为顾客是会变化的，明天的顾客会走向什么方向？会不会更关注价格？还是说更关注渠道的便捷性？还是产品的功能？

第三个维度是竞争洞察（Competitor Insight）。与顾客洞察类似，企业也要对竞争对手有深入的竞争洞察。

第四个维度是竞争预判（Competitor Foresight）。企业不光要有竞争洞察，还需要对竞争对手进行预判。如果说我的价格发生变化，竞争对手是否会跟随我的脚步？竞争对手会有怎样的变化？我不想有任何的惊吓，要知道他们在做什么。

第五个维度和第六个维度分别是环境关注和合作。企业不能太狭隘，不能只是看顾客和竞争对手，而要把我们的眼界拓展到更大的环境中，去看环境里的一些变化，同时要进行更多的合作。只有这样，企业才有可能成功。

(十四) 发现利基市场和超细分市场

企业需要学会发现利基市场和超细分市场。所谓利基市场（Niche Market），就是具有相似兴趣或需求的一小群顾客，他们往往特别需要某一种产品。有很多企业就是因为做好利基市场，从而成为所谓的"隐形冠军"。例如在法国，法国人一般都喜欢坐在餐厅的户外喝咖啡或者吃饭，需要伞来遮阳。如果有一个企业在遮阳伞这个利基市场做到最好，就可以成为隐形冠军。类似的利基市场还有功能强大的军用野战眼镜等。大家可以进一步阅读赫尔曼·西蒙的《隐形冠军》这本书以了解更多。

我还要推荐一本书，是马克·佩恩的《小趋势》。这本书讲到了很多超细分的客户群体，比如退而不休的老人，他们已经退休了，但是还在做一些工作，这就是一个超细分市场。又如，世界上有大约 1/1000 的人是左撇子，他们可能有特别的需求。关注类似的利基市场和超细分市场，企业就会发现更多市场机会。

(十五) 寻找市场营销创新

创新，我刚才讲到了富士胶卷，在他们的商业模式中，创新永不停息。企业如果不创新，就会倒闭。当然如果企业创新了，也有可能倒闭。

我之前跟一个风投公司在交流，他们是做初创公司的投资。我问有多少初创公司是成功的？他说十个里只有一个能成功。然而，尽管创新要成功的概率很低，企业仍然必须创新，因为如果不创新企业就一定会倒闭。

（十六）创新与市场营销之间的关系

所以，企业的研发人员和市场营销人员之间必须要有很好的合作。如果一个公司的研发人员研发出非常完美的产品，但是从没问过市场营销人员，我觉得会大概率失败的。例如，我们之前和飞利浦公司合作过，他们总在发明更好的电子产品，但却有很多的发明都失败了，比如说智能化程度太高了，因为是工程师发明的。工程师是非常聪明的人，但是在他们的眼里非黑即白。飞利浦公司后来意识到问题的核心，就是他们有创新和发明，但却没有市场营销。于是，飞利浦公司后来邀请了一个著名的顾问帮助飞利浦建立起了市场营销的职能。

大家知道这个飞利浦公司的著名顾问是怎么获得回报的吗？当时他告诉飞利浦公司，他不想要任何现金回报，但他想要飞利浦公司的股票。因为他知道飞利浦有了市场营销这个另外的翅膀之后，飞利浦公司会获得更好的盈利，从而股票价格也会高涨。记住，当你的企业要请咨询顾问的时候，一定不要请那些只想拿现金回报的人，而是要请那些希望获得股票回报的顾问。总之，企业如果只擅长创新但却不擅长市场营销，或者企业如果只擅长市场营销但却不擅长创新，这都不太好。著名的管理学之父彼得·德鲁克就强调过：企业的成功取决于两个因素，就是市场营销和创新，这两个都是关键。

（十七）公司创新流程中的 A-F 模型

企业在创新的过程中需要六种角色，可以用 A-F 模型来描述。

第一种，推动者（Activators）：有一些员工总是有新的想法，他们很有想象力，会不停地建议做这做那，但他们自己不会去实现这些想法。这些人就是创新的推动者，企业要听取他们的意见。

第二种，观察者（Browsers）：企业把推动者的建议告诉给观察者，这些人会去了解这些建议是否已经有竞争对手做了类似的事情。

第三种，创新者（Creators）：如果说这是一个值得继续的想法，接下来就需要创新者把新的想法设计成一个原型，然后进行测试，再提出改进的意见，并获得一些反馈。

第四种，开发者（Developers）：根据创新者的设计，接下来企业需要开发者去开发，在工厂里面把这个产品生产出来，以便开始销售。

第五种，执行者（Executors）：就是市场营销人员，他们会在市场上执行市场营销计划，从而让企业的新产品获得成功。

第六种，资金管理者（Financers）：在创新过程中，特别是最后的执行过程中，还需要资金管理者的支持，例如投放广告等。

这样的一个模型，在我的书里面被称为 A－F 模型，可以帮助企业做好创新。

(十八) 建议

用以下三个方面来建议企业如何处理当下的业务和创新。

第一，管理当下：企业必须做好当前的主营业务，削减无利可图的产品或细分市场，提升运营水平，并适当精简规模（例如，汽车公司当前仍然要生产好的汽油车）。

第二，选择性失忆：企业在做好主营业务的同时，还需要开发高可行性的新产品，迎接机遇，探索爆发式增长（例如，汽车公司开发混合动力等各种新产品）。

第三，创造未来：某一个大的创新就是未来（例如，汽车公司开发电动汽车）。

(十九) 谁应该主管企业的市场营销工作

谁应该来负责企业的市场营销工作？传统的首席营销官（CMO）？还是各种新出现的职位，例如首席增长官（CGO）或首席顾客官（CCO）？我个人仍然觉得首席营销官（CMO）是最合适的词，因为每一家企业都有首席营销官，现在我们已经有了一个很大的 CMO 群体。首席增长官（CGO）是个新词，暂时还没有一个大的群体，而且虽然首席增长官（CGO）听起来也不错，但是难道我们也要把"市场营销"一词都改为"增长"么？刚才说过的富士公司有 12 个首席营销官（CMO），因为富士公司下面有 12 个独立的子公司，他们的业务完全不一样，所以这 12 个 CMO 的头上并没有一个更大的总公司 CMO，每个 CMO 负责自己公司的市场营销工作。

(二十) 五种转变

这里我还要推荐一本很有趣的书，是斯科特·戴维斯（Scott Davis）的《转变》（*The Shift*）。这本书描述了今天的企业所面临的五种转变。

第一种转变，从创造营销战略转变到驱动业务增长。今天，企业的首席营销官（CMO）们不仅要制定战略，还要确保公司业务增长。

第二种转变，从控制信息到激活价值网络。互联网时代，信息没法控制，企业的控制力越来越小。消费者对产品的评论，不管是好评还是差评，无法去控制，但是需要去激活价值网络，让自己的信息传达得更好。

第三种转变，从持续改善到普遍创新。我刚从日本回来，日本有很多公司例如本田，他们每一年75%的员工，包括工厂的工人，都能够提出把汽车做得更好的想法，你可以想象一下这样的文化，每个人都相信，让你的工作做得更好，做得更有意义。日本公司对质量的要求特别高，中国也需要转型，从生产便宜的产品，转型为生产更加复杂的产品。

第四种转变，从管理营销投资到激发卓越营销。

第五种转变，从关注运营到以客户为中心。

(二十一) 全新的商业逻辑

传统上来说，企业要最大化股东的利益。最大化股东利益之后，这个利润谁拿到了？当然是股东了。

但是现在，企业要最大化所有利益相关方的利益，而不仅仅是股东的利益。

什么叫利益相关方？除了股东之外，还包括顾客、供应商、员工等。企业的利润和各利益相关方进行分享，每一个利益相关方都变得更好，企业将来也才能更好。如果企业赚了钱之后只关注于股东，对员工来说，就会觉得公司挣多少钱跟他有什么关系呢？这样子的话，员工还会努力工作吗？类似地，如果企业因为对短期利润的追求而污染了环境，企业这样做就是自杀式的行为。

(二十二) 商业和社会之间的关系

以前，我们谈到的一个词叫企业社会责任（Corporate Social Responsibility，CSR），大家还记得吗？比如说企业做得好，赚了钱就回报社会，捐献抗癌基金会或者儿童基金会等。但是，现在只做慈善是不够的。企业破坏了环境不是简单地通过做慈善就能够改变。

现在，迈克尔·波特提出了一个新的概念，叫企业共享价值（Corporate Shared Value，CSV），也就是说企业要和利益相关方分享企业所产生的价值。我也建立了一个概念叫品牌行动主义（Brand Activism）。

(二十三) 品牌行动主义

对于品牌行动主义来说，你的品牌可能只是谈到了这个企业的价值定位，比如说在市场当中质量最高，同等产品当中定价最低，这个没有问题，但是还不够。品牌还需要显示企业到底看重什么。比如说你作为一家企业，你最看重什么，关注的不仅是挣钱，还需要关注环境等。因此，品牌行动主义就是，从过去我们所说的企业的价值主张，扩展到企业现在最看重什么，这些都应该在企业品牌中有所体现。

(二十四) 关键的营销理论

这里列出了我今天为大家介绍的关键营销理念和概念。例如，品牌故事就是一个重要的营销概念。你的品牌是不是能够讲一个故事，品牌所代表的内容和你说的故事能不能建立联系？例如，惠普的车库品牌故事和海尔张瑞敏砸冰箱的品牌故事都非常吸引人。你们的企业也要做到这样，讲一个好的品牌故事，同时让这个品牌故事让更多的人知道，让更多的人接受。

(二十五) 结语

如果你的企业能做到我上面所说的这些点，你的企业在市场营销过程中就能战无不胜。相反，如果五年之内你的企业还在以同样的方式做生意，那你就离关门大吉不远了。因为市场不断变化，但是你自己没有发生变化。

非常感谢大家聆听我今天的发言，我知道很多企业是美国企业的竞争对手，但是我相信市场当中只有最好的企业才能存活下去，无论是中国企业还是美国企业。

资料来源：营销的未来究竟是怎样？［EB/OL］.［2020-05-26］. https：//www.zhihu.com/question/363096149/answer/1247435053.

第四章
量表开发与预测试

第一节　非炫耀性消费量表的开发

一、研究目的与目标

尽管有一些学者已经探讨了非炫耀性消费的内涵和外延（Berger and Ward，2010；Han，Nunes and Drèze，2010），但是令人意外的是，对于这样一个重要的研究构念，至今为止却尚无相应的测量工具。为了提升今后开展相关实证研究的便利性，本章研究的目的和目标就是开发一个可信并且有效的非炫耀性消费的测量量表（Scale）。

二、理论与研究假设

根据之前笔者对于非炫耀性消费的定义，消费者的非炫耀性消费行为主要包括三种形式：低调标识（Small Logos）、含蓄设计（Implicit Design）以及小众品牌（Niche Brands）。由此，笔者也将在此基础上开发一个三维度结构的非炫耀性消费量表。

三、研究方法

笔者采用开发量表的研究方法主要是基于以下三点考虑：第一，量表的开发将为微妙信号的非炫耀性消费提供定量测量工具，不仅为本书，也为后续的研究打下基础，提供便利。第二，目前该方法已经比较系统和成熟，研究步骤可以遵循一个科学完整的体系。第三，量表的测量条目可以较为全面地反映非炫耀性消费的内容。

下面，笔者将通过两个步骤来完成量表的开发。第一步：完成量表开发的初步工作，包括测量条目的形成和删减、探索性因素分析（Exploratory Factor Analysis）、题目维度相关性分析、信度分析等。第二步：检验量表的效度（Scale Validation），主要使用验证性因素分析（Confirmatory Factor Analysis）的方法，并借助结构方程模型进行统计分析。

四、量表开发

1. 测量条目

根据本书前文所述的非炫耀性消费的定义和维度区分（低调标识、含蓄设计，以及小众品牌），笔者收集了 139 道初步反映这一消费形式的题目。这些题目主要从已有的研究成果以及定性访谈的过程中获得。接着，笔者分两步来评估这些题目的内容效度（Bearden, Netemeyer and Teel, 1989）。第一步，笔者将非炫耀性消费及其各维度的定义、相关解释以及一个题目范例提供给 5 位不参与本项研究的独立评审，评审们根据这些信息判断题目应归属到哪一类或者都不合适。笔者去除了没有收到至少 4 位评审的一致意见的题目，这样把题目精简到了 62 道。第二步，这 62 道题目和各维度的定义被提供给另外 4 位独立评审，每位评审分别评价每道题目是"清楚反映""能够反映"还是"不能反映"。笔者留下了被其中三名评审认为"清楚反映"，另一名评审认为是"能够反映"或"清楚反映"的题目。在这一过程中，笔者又剔除了 40 道题目，剩下 22 道。

2. 样本与数据收集

随后，笔者将这 22 道题目转化相应的调查问题，并制作成调查问卷，使用 MTurk（Amazon Mechanical Turk）平台进行发放。笔者之所以选择这一平台，是因为其具有的三大优势。首先，MTurk 提供的样本具备很高的人口统计学意义上的多样性（Demographical Variety）；其次，样本在参与任务时较为认真，数据比较可靠；最后，费用合理，预算可控（Buhrmester, Kwang and Gosling, 2011）。也正是由于有着这些优势，很多消费者研究都采用这一平台作为数据收集的手段

（Lasaleta，Sedikides and Vohs，2014；Romero and Biswas，2016；Wadhwa and Zhang，2015）。因为 MTurk 的样本基本来自北美地区，以英语为母语，所以笔者在进行施测之前首先对测量条目进行了翻译。翻译过程遵循 Brislin（1986）的"翻译—回议"程序（Translation and Back-Translation Procedures）进行。具体来说，这些条目首先由一位母语为英语并且精通中文的人翻译成英语。然后，这些英语条目再被一个以中文为母语且精通英语的人回译成中文版本。结果，只有在极少数的条目上，回译结果出现了不一致的地方。但是通过两位翻译者和研究者之间的讨论，这些分歧已经得到了完全的解决。

所有参与者在五点量表上依次评价他们对于非炫耀性消费的偏好，其中 1 代表"很不同意"，5 代表"非常同意"。三个维度的顺序被交叉平衡以避免顺序效应（Order Effect）。在填写问卷之前，笔者向他们保证了调查结果的匿名性。在填答完毕之后，参与者被给予一定数量的金钱奖励，作为参与研究的报酬。在这次调查过程中，笔者总共调查了 216 位消费者，其中包括 92 名男性（42.6%）和 124 名女性（57.4%）；平均年龄为 35.82 岁（标准差是 11.23）。

3. 探索性因素分析

首先，在进行探索性因素分析之前，笔者计算了每道题目与其所属维度的相关性系数（Item-to-Total Correlations），并删除了这一系数低于 0.5 的题目（Zaichkowsky，1985）。此后，笔者先进行了第一次探索性因素分析，并依据 Ford、Maccallum 和 Tait（1986）建议的标准，删除了载荷系数低于 0.4 的条目，以及未落在任何一个维度或同时落在两个及两个以上维度的条目。接着，笔者进行了 KMO 和 Bartlett 检验，结果显示笔者的数据适合做因素分析。于是笔者使用 SPSS19.0 对剩余的 10 道题目通过主成分分析法进行因素分析，并设置了正交旋转（Vairmax）。

结果如表 4-1 所示，笔者可以从题目中提取出三个因素，各自解释的方差百分比分别为 27.15%、24.18%、19.89%。所有题目的载荷系数都高于 0.70，没有题目未落在任何一个维度上或者同时落在两个维度上。因此，最终的量表包含 10 道题目。其中，第一个因素包括 4 道题目，反映了非炫耀性消费中的第一种形式——低调标识。例如"炫耀性产品不宜拥有过于醒目的标识"和"奢侈品品牌的标识应当保持低调"。第二个因素包括 3 道题目，反映了非炫耀性消费中的第二种形式——含蓄设计，例如"如果能从炫耀性产品的设计中推断出相关信息（例如品牌），我会比较可能购买该产品"和"我很喜欢通过含蓄的设计暗示品牌信息的炫耀性产品"。第三个因素包括 3 道题目，反映了小众品牌这种非炫耀性消费，例如"我喜欢不那么出名的炫耀性产品品牌"和"我通常避免购买烂大街的炫耀性产品品牌"。三个因素总共解释了 71.23% 的总方差。

表 4-1　量表的描述性统计值、信度系数及探索性因素分析结果

量表题目	均值	标准差	因子载荷系数			题目—维度相关性
			低调标识	含蓄设计	小众品牌	
炫耀性产品不宜拥有过于醒目的标识	3.37	1.21	0.88	0.01	0.09	0.78
炫耀性产品的品牌的标识应当保持低调	3.54	1.18	0.83	-0.01	0.04	0.68
购买炫耀性产品时，我会规避那些包含太明显标识的	3.33	1.16	0.79	0.16	0.15	0.65
我不喜欢标识太高调的炫耀性产品	3.49	1.22	0.75	-0.03	0.07	0.58
如果能从炫耀性产品的设计中推断出相关信息（如品牌），我会比较可能购买该产品	3.15	1.18	0.06	0.89	-0.03	0.75
我很喜欢通过含蓄的设计暗示品牌信息的炫耀性产品	3.10	1.15	-0.04	0.86	0.03	0.70
我对那些拥有含蓄设计的炫耀性产品很有兴趣	3.04	1.18	0.06	0.86	0.11	0.70
我喜欢不那么出名的炫耀性产品品牌	2.64	1.06	0.08	-0.07	0.83	0.58
我通常避免购买烂大街的炫耀性产品品牌	2.64	1.17	0.11	-0.03	0.83	0.60
比起司空见惯的炫耀性产品品牌，那些少数人拥有的小众牌子更吸引我	2.74	1.06	0.09	0.33	0.73	0.52
特征根			2.71	2.41	1.98	
解释方差的比重%			27.15	24.18	19.89	71.23
克朗巴哈系数			0.75	0.84	0.74	0.75

注：n=216；Rotation Method＝Varimax（最大方差正交旋转）。

这三个维度都具备较高的信度。其中，低调标识维度的克朗巴哈系数（Cronbrach's α 系数）为 0.75；含蓄设计为 0.84；小众品牌为 0.74。均高于 Cortina（1993）建议的 0.70 这一临界指标，表明三个维度都具有较高的内部一致性。如果将三个维度合并起来，非炫耀性消费量表的总体信度系数则为

0.75。另外,所有题目和各自维度的相关性都在 0.50 以上,删除任何一个题目均会使信度降低。笔者也计算了三维度之间的皮尔逊相关 (Pearson Correlation) 系数。低调标识与含蓄设计的相关系数为 0.07 (p>0.30),说明两者之间不存在明显的相关关系。低调标识与小众品牌的相关系数为 0.23 (p<0.01),表明两者之间存在中等程度的相关关系。最后,含蓄设计和小众品牌的相关系数是 0.13 (p=0.06),这表明两者之间存在微弱程度的相关关系。总的来说,这些结果综合表明,作为微妙信号的非炫耀性消费的三个维度:低调标识、含蓄设计和小众品牌之间有一定的联系,但同时也相互区别,这进一步验证了笔者开发多维量表的必要性。

五、效度检验

通过之前的理论分析和数据检验,笔者已经得到了非炫耀性消费的量表。为了确保量表的有效性,笔者收集了另一个样本数据进行验证性因素分析。

1. 样本与数据收集

由于 Mturk 的样本来自北美,是西方文化的代表,因此笔者在进行效度验证时就选取了中国消费者,以测试量表是否具有跨文化的适用性。笔者总共收集了 328 位中国消费者的调查数据。同样,所有受访者在五点量表上依次评价他们对于非炫耀性消费的偏好,其中 1 代表"很不同意",5 代表"非常同意"。三个维度的顺序被交叉平衡。在填写问卷之前,笔者向他们保证了匿名性。在填答完之后,参与者被给予一定数量的金钱奖励作为报酬。在这次调查的过程中,笔者总共调查了 328 位消费者,其中,男性的数量为 151 人 (46%),女性的数量为 177 人 (54%);平均年龄为 31.36 岁 (标准差是 6.37)。

2. 因素分析

按照 Anderson 和 Gerbing (1988) 所建议的步骤,笔者使用 Lisrel 8.70 软件 (Jöreskog and Sörbom, 1993) 进行了一系列的验证性因素分析,用来比较笔者所设想的模型与其他竞争模型的拟合程度。除了笔者预设的三因素基准模型之外,笔者还检验了四个竞争模型,包括一个单维度模型和三个双维度模型。其中,在单维度模型中,笔者合并了所有的三个维度。在三个双维度模型中,笔者分别合并了三个维度中的任意两个。具体地说,竞争模型一合并了低调标识和含蓄设计这两个维度;竞争模型二合并了低调标识和小众品牌两个维度;竞争模型三合并了含蓄设计和小众品牌两个维度;竞争模型四合并了所有的三个维度。

在验证性因素分析中，笔者通过考察一些反映型指标来判定模型的拟合情况（见表4-2）。这些指标包括：①卡方值（Chi-Square，χ^2），它反映的是模型的协方差矩阵与样本数据协方差矩阵的矛盾程度（Hu and Bentler，1999）。因此，卡方值又被称为"拟合劣度"（Badness of Fit）（Kline，2011）或者"拟合缺乏度"（lack of Fit）（Mulaik et al.，1989），是考察模型整体拟合度的一个传统指标。一般来说，卡方值越小越好。其缺点在于极易受样本数量影响。②相对卡方值（Relative Chi-Square）。这一指标由Wheaton等（1977）提出，计算方法是卡方值除以自由度（χ^2/df），可以克服样本数量对卡方值的影响。相对卡方值越小说明拟合情况越好。③拟合优度指数（Goodness of Fit Index，GFI）。它是由Jöreskog和Sorbom（1993）所创造的卡方检验的替代选择。它计算的是样本数据的方差和协方差源于模型的比例，显示了模型和样本的数据协方差矩阵的接近程度（Diamantopoulos and Siguaw，2000）。拟合优度越接近1说明模型拟合得越好。④调整的拟合优度指数（Adjusted Goodness of Fit Index，AGFI）。它基于自由度对拟合优度指数进行了调整。这一指标越接近1，代表模型越理想。⑤标准化均方根残差（Standardized Root Mean Square Residual，SRMR）。它指的是样本协方差矩阵和模型协方差残差差值的标准化平方根（Hu and Bentler，1999），是衡量拟合程度的绝对性指标。它的值越接近0，说明模型拟合得越好。

首先，笔者对设想的基准模型进行了拟合度检验。结果表明，该模型在当前的样本数据中获得了很好的支持，各项拟合指标均有良好的表现。其中，模型的卡方值（χ^2）为167.80，自由度（df）是32，卡方值与自由度之比（χ^2/df）为4.41，小于5.0这一临界值。拟合优度指数（GFI）为0.92，高于0.90的可接受水平；调整的拟合优度指数（AGFI）为0.86，高于0.80这一可接受水平；标准化均方根残差（SRMR）为0.07，低于0.08这一临界值（Hinkin，1998；Hu and Bentler，1999）。

随后，笔者对竞争模型的拟合情况进行了考察。表4-2列出了基准模型与各竞争模型的比较结果。可见，不论是单维度模型，还是合并任意的两个维度，都会导致比基准模型更差的效果，表现在卡方值的显著增加（全部的p<0.01）、GFI与AGFI值的降低以及SRMR值的上升。这些结果进一步支持了笔者的三维度基准模型，从而验证了非炫耀性消费量表的有效性。

表4-2 基准模型和竞争模型的拟合度比较

模型	χ^2	df	$\Delta \chi^2$	GFI	AGFI	SRMR
基准模型	167.80	32	—	0.92	0.86	0.07
竞争模型一	568.75	34	400.95**	0.73	0.56	0.17
竞争模型二	419.51	34	251.71**	0.80	0.67	0.15
竞争模型三	444.21	34	276.41**	0.77	0.63	0.18
竞争模型四	846.68	35	678.88**	0.65	0.46	0.21

注：n=328；** 表示 $p<0.01$；$\Delta \chi^2$ 表示竞争模型相比基准模型 χ^2 值的增加量。

六、讨论

在本书中，笔者成功地开发出了非炫耀性消费的量表。这一量表可信、有效，其维度结构清晰地显示了三种主要的非炫耀性消费形式：低调标识、含蓄设计和小众品牌。据笔者所知，这是第一个非炫耀性消费的测量工具，不仅为本书的后续研究提供了实用的工具，也为今后非炫耀性消费的相关研究创造了便利。

第二节　权力感与非炫耀性消费的相关性研究

一、研究目的与目标

研究权力感与非炫耀性消费的主要目标是建立起权力感与非炫耀性消费的相关性，为信号迷失效应提供初步的证据。

二、理论与研究假设

产品可以为消费者提供至少两大功能：一是实用性，二是象征意义。试想，对于一个财富水平很高或者位高权重的人来说，要显示自己的地位，自然不能逢人就说自己掌握着大量的财富或者权力。通常来说，人们总是通过一些间接的途径，例如自己拥有的产品，来含蓄地告诉别人自己的现状。这就是产品的象征意义（Elliott，1994；Solomon，1983）。有趣的是，很多情况下产品被衍生出来的象征意义能超越其本身具备的实用性（Belk，1988）。

正是因为象征意义的存在，产品可以成为个体向社会释放信号的载体（Berger and Ward，2010）。个体可以根据自己想要传递的信号，选择合适的产品。总体而言，消费者传递信号的目的无外乎两个：第一，接近自己认同的群体；第二，远离自己厌恶的群体（Han，Nunes and Drèze，2010）。对于高权力的个体而言，他们一方面希望展示自己正处于社会的上层，同时，又想和接近于上层，但是在综合素养上有所欠缺的群体（如有钱但是缺乏影响力的暴发户）区分开来。要达成第一个目标，高权力者会青睐价格较高的产品，例如奢侈品。如果要同时完成第二个目的，他们会进一步选择微妙信号的非炫耀性消费品。因为过于显眼的炫耀性产品通常是暴发户的选择（Han，Nunes and Drèze，2010）。这样，高权力者就可以顺利地传递出两个信号：居于较高的社会阶层；炫耀的方式又比较含蓄。所以，高权力会和非炫耀性消费相关，不论是低调的标识、含蓄的设计，还是小众的品牌。据此，笔者提出假设1至假设4。

假设1：权力感与低调标识的非炫耀性消费呈正相关关系。

假设2：权力感与含蓄设计的非炫耀性消费呈正相关关系。

假设3：权力感与小众品牌的非炫耀性消费呈正相关关系。

假设4：权力感与非炫耀性消费呈正相关关系。

三、研究方法

在这一研究中，笔者将以问卷调查的形式收集数据，并结合相关分析、回归分析等统计方法对数据进行处理。

1. 测量工具

本书中涉及的主要变量是权力感（自变量）和非炫耀性消费及其三个子维度（因变量）。此外，根据之前的研究（Fedor et al.，2001；Galinsky et al.，2008；Kifer et al.，2013），笔者还控制了一些与自变量和因变量都有相关关系的变量（Control Variables）。主要的控制变量包括：一般性的奢侈品消费（目的是排除和权力感有相关性的是所有形式的炫耀性消费这种可能）、生活满意度、社会攀比倾向、负面评价恐惧、自尊等。具体来说，调查中涉及的主要变量及相关测量如下。

（1）权力感（Sense of Power）。笔者使用了 Anderson、John 和 Keltner（2012）制定的量表。这一量表测量的是个体在长期内较为稳定的权力感（Chronic Power），在权力的相关研究中被广泛采用，并表明具备稳定的信效度（Gordon and Chen，2013；Hoogervorst et al.，2012；Morrison，See and Pan，2015）。权力感量表总共包括 8 道测量题项（α = 0.85），例题包括"我能让人们都听我讲话""我能使人按照我所想的去做。"受访者在李克特 5 点量表（1 表示"完全不同意"；5 表示"完全同意"）上汇报了自己的权力感受。

（2）非炫耀性消费。笔者采取了前文开发的三维度非炫耀性消费量表（α = 0.75），三个维度包括：低调标识（α = 0.78）、含蓄设计（α = 0.85）、小众品牌（α = 0.70）。受访者在李克特 5 点量表（1 表示"完全不同意"；5 表示"完全同意"）上汇报了自己在多大程度上青睐非炫耀性消费。

（3）奢侈品消费（Luxury Consumption）。笔者使用了 Wilcox、Kim 和 Sen（2009）的量表测量这一变量。该量表由 4 道测量题项构成（α = 0.88），例题包括"奢侈品是社会地位的象征""奢侈品可以帮助我融入一些重要的社交场所。"受访者在李克特 5 点量表（1 表示"完全不同意"；5 表示"完全同意"）上汇报了自己对于每个题项的同意程度。

（4）生活满意度（Satisfaction with Life）。笔者采用的是 Diener 等（1985）编制的量表。这一量表也是积极心理学相关研究中广泛采用的测量，其信效度得到了反复的验证（Emmons and Mccullough，2003；Ernst and Ozeki，1998；Fredrickson et al.，2003）。生活满意度量表总共包括五道测量题项（α = 0.92）。例题包括"直到现在为止，我都能得到我在生活上希望拥有的重要东西""如果能重新再活一次，我基本不想有什么改变。"受访者在李克特 5 点量表（1 表示"完全不同意"；5 表示"完全同意"）上汇报了自己对生活的满意程度。

（5）社会攀比倾向（Social Comparison Tendency）。笔者采用的是 Gibbons 和 Buunk（1999）编制的量表。这一量表在之前的研究中被频繁使用（Hanus and Fox，2015；Luszczynska et al.，2004；Stapel and Koomen，2001）。社会攀比倾向量表总共包括 11 道测量题项（α = 0.83），例题包括"我经常将我的亲人（男朋友或女朋友、家人等）的状况与其他人做比较""如果我想知道我自己的一件事情完成得如何，我会拿它和别人完成的结果做比较。"受访者在李克特 5 点量表（1 表示"完全不同意"；5 表示"完全同意"）上汇报了自己在多大程度上是一个喜欢与他人攀比的个体。

（6）负面评价恐惧（Fear of Negative Evaluation）。笔者采用的是 Leary

（1983）编制的短版本量表。这一量表相比于原始的版本的量表（Watson and Friend，1969）缩减了题项（原版量表包含 30 道题目），但是被证明具备更好的测量效果，能提供更加全面的信息，是相关研究中普遍使用的测量工具（Gilbert and Meyer，2005；Rodebaugh et al.，2004；Weeks et al.，2005）。负面评价恐惧量表总共包含 12 道测量题项（α＝0.87）。例题包括"我担心别人会怎么看我，即使我知道这并不会产生什么实质影响""当我与其他人交谈的时候，我担心他们对我的看法。"受访者在李克特 5 点量表（1 表示"完全不同意"；5 表示"完全同意"）上汇报了自己害怕受到负面评价的程度。

（7）自尊（Self-Esteem）。笔者使用的是经典的罗森博格自尊量表（Rosenberg Self-Esteem Scale）（Schmitt and Allik，2005）。这一测量工具也在不同领域的实证研究中展现了良好的测量结果（Cai et al.，2010；Denissen et al.，2008；Sinclair et al.，2010）。罗森博格自尊量表由 12 道测量题项构成（α＝0.87）。例题包括"总体上来说，我对自己很满意""我认为自己是一个有价值的人，至少不比其他人差。"受访者在李克特 5 点量表（1 表示"完全不同意"；5 表示"完全同意"）上汇报了对于自我的评价。

（8）部分人口统计学变量（性别和年龄）。

2. 样本与数据收集

为了增强样本在人口统计学意义上的多样性，笔者在 MTurk 上进行了数据收集工作。同样，所有受访者在李克特 5 点量表上依次评价他们对于各个题项的同意程度，其中 1 代表"很不同意"，5 代表"非常同意"。题目出现的顺序被交叉平衡。在填写问卷之前，笔者向他们保证了匿名性。在填答完毕之后，参与者被给予一定数量的金钱奖励。在这次调查的过程中，笔者总共调查了508 位消费者。其中，男性的数量为 208 人（40.9%），女性的数量为 300 人（59.1%）；平均年龄为 38.12 岁（标准差是 12.63）。

四、数据分析与假设检验

1. 描述性统计和相关性分析

如表 4-3 所示，相关性分析的结果初步地支持了笔者的假设。具体来说，权力感和低调标识（r＝0.16，p<0.01）、含蓄设计（r＝0.23，p<0.01）、小众品牌（r＝0.25，p<0.01）均存在显著的正相关关系。同时，权力感与三个维度汇总的非炫耀性消费行为也呈显著的正相关关系（r＝0.31，p<0.01）。

表 4-3　描述性统计和相关性分析的结果

	M	SD	1	2	3	4	5	6	7	8	9	10	11	12
1. 权力感	3.24	0.93	(0.85)	—	—	—	—	—	—	—	—	—	—	—
2. 低调标识	3.55	1.01	0.16**	(0.78)	—	—	—	—	—	—	—	—	—	—
3. 含蓄设计	3.10	1.04	0.23**	0.07	(0.85)	—	—	—	—	—	—	—	—	—
4. 小众品牌	2.79	0.92	0.25**	0.33**	0.16**	(0.70)	—	—	—	—	—	—	—	—
5. 非炫耀性消费	2.94	0.75	0.31**	0.24**	0.73**	0.73**	(0.75)	—	—	—	—	—	—	—
6. 奢侈品消费	2.29	1.10	0.35**	-0.05	0.45**	0.18**	0.21**	(0.88)	—	—	—	—	—	—
7. 生活满意度	3.29	1.06	0.37**	0.09**	0.06	0.16**	0.14**	0.21**	(0.92)	—	—	—	—	—
8. 社会攀比倾向	2.79	1.06	0.17**	0.06	0.31**	0.13**	0.30**	0.49**	-0.05	(0.83)	—	—	—	—
9. 负面评价恐惧	2.76	0.71	0.41	0.05	0.15**	0.09	0.16**	0.27**	-0.11*	0.53**	(0.87)	—	—	—
10. 自尊	3.82	0.90	0.12	0.11**	0.03	0.07	0.06	0.10*	-0.64**	-0.14**	-0.23**	(0.87)	—	—
11. 性别	—	—	-0.02	0.11**	-0.06	-0.02	-0.06	-0.05	-0.06**	-0.01	0.04	0.02	—	—
12. 年龄	38.12	12.63	-0.12**	0.04	-0.10*	-0.07	-0.12*	-0.25**	-0.04	-0.24**	-0.23**	0.10*	0.06	—

注：* 表示 p<0.05，** 表示 p<0.01；n=508；括号中为量表的信度系数。

2. 回归分析

表4-4列出了回归分析的结果。首先，笔者以非炫耀性消费的低调标识维度为因变量，使用分步回归的方法进行了数据分析。在第一步的回归方程中，所有的控制变量被加入；其次，在第二步中，笔者放入了自变量权力感以及第一步回归方程中包括的所有控制变量。结果表明，权力感对于低调标识有显著且正向的预测作用（β=0.20，p<0.01）。并且，回归方程在加入权力感之后明显提高了拟合效果（ΔR²=0.03，p<0.01）。这一系列结果为权力感和低调标识之间的正相关关系提供了支持。类似地，笔者使用同样的方法，分别以含蓄设计、小众品牌以及总的非炫耀性消费为因变量，进行了相应的回归分析，并得到了和预期一致的结果。具体来说，对于含蓄设计，权力感有着显著的正向的预测作用（β=0.11，p<0.05），并且回归方程在权力感的加入之后明显提高了拟合效果（ΔR²=0.01，p<0.05）。类似地，对于小众品牌，权力感同样有显著的正向的预测作用（β=0.21，p<0.01），并且回归方程在权力感的加入之后明显提高了拟合效果（ΔR²=0.03；p<0.01）。最后，对于整体的非炫耀性消费，同样地，权力感起着显著且正向的预测作用（β=0.16，p<0.01），并且回归方程在权力感的加入之后明显提高了拟合效果（ΔR²=0.03，p<0.01）。所以，总的来说，假设1至假设4都得到了支持。

表4-4　回归分析的结果

	变量	低调标识		含蓄设计		小众品牌		非炫耀性消费	
控制变量	奢侈品消费	-0.13	-0.17	0.37**	0.35**	0.01	0.04	0.23**	0.20**
	生活满意度	0.06	0.04	-0.03	-0.04	0.07	0.12*	0.05	0.04
	社会攀比倾向	0.12	0.10	0.13*	0.12*	-0.01	0.03	0.09*	0.07
	负面评价恐惧	0.07	0.08	-0.02	-0.02	0.09	0.06	0.01	0.02
	自尊	0.11	0.04	0.03	-0.01	0.26*	-0.11	-0.00	-0.05
	性别	0.19*	0.21*	-0.09	-0.09	-0.26*	-0.04	-0.07	-0.07
	年龄	0.01	0.00	0.01	0.01	-0.01	0.00	0.00	0.00
自变量	权力感	—	0.20**	—	0.11*	—	0.21**	—	0.16**
	F	3.41**	16.30**	19.94**	23.89**	4.05**	21.39**	17.23**	34.53**

续表

变量	低调标识		含蓄设计		小众品牌		非炫耀性消费	
R^2	0.04	0.07	0.20	0.21	0.05	0.09	0.19	0.22
ΔR^2	—	0.03**	—	0.01*	—	0.03**	—	0.03**

注：* 表示 * $p<0.05$，** 表示 $p<0.01$；$n=508$；ΔR^2 代表 R^2 值的变化。

五、讨论

通过一个问卷调查，笔者初步地建立了高权力与非炫耀性消费之间的相关关系。不过，这一研究也存在一些缺陷，例如，因为数据来源于受访者的自我汇报，所以可能会带来一些难以避免的混淆变量，例如社会称许性（Social Desirability）等。因此，在接下来的一个研究中，笔者将更换研究方法，采取实地观察的研究形式。这也呼应了 Inman 等（2018）提出的消费者研究应当更多地注重实地数据的呼吁。

第三节　实地观察研究

一、研究目的与目标

实地观察研究的主要目标是通过非自我汇报形式的实地数据继续验证权力感和非炫耀性消费的相关性，为研究权力感与非炫耀性消费的相关性的结果提供进一步的支持。

二、研究方法

本书以上海某企业的年会为研究场地。笔者选择这一研究设置主要出于两点考虑：一是因为年会是企业重要的内部活动，因此不管是领导还是基层员工都会参加，这为笔者量化权力提供了必要的条件；二是年会的持续时间通常较长，这给观察活动提供了充足的时间。

笔者邀请了两位企业内部的员工作为观察员，他们将观察并记录下与会人员穿着的炫耀性程度。为了能在观察中量化这一指标，笔者设计了一个复合分数。具体地说，根据之前的研究中发现的非炫耀性消费的三个维度，笔者要求观察员在观察过程中分别记录下被观察对象的穿着在多大程度上是符合低调标识、含蓄设计以及小众品牌的。根据观察的结果，观察员在李克特 5 点量表上进行打分（1 表示"非常不符合"；5 表示"非常符合"），笔者把三个维度上总分的均值作为最终非炫耀性消费的得分。此外，因为观察员均为企业员工，所以他们还可以同时记录下每个观察对象的职位信息，笔者以此作为权力的衡量指标（Rucker，Galinsky and Dubois，2012）。其中，主管及以上的职级被划分为高权力人员；专员及以下的职级则被划分为低权力人员。

值得一提的是，在两位观察员充分了解需要观察和记录的信息的前提下，他们并不清楚研究的目的，以防主观因素被带入到观察中，影响到研究效度。在年会进行的过程中，两位观察员顺利地完成了观察任务。根据数据记录的结果，研究的样本量为 62。其中，男性的数量为 32 人（51.6%），女性的数量为30 人（48.4%）；低权力的被观察对象为 35 人（56.5%），高权力的被观察对象为 27 人（43.5%）。样本中包含更多低权力的个体，这较为符合企业的组织架构——基层员工较多，高层领导较少。这也从侧面反映了观察员在样本选取的时候尽量遵循了随机原则。

三、数据分析

笔者以非炫耀性消费为因变量，进行了单因素方差分析（One-Way ANO-VA）。结果显示权力有显著的影响 $[F(1, 60) = 6.84, p < 0.05]$。相比于低权力的观察对象（平均值是 2.94，标准差是 1.28），高权力的观察对象有更强的非炫耀性消费表现（平均值是 3.74，标准差是 1.06）。

四、讨论

实地观察研究通过实地观察的方法再次验证了权力感与非炫耀性消费的相关性。由于这一研究的数据来源于"真实的情境"，并且不是自我汇报的形式，所以具备较高的外部效度（External Validity）（Berkowitz and Donnerstein，1982；Lynch，1982）。结合研究权力感与非炫耀性消费的相关性的结论，笔者已经建立起"高权力—非炫耀性消费"这对联系。但是，这仅仅只能为信号迷失效应提供一小部分的支持，并且相关性研究也缺乏因果关系的证据。所以，在下面的研究中，笔者将采用实验的方法进一步检验信号迷失效应。

第四节　案例分析

一、案例一

 奢侈品平面广告诉求——劳力士：尊贵嬗变

如果说奢侈品厂商生产了奢侈品的实体，即它的使用价值，那么营销传播的过程生产了奢侈品品牌的符号价值，这个生产过程包括了故事叙述（Story-Telling）以及氛围的营造，无论哪一个部分其实都是建立在消费者原有的认知和知识体系上，在奢侈品品牌的广告里，这样的故事叙述和氛围营造最后都被打包成"奢侈感"。

1908 年，劳力士（Rolex）品牌诞生。一只小型劳力士表于 1914 年得到 Kew Observatory 的 A 级证书，这是英国这一知名天文台从未颁发过的最高评价——劳力士的精确度得到了承认，使手表在欧洲和美国顿时身价倍增；1926 年，著名的蚝式（Oyster）手表诞生。从这一段历史里我们看到，不同于纯粹时尚领域的奢侈品品牌，劳力士的奢侈感最初来自产品属性上的"高科技"及第三方的认证。但是在一系列的广告传播里，单纯的高科技附加了更多的内涵，变成了"来自'历史感'和'美感'的高科技"。这样的情感上的连接，使 20 世纪 50 年代以后，代表更高科技的石英表并不能取代劳力士凝结着"手工精制"和"尖端精确"的内涵，我们也注意到此时劳力士的奢侈感也就转向更单纯的历史感与美感了。

考察劳力士的一系列平面广告，我们发现也正是在 20 世纪 50 年代以前，劳力士的广告大量使用文案，介绍其"高科技"的产品属性——但这个高科技绝不是冰冷的；20 世纪 50 年代以后，广告的主题转向了更感性的诉求，主视觉也越来越弱化产品本身，而变成了遍身珠宝的优雅的猫、时尚的女子、高尔夫运动员，静止的手表变成了运动中的一个瞬间——这个瞬间里手表并不抢眼，但却是不可缺少的一个部件。正如鲍德里亚的说法，手表自由性（功能）被转换成了人与物的关联，"以及由此而来的人的行为及人际关系系统"。有趣的是，在这个过程中，劳力士的标志，也从最初一只五指伸开的手掌（寓意其产品完全靠手工精制），逐渐演变为现在人们所熟知的皇冠，这不仅仅是展现着劳力士在制表业的领导地位，更加重要的是使用者通过这个手腕上的品牌，在梦境里实现了社会地位的加冕。

（一）1927：A Lifetime Gift for Those Overseas（给跨国旅行者一生的礼物）

时间是社会化大生产的内在线索，社会进步塑造了手表的需求。劳力士不是第一个腕表的发明者，但在这个产品引入期，广告的目的是告诉读者，一只手表是必需的。但是即使在这样一个功能性诉求的广告中，标题的"lifetime（一生）"制造了关于"时间"与"流传"的梦境：这只手表值得成为一生的伴侣。

（二）1944：Full Measure

蚝式手表仍旧是一个功能性鲜明（防水防尘）的产品，广告文案"Limited（限量）"和"Design（设计）"凸显了不易获得的珍惜感。但作为一个奢侈品，劳力士的精确并不是与功利性的结果直接联系在一起，而是与"成功"并且"掌控每一分钟"的巨大的心理感受密切联系，在这个梦境里，时间的测量（手表）就被置换成了对于成功的心理奢侈感的完全度量（Full Measure）。

（三）1949：The Wonder Watch that Defies the Elements

这是一则诉求蚝式手表是第一只"防水手表"的广告，劳力士并没有诉诸理性的数字，而轻描淡写却意味深长地使用了"Years of Experiment of Rolex Artists and Technicians"（劳力士的艺术家和技术员好多年的试验），有趣的是，在这个句子中，Artist（艺术家）被排列在 Technicians（技术员）之前——这样的描绘里，劳力士的高科技首先是具有艺术感的，其次才是功能性的。

（四）1967：Is it Chic to Ride with a Rolex（戴着劳力士是不是很潮流?）

劳力士与时装的 Cross-Over（跨界），从现在的角度来说，这也许并非一招成功的尝试。时装与手表都可以被定义为关于时间的奢侈，但时装的时尚、速朽与手表永恒的奢侈感的诉求却未必一致。但劳力士延伸奢侈感的尝试，在20

世纪 60 年代也是有先见之明的。这则广告里面，劳力士不再陶醉于自己的奢华里，而是借用了高尔夫运动的联想，把自己纳入一个更接近消费者的新奢侈体系，劳力士没有丝毫提到自己的科技，高尔夫选手安妮卡·索伦斯坦与品牌的联系被定义成为"Dependable"（可靠的）。

（五）梦境的要素

无论是劳力士还是百达翡丽，这些手表行业的奢侈品品牌都各自具有深厚而各异的文化内涵，但他们在不同的故事叙述里却制造了相似的梦境：沉静、持久、高雅；这些有关于时光的梦境里并没有强烈的戏剧冲突，即使定位在高档运动的豪雅（Tag Heuer），也表现着沉稳的动感，而不是像大众消费品那样的色彩缤纷，充满汗水和热情的运动。

形而上的符号团，如爱情、永恒、艺术、态度……这些形而上的意象与手表的直接所指"时间"凝结成了复杂而暧昧的符号团，这个时候关于时光的梦境变成了可以承载更多的空间，这种深邃的空间感制造了一个若即若离的距离——他们并没有因为高价而彻底远离你，你幻想它给的许诺，你能够得到它的符号价值：爱情或者优雅。

少即是多：这个梦境首先是宽阔的，一幅精美的图片抵得上千言万语，一句暧昧的文案就足够用来玩味。

凝固细节：细节也是奢侈的理由，哪怕是一个细小的设计或者不同的改变。

永远的名人：无法想象"Real Beauty Campaign"（真美战役）会出现在奢侈品品牌的广告中，无论手表或者高级时装，它一边为消费者提供梦境，又一边严格保持自己的矜持。奢侈感本身是完美的，而不是日常的、可得的，在手表的广告里，我们看到的永远是名人最美丽的瞬间。

从广告策略来看，比起其他类型的品牌，奢侈品品牌的核心信息更需要被精确提炼、精准表述。品牌间的差异化，往往来自细节的设置，所以它讲述的故事也需要经过精心打磨。只有这样，故事才够强壮，氛围才够到位，而广告里营造的梦境才会让人心甘情愿地长睡不醒。

资料来源：奢侈品平面广告诉求——劳力士尊贵嬗变［EB/OL］. http://fanwen.geren-jianli.org/571679.html.

二、案例二

 品牌故事

现代营销之父科特勒认为，品牌包括属性、利益、价值、文化、个性、使用者六层含义，具有这些含义才是一个完整的品牌。然而其核心价值则由价值、文化和个性组成，且代表并决定着这个品牌的一切基础构建。

从香奈儿凸显出的独立女性设计风格与路易威登追求匠心和梦想的关键定位能够看得出，奢侈品商家能够被传颂百年的基础是因为其不但拥有完善的管理系统，还有他们对自身能够为顾客提供怎样的价值、展现出怎样的文化内涵尤为重视。就像每个故事的开头，创始人在社会底层仰望上流社会的生活一般，对于物质的追求无疑会是创业初始的强劲动力，但使他们的品牌延续百年仍被世人追捧的根本原因是他们赋予产品灵魂时所追求的极致和匠心精神。

（一）香奈儿的故事分析

Chanel 的属性与利益、价值、文化、个性在 1926 年的"小黑裙"产品中被展现得淋漓尽致，女性消费者需要的不仅是一件衣服而是能够展现自信与美丽的艺术品，将时尚的哲学与信仰集中展现于女人自身的美丽之上，形成其独特的女性奢侈品哲学。它能为顾客展现出前所未有的创新价值观念与对美的个性化理解，在当时的人文环境中使顾客获得美丽的同时，将其本身作为这种美感的源头，反而将服装作为衬托女性美的工具，这种思想引领着文化风潮并促使女人追求美丽的天性得以解放。那个年代正是女性追求解放与独立的时候，一样风靡至今的代表性产品如 1940 年女性丝袜、1946 年比基尼泳装，它们相继诞生并将女性自由独立、追求美与平等的思潮席卷全球。

香奈儿的发展史使其更了解女性在当时社会中被束缚和限制的"痛楚"，给予顾客真实所需的价值并赋予它个性化的独特文化内涵，拥有相同思想的名流人士便会出现以点破面的思想共鸣，即能够赋予文化与情感独特定义的创新思想。由此可见 Chanel 对于顾客所追求的一切了若指掌，甚至是在引领着每个时代女性对于美丽的理解与需求，而品牌不仅能提供给她们所需的产品，更为她们营造出一个属于女性的文化环境与时代特写。

（二）路易威登的故事分析

LV 在品牌的六层含义同样拥有着独特而辉煌的历史沉淀，尤其表现在威登家族世代继承者都在用自身的才华与精力不断提升着品牌的内涵，通过百年的积累迄今能够在文化方面与威登家族一较高下的品牌，可谓屈指可数。

声誉的传播是 LV 成功的另一个重要标志，如英国的泰坦尼克号沉入海底，而当被打捞上岸的 LV 硬型皮箱居然没有渗入一滴海水。另外还有一个故事便是 LV 的顾客家中失火，很多高价格的衣物都化为灰烬，但 LV 的箱包只是外表被熏黑变形而里面的物品无一受损。随着品牌声誉的增长类似的传闻从各国不断涌现，并逐渐形成遍布世界的良好口碑。能使其故事不断涌现而不会引发负面舆论的根本原因，源于产品的品质在公众内心得到深度认可，人们听到这种故事只会感叹而非质疑传闻的真假。

畅销必然带来利益的窥视者将赝品投入市场获取暴利，LV 的起诉并没能有效遏制仿冒品的泛滥，于是聪明的乔治决定发明他人无法仿冒的新材质，一种独特图案交织的新帆布，一直到现在仍然被品牌使用。随后的继承人们在艺术与制作工艺等方面都投入了毕生的精力，佐治·威登因沉醉于日本文化且欧洲也正在流行日本美学风潮，由此便创作出被世人称作永不过时的 Monogram 图文组合样式，正是被人们传闻火灾中未被烧毁的 Monogram Glace 箱包的经典设计。

正是这百年余年中威登家族的贡献，使 LV 在全世界享有难以比肩的品牌声誉和价值体现，路易·威登在每代继承者手中都坚定不移地为追求旅行与梦想的顾客提供高品质的产品，甚至能够做到终身服务。

资料来源：品牌故事［EB/OL］. http：//www.gongguanzhijia.com/article/3437.htm.

三、案例三

淡化削弱 Logo，奢侈品掀起个性定制风潮

个性化定制的需求在时尚消费领域全面爆发，在科技进步的推动下，全球各大品牌及初创公司都对定制服务更加关注并展开深度探索，时尚和奢侈品牌

陆续尝试推出定制化产品，专注提供定制服务的初创公司也接连获得投资。中国的奢侈品消费者在经历了 Logo 崇拜之后，已经开始转向名不见经传的低调奢华品牌，而奢侈品大牌也与时俱进地掀起了"定制化"风潮，为消费者量身定做高品质的私有品。

奢侈品本身就主打"少量、稀有"的概念，甚至有些就是"独一无二"的，定制是为迎合哪类消费者的喜好？定制化产品如何与品牌风格保持一致？一套好西装自然少不了精工细作，而奢侈品大牌的追求还不止于此，最近在中国又纷纷掀起了"定制潮"。

（一）"定制风"悄然刮起

中国的奢侈品消费呈"井喷式"增长，消费者对品牌的认知也有了很大的提升，"定制风"悄然刮起。在众多定制品种类中，又以针对高端商务男性的定制化男装以及针对女性的箱包和首饰为主要产品。其实，"定制"一向是奢侈品的标签之一。

意大利奢侈品集团 Ermenegildo Zegna 首次推出"个人化定制"服务，为客户制作完全个性化的服装。工作室内共有 6 位裁缝，负责根据客户需求定制服装，也会应约飞到世界各地上门服务。服务包含：4 次试衣服务，制作总工时超过 75 个小时，工序超过 200 道，会在三个月之内为客户送货上门。在定制西装时，Zegna 集团提供了超过 1000 种不同的面料供客户选择，定制衬衫的可选面料也超过 230 种。

英国轻奢珠宝品牌 Monica Vinader 的珠宝普遍采用镀金纯银底托以降低成本，再配以特别切割的半宝石，不仅外形精美价格也相对亲民，并让客户可以根据自己的个人喜好对珠宝进行定制。2011 年 2 月，Monica Vinader 完成 2000 万英镑的融资，在获得私募基金支持后，Monica Vinader 业绩斐然，在截至 2016 年 7 月的一年里，国际销售额达到 950 万英镑，同比增长 83%，远高于整体销售额 33% 的增速，占到总销售额的 36%。

互联网高级包袋定制品牌 Mon Purse 获得 310 万美元 A 轮融资，Mon Purse 是由 Lana Hopkins 创立的意大利皮质手袋定制品牌。用户可购买 Mon Purse 现成的手袋和皮具，也可再自行定制。网站共提供四种服务：①直接购买；②用户可在品牌提供的六款手袋和皮具中择一，选好款式和颜色后，提供需压印在产品上的字母组合或图案；③如果网站提供的颜色不合心意，可定制手袋的颜色和内衬；④从皮质、颜色到内衬，设计一款独一无二的手袋。可添加铆钉、标签等配件，全球包邮。

美国轻奢时尚品牌 Kate Spade & Co 完成对新锐配饰品牌 Bag Bar 的收购，包括后者的知识产权和相关业务资产，暗示了 Kate Spade 进一步深入定制配饰市场的决心。从 2017 年起，Kate Spade New York 在指定门店引入 Bag Bar 的技术，还提供一系列手袋轮廓定制选择，客户可以利用新系统根据喜好定制手袋。Bag Bar 是手袋设计师 Dee Ocleppo Hilfiger 去年秋天推出的新品牌，允许顾客选择手袋的尺寸和颜色，甚至给手袋选择可替换的外壳或小饰品，让它兼具实用性和时尚性。

3D 打印定制鞋履生产商 Wiivv Wearables Inc 使用 Body-Ferfect™ 计算机视觉和捕获技术生产定制的 3D 打印鞋。该公司的第一款产品 Wiivv Custom Fit Insoles 可通过智能手机在美国、加拿大、英国、澳大利亚和新西兰等国家使用。Wiivv 鞋垫为 100% 定制，帮助穿戴者更好地调整身体定位，缓解足部疲劳，兼具舒适和高性能。

2012 年 2 月，Wiivv 完成 400 万美元 A 轮融资，并收购以模块化定制鞋垫闻名的 eSoles，收购 eSoles 之后 Wiivv 将拥有超过 5 万个 3D 脚型扫描的数据，帮助提高公司未来鞋履产品的开发精度。美国女鞋定制电商 Shoes of Prey 会根据材料、滚边、鞋跟高度和鞋垫颜色的不同，为顾客提供全套的鞋履定制服务，每双鞋售价约 225 美元，目前年销售额接近 5000 万美元。联合创始人 Jodie Fox 认为定制服务规模化将是大势所趋。2015 年，Shoes of Prey 完成 B 轮融资 1550 万美元。迄今为止，融资总额已经达到 2500 万美元。2017 年，Shoes of Prey 还定下了将年销售额增长两倍的宏大目标。在欧洲，有着数百年历史的奢侈品企业无不以将定制化产品和服务的传统保留发扬为荣。然而，奢侈品进入中国，则先把基本款、经典款带来，原因是中国人对奢侈品的认知普遍停留在品牌崇拜上。此外，奢侈品品牌很早就将价格相对较低的副线产品引入，而定制化产品和服务在中国市场中一直是凤毛麟角。

（二）国际品牌大行其道，中国本土定制品牌跃跃欲试

国内市场商机无限，一些在中国并不耳熟能详的欧洲高级定制品也纷纷探路。"我们的产品非常人性化，除了量身定制外，包括款式设计、布料、配饰都可以自己选择，我们会有专业人员与客户进行沟通、配合以及生产跟进。"意大利奢华手工定制服装品牌 JACOBCOHEN 的市场总监 Marco Tiburzi 说。

2011 年，国际知名服装品牌 JACOBCOHEN，Hettabretz，Cruciani，Porosus

等不约而同地参加了上海奢侈品展会，探路中国大陆市场。对于中国市场，这些国际服装品牌基本上是以高端定制为主，没有打算批量生产，顾客定位为我国的高端消费人群。

高端品牌服装的定制只是众多奢侈品中最常见的一类，而以箱包、珠宝为首的定制则尤其受到消费者的青睐。事实上高级定制的形式多种多样，有服装、箱包、珠宝、手表、家居、钢琴、小提琴，甚至还有汽车、游艇、私人飞机等。这些行业在国外平行发展，而在中国，由于服装、箱包和珠宝三类和人们的生活最贴近，因此国外相关类别的奢侈品成为最先开掘中国市场的品类。一方面，刺绣、印染、织锦被大量用于高级时装定制；另一方面，国内珠宝定制由于门槛相对较低也悄然拉开战局，更多的品牌从中国悠久的历史和文化中寻找商机，中国的高级定制正在朝着传统文明与现代时尚生活完美结合迈进。

（三）独一无二的个性体验

定制版或者限量版体现在消费者身上的是独一无二的个性，对生活品质的追求以及对品牌的满心狂热。时尚界有这样一个广为流传的说法"当你不知道用什么来表达自己的时尚态度时，可以选择 LV；当你不再需要用什么来表达自己的时尚态度时，可以选择 BV（BottegaVeneta）。"

高级定制的奢侈品从外观上几乎看不到品牌的标志，而使用者却为它们的独一无二而情有独钟。消费者购买时尚奢侈品不是为了满足功能需求，而是为了满足彰显自我风采魅力和内涵的符号及精神需求，定制服务将这种情感属性发挥到极致。法国"奢华品"专家达尼埃尔·阿勒斯将奢华品分为三个层次：难以获得的高级定制奢华品、中间等级的奢华品、容易接受的奢华品。它们既有共性，又有不可取代的个性。高端定制和普通奢侈品的区别和卖点是独一无二及服务。对于消费者来说，稀有的数量、独特的设计和特别的纪念意义是一种非常愉悦的感觉，这种感觉远远超越了产品本身的价值。

定制版、限量版的产品常常会让很多消费者无法拒绝，甚至痴迷，这与人们希望收藏一个价值品，并在未来向其他人津津乐道的传世心理有关，同时也体现了消费者希望抬高身份及通过消费产品来体现自身特权的心理。在这些定制版或者限量版的消费者身上，独一无二的个性、对生活品质的追求以及对品牌的满心狂热态度被表现得淋漓尽致。定制版和限量版产品的核心价值就在于它所能提供的独占性、唯一性以及对自己拥有这样的产品的口口传颂。奢侈品企业只要抓住消费者的心理，限量与定制甚至可以成为一种消费特权，比如，很多品牌在销售定制版和限量版产品的时候，还需要买家排队预订或者只卖给VIP（Very Important Person）会员，这些条件无形中让消费者希望自己所拥有的东西是唯一的，提升了消费者对于定制版和限量版产品的情感价值。

（四）品牌"跨区域两极化"的表现

品牌的两极化是指品牌在产业间的两极发展，通俗来讲就是高价的更高、更精致，低价的更低、更多元。近年来，奢侈品悄然兴起的"定制风"更多源于奢侈品品牌的全球战略布局。内行人衡量品牌的价值有两个硬指标：一个是品牌店数量和分布区域；另一个是品牌衍射程度和衍生可行性。

事实上，现在产品无论是大众化、高级定制，甚至副线，都是这个趋势的表现。所谓两极化，对于品牌来说就是要覆盖到更多的顾客群，如法国香水品牌娇兰，你可以在商场买到初级的相对便宜的香水，也可以去娇兰的总部专门请调香师定制属于自己的味道。然而，品牌的两极化也有极高的风险。要延伸产品线就要做低端、副线，但是副线做不好就会拖累主线品牌的品质，如何在满足低端客户需求的同时，保障高端客户的利益是值得重视的问题；如果只坚持高端定制化的服务，又会给主线品牌带来不小的生产压力。

爱马仕一直坚持定制，其享誉世界的定制水平很好地诠释了什么是"定制赢在技术设计"这句话。曾有一个日本顾客因为钟爱 Hello Kitty，希望做一个Hello Kitty 风格的爱马仕包，爱马仕就根据需求做出了令其自豪的定级定制产品；还有一个客户说他的朋友习惯每天吃一个苹果，所以希望定制一个只能放一个苹果的包送给那个朋友。360 度圆弧形状的包既要实用，又要美观，这对于技术和设计是极大的挑战，后来这款"苹果包"取得了客户的称赞。

然而，正是对于技术和设计追求完美的爱马仕，在前几年一度很不适应中国的市场，而现在就其销售额来看，也并不惊艳。爱马仕的高端坚持和正处发展初期的中国奢侈品市场显得有些格格不入，因为很少有消费者会为了一条丝巾等上半年，而爱马仕的其他非定制类奢侈品也因为产量过低而价格不断攀升。一味迎合无法提升品牌价值，所以爱马仕一方面从材质到制作上继续保持品质，另一方面继续改善"产量过低"的现状，从经济效益考虑，卖基本款还是必不可少的策略。

资料来源：淡化削弱 logo 奢侈品掀起个性定制风潮 [EB/OL]. [2012-04-13]. http://fashion.eladies.sina.com.cn/industry/2012/0413/170830075.shtml.

四、案例四

 去 logo 就能有好品位?

一提到 Louis Vuitton，你的第一反应就是 LV 字母交织的 Monogram 印花以及深色的 Damier Canvas 方格。但 Louis Vuitton 正在减少这种款式的宣传。Gucci 和 Coach 这些曾经以 Logo 印花为卖点的品牌，也正在推出"无 Logo"的款式招揽顾客。"无 Logo"正成为一种"远离炫富""好品位"的象征，中国的奢侈品消费者不再爱炫耀了？

Logo 时代已经一去不复返？2013 年 3 月，巴黎时装周的 Louis Vuitton 秀场，人们的目光，除了集中在超模偶像 Kate Moss 那一身宛如睡衣的透视长裙上，还有创意总监 Marc Jacobs 的那句宣言，"Louis Vuitton 的 Monogram 和 Damier Canvas 系列今后将不会出现在 T 台上。"这家奢侈品巨头将会越来越淡化其商标的影响。

这个转变是 Louis Vuitton 背后的大老板，LVMH 集团董事长兼首席执行官 Bernard Arnault 的新品牌策略。在此之前，阿诺特已经宣布，Louis Vuitton 今后不会新开更多专卖店，而是将重点放在推出更具奢华性的产品中，与此同时，还将减少交织字母在品牌出现的频率。尽管 Logo 印花手袋类的产品目前占到 Louis Vuitton 全部产品的 2/3，但 Louis Vuitton 今后将逐年减产，并把重点转移到更为高端配以特色皮革的产品。

于是，2013 年 6 月，我们通过非官方途径，看到某位女明星携带着一些没有 Logo 印花的 Louis Vuitton Alma 手袋的照片。以她在中国民众中的影响力来说，这样一只手袋会成为新一款的"It Bag"活跃于更年轻的奢侈品消费者圈子。事实证明，Alma 手袋的确也是在 Louis Vuitton 产品线中今年卖得最好的款式。Louis Vuitton 并不是第一家有意向去 Logo 化的奢侈品牌。三年前，Gucci 就开始了对"双 G"Logo 产品的减产，在上市的 Gucci 2013 早秋手袋系列中，早已不见 Logo 的身影，竹节包被设计成方方正正的样子，竹节手环成了最显眼的标志，包身只有小小一行字"MADE IN ITALY"，以及更小的一个复古字体的"Gucci"；以显眼格纹作为视觉元素的 Burberry 则宣布，要在近 80% 的产品上去掉标志性的格纹图案；Coach 也宣布要减少 Logo 产品的占比，并招来了 Loewe

的前设计总监、2006 年赢得英国时尚大奖年度最佳配饰设计师的 Stuart Vevers。

Gucci 集团首席执行官 Patrizio di Marco 也在接受采访时承认 Logo 时代已经一去不复返，他表示，如今和未来的奢侈品市场消费者的购买行为已经不再依赖 Logo 和商标名字，在如今和未来品牌要想突围必须依靠完整性和价值。这些曾经以 logo 为卖点的奢侈品品牌在皮具市场上的"转型"并非巧合，而来自残酷的"市场数据"：Louis Vuitton 所属的 LVMH 集团和 Gucci 所属的 PPR 集团一季度的财报都显示，这两个最重要的奢侈品在中国的销售增长都是低个位数，相反，Prada 和 Bottega Veneta 等 Logo 不明显的品牌增长非常高。

新富阶层的眼光更加挑剔，相比那些热爱 Logo 的老一辈消费者来说，他们把目光转移到品牌低调、独特性和高品质性上。普遍的分析认为，奢侈品品牌的去 Logo 化，与中国的消费习惯发生改变不无关系。中国的奢侈品消费者，正在变得"成熟"。一批"更具辨识力"的消费者成长起来。被称作"富二代"的消费者们，有过欧美的生活经历，他们用从西方习来的时尚品位把自己和消费大 Logo 的"暴发户"区分开来，并教导自己的父母如何"更有品位"地消费奢侈品。集中在北京和上海的都市金领，也用一些"有思想""有内涵""看上去更聪明"的品牌来武装自己。他们是真正意义上的全球奢侈品消费者。他们的眼光更加挑剔，已经从以前对品牌的 Logo 热爱，转移到品牌低调、独特性和高品质性上。奢侈品牌意识到，不能再简单粗暴贩卖自己的 Logo，而需要兜售他们的"文化""历史"，才能让新一辈的消费者忠诚。Chanel 在中国多次举办"文化展"，把自己的手袋和夹克变成一种"文化符号"，大谈女性主义、自由以及"低调的奢华"来赢取消费者的青睐。Prada 以现代艺术、文化批评等文艺腔斩获了知识新富们的认同。Celine 用极简主义和朴素实穿的款式赢得了金领女性的喜爱，那些看上去没有 Logo、富于"设计感"的手袋引起抢购热潮。"品位"成为奢侈品牌们的新卖点。

新富阶层在谨慎地挑选品牌，让自己和"大众趣味"区分开。曾经在国内假货市场风靡的 Louis Vuitton 的 Speedy 手袋系列、Chanel 的 CF 翻盖包被新一代奢侈品消费者"剔除"出了购买名单，Maison Martin Magiela，Alexander Wang，Celine，Jil Sander，Givenchy，Saint Laurent Paris 这些更彰显个性的品牌被他们推崇。像 Rick Owens 这样冷僻的先锋设计师，在中国也拥有一批忠实用户。Joyce 和 I. T 等买手店向 Rick Owens 提出的订货申请正逐年增多，上海新天地的 By 居然成为该品牌全球订单量较大的买家之一，这促使这位不爱抛头露面的朋克亲自来了一趟中国，不为别的，只为调研中国市场。据某零售业内人士透露，几个小众设计品牌坐在一起核算盘点来自中国的订单申请，竟算出了中国大陆有六七十家店正在或期望贩卖先锋设计的店铺。这个国际范围内都隶属小众甚至是微众的市场，在如今的中国，却赢得了一块相当大的"蛋糕"。

"炫耀"因为"去 Logo"而消失了么？"一个富人圈子里，有朋友穿了这些，自己也就一定要赶一赶潮流。"如果从浪漫主义的角度来看，选择设计师品牌、挑选小众奢侈品是因为设计师独特的个性吸引了独特的消费群体，形成了一个建立在理解与欣赏基础上的小型生态链，而事实上，在中国并非如此。上海买手店 Tips 店主尹佳圣的 VIP 客户名单，里头大多是明星与富二代。据他介绍，如今穿衣炫富的方式早已有了进阶版，着先锋派设计就是其一，"我不认为他们对这些品牌的文化有何兴趣。品牌小众没关系，他们主流的牌子照样买。而一个富人圈子里，有朋友穿了这些，自己也就一定要赶一赶潮流。当然，现在也有越来越多的客人希望多了解品牌，"他补充道，"但那也是因为这个当下正热门，有个说头嘛。"

另一家买手店 By 的王建说话则更直接，"那些时装编辑和先锋品牌爱好者们，往往没有消费力，又或是只盯着一两个最顶端的牌子买，力求把钱花在刀刃上。我只想做顶尖客户的生意，他们一年的置装费可能高达一千多万，既买 Louis Vuitton、Chanel，也会来买我们家的东西，他们根本不在乎什么先锋概念，你告诉他们这些是好货，他们自己也觉得穿着似乎有些与众不同，就立马买走了。"奢侈品进中国之初大多带着资本主义奢华方式的炫耀，所以最初的购买者也多带有"炫富"色彩。"去 Logo"只是一种潮流的消退、"审美疲劳"。20 年以来我们需要"双 G"和"Monogram"来凸显"我有钱""我有名牌"，当大众已然熟悉这些之后，潮流先锋者需要另一种显示身份的工具，这时候他们倾向于选择一些"小圈子内的心领神会"，那些所谓"看不出 Logo 的品牌"。Maison Martin Margie，Celine 被媒体热捧的品牌，有几个中国消费者能明白它们的"解构"和"廓形"呢？对于他们来说，这些设计不是"无 Logo"，它们只幻化成"四个针脚"和"囧脸包"，他们只是用新的方法来武装自己，这和 20 年前购买大 Logo 的名牌是同构的：他们虽然没有买那些大 Logo，但他们依然希望自己购买的奢侈品能够被辨认，这种"辨认"不是来自路人，而是来自他们的阶层认同。

资料来源：去 logo 就能有好品位？[EB/OL]. https：//fashion. qq. com/zt2013/industry/026. htm.

五、案例五

 人工智能在 B2B 营销中的"地位"是怎样的?

第四次工业革命的开始，伴随着技术的革新和进步，迫使各行业和企业重新审视和改造流程，以避免被淘汰。虽然这造成了巨大的破坏，但由此带来的机会（特别是软件和技术行业创造的机会）是值得的。目前，B2B 营销应用中越来越多地使用到 AI。虽然数字营销人员已经开始探索机器学习算法的好处，但在 B2B 营销中实现 AI 还很远。一些仍然需要探索的领域包括区块链、个性化、领导评分、倾向建模和预测分析。让我们来看看 AI 是如何应用于这些领域的。

（一）区块链

区块链是 B2B 行业使用的最新标准之一。大多数供应链包括买方、卖方和物流供应商；这些实体之间的信息流通常是通过基于 XML 或 EDI 消息的点对点或单向的方式。每一方都维护自己对信息流的看法，通过使用诸如确认文档之类的机制，试图同步供应链内的信息流。然而，由于信息的流动是单向的或点对点的，所以对于各种账户和异常处理都有复杂的规则，所以不存在真正的同步。

B2B 网络的区块链可以看作是一种分布式记账，它提供了一个可审计和安全的事件记录，以提高供应链网络中信息流的可见性。它允许多方查看存储在分散拥有和不可变的数据存储中的信息。由于各方无法处理数据，协调数字营销活动的多方可以将从区块链获得的第三方数据与正在跟踪的第一方数据进行核对。区块链同时处理数据隐私合规性、数据所有权、数据安全性和归属问题。虽然区块链的营销行业还处于起步阶段，但它正准备打破现状。在现有系统中进行充分开发和整合后，区块链将使营销人员无需代理机构和中间人，直接与客户联系。

（二）个性化

大数据并不是要洞察现有和潜在客户的行为模式，它还涉及利用这些见解来个性化营销策略。在过去，市场营销人员必须调整营销策略以吸引特定的行业或人群，但随着 AI 技术的出现，他们现在可以逐个地针对业务实体。这使产品和服务的个性化增加，从而加速了转化率。它还改善了客户体验，因为潜在客户将看到营销信息，旨在为其特定需求提供可行的解决方案。随着 AI 技术在销售情报方面的精确度越来越高，B2B 和 B2C 的个性化营销将会增加。

（三）领导评分

除了培养现有客户之外，那些想要在市场中保持和提升自己地位的企业，必须不断地创造和获得新的线索。如果集成得当，机器学习算法可以帮助营销人员找出转化可能性最大的线索。在这个领域，AI 可以被比作一个精确的搜索工具，它可以通过原始的信息（由大数据提供）来寻找转换良好的潜在线索。这对于主要关注基于账户的营销团队特别有利，因为这有助于他们发现热门的前景，并优先考虑最有前途的账户。AI 的强大特性允许多个来源的数据组合以及商业智能的汇集，从中可以得出可操作的见解。阿伯丁集团的研究表明，大多数企业（61%的调查对象）指出，主要评分是投资 AI 的主要原因。尽管以 Aidriven 为主导的生成和评分技术已经到位，但它与现有业务解决方案的集成仍然是一个重要的关注点。

（四）倾向建模

倾向建模是指利用基于机器的学习算法来处理大量的历史数据，从而创造出一种倾向模型，可以对联系信息和领导元素做出准确的预测。它还可以实现手动任务的自动化，如 Lead 评分，应用程序和 Web 个性化。

（五）预测分析

在与预测现有和潜在客户的行为模式相关的领域中，倾向建模的应用被称为预测分析。当与倾向建模结合时，预测分析给出了实现特定结果概率的精确估计。它准确预测了顾客最有可能转变的价格范围，这类顾客将会重复购买。必须指出的是，AI 技术（特别是在倾向建模和预测分析中）只有在提供可靠和准确的数据时才能有效。不完整的数据库条目或高度随机性的数据可能导致 AI 算法产生不正确的结果。然而，在数字营销行业中 AI 的应用越来越多，将会更加体现营销组织中数据库管理的最佳实施手段。

资料来源：人工智能在 B2B 营销中的"地位"是怎样的？［EB/OL］. https：//blog. csdn. net/whale52hertz/article/details/9631656.

第五章
信号迷失效应

第一节　信号迷失效应
——标识大小

一、研究目的与目标

关于信号迷失效应——标识大小的研究将检验基本的信号迷失效应。鉴于前面的研究建立起了高权力与非炫耀性消费的相关性，笔者在接下来的研究中需要进一步夯实因果关系，并探讨消费者在进行权力印象管理时的自我选择，从而进一步补全信号迷失效应的验证。

二、理论与研究假设

消费者在进行权力印象管理时，究竟会选择更加显眼的炫耀性产品，还是进行较为低调的非炫耀消费？他们的选择在其他消费者看来，即从观察者的视角进行审阅，又是怎样的结果呢？笔者认为，当消费者为自己进行权力印象管理时，他们会认为明显信号的炫耀性产品比微妙信号的非炫耀性产品更有效。但是，当消费者以观察者角色评价他人的权力印象管理工具时，他们会认为微妙信号的非炫耀性产品比明显信号的炫耀性产品更有效。因此，消费者在进行权力印象管理时存在一个信号误区：自己的选择与实际的效果是相违背的。笔者从解释水平理论的角度为这些假设提供理论支持。

　　解释水平理论（Construal Level Theory，CLT）是纯粹认知导向（Purely Cognitive Orientation）的社会心理学理论，关注的是人们在进行评估的时候将重心放在哪一个层次进行解释（Dhar and Kim，2007；李雁晨、周庭锐和周琇，2009）。根据这一理论，人们会在不同的抽象水平对事物进行心理表征（Mental Representation）。总体来说，可以将表征水平分为高抽象性和低抽象性。高抽象性指的就是高解释水平（High Construal Level），它意味着人们对于事物的心理表征是抽象的、简单的、结构化及连贯的、去背景化的、首要的、核心的、本质的、上位的、与目标相关的。例如，如果将汽车表征为出行、运输，就属于高解释水平。与此相对应，低解释水平是具体的、复杂的、无组织及不连贯的、背景化的、次要的、表面的、下位的、与目标无关的。例如把汽车表征为白色、丰田牌，就是低解释水平的表现（Trope and Liberman，2010；黄俊、李晔和张宏伟，2015）。

　　Dhar 和 Kim（2007）指出，心理学中需要有新的、全面的、具有普遍解释力的理论，而解释水平理论就能够符合这些要求。正因如此，解释水平理论自从提出之后便获得了广泛的关注，被大量地运用于社会认知、人际关系、归因、决策及谈判等心理学问题的分析（Agerström，Björklund and Carlsson，2013；Giacomantonio，De Dreu and Mannetti，2010；Mccarthy and Skowronski，2011；Rim，Uleman and Trope，2009）。在近几年，消费者行为领域也涌现了一批解释水平理论的相关研究。例如，解释水平被发现会影响消费者的信息处理（Information Processing）。具体来说，White、Acdonnell 和 Dahl（2011）发现，解释水平会影响消费者对信息的感知。在低解释水平的情况下，消费者会对损失（Loss）相关的信息更为敏感。在高解释水平的条件中，消费者则更加关注收益（Gain）相关的信息。类似地，Bornemann 和 Homburg（2011）发现，解释水平较高的消费者会更倾向于把价格当作产品质量的指标（Indicator of Quality），即产生"一分钱一分货"的认知。低解释水平的消费者则更可能将价格认为是金钱代价的指标（Indicator of Monetary Sacrifice）。此外，解释水平还和消费者的态度有关。高解释水平的消费者更加喜欢涉及自我概念（Self-Concept）的产品；低解释水平的消费者则更加青睐质量过硬的产品（Freitas et al.，2008）。Martin、Gnoth 和 Strong（2009）的研究表明，时间距离远（高解释水平）的消费者对强调首要属性的产品更加喜爱，而时间距离近（低解释水平）的消费者则更加钟意强调次要属性的产品。鉴于市场上多功能产品日益普遍的现状，于军胜等（2014）研究了解释水平如何影响消费者对产品功能数量的偏好。在三个实验中，研究者们发现：高解释水平的消费者会更加喜爱多功能的产品，而低解释水平的消费者则对功能单一的产品持有更加积极的态度。此外，这一效应会被社会距离和时间距离调节。解释水平对于消费者的决策（Decision Making）同样有不可忽视的影响。例如，解释水平可以影响消费者的资金决策。Ülkümen 和 Cheema（2011）指出，当消费者的攒钱目标越明确，并且其解释水平越高时，他能攒的钱会越多。杨鸽（2017）研究了解释水平对于食品决策的影响。结果发现，不管是长期特质，还是实验操纵，高解释水平的消费者都会偏好健康食物，而低解释水平的消费者则更可能选择美味（而不太健康）的食物。在品牌研究领域、柴俊武、赵广志和何伟（2011）发现，在与品牌名称有接触时，相对于解释水平较低的消费者，解释水平较高的消费者表现出更多的原型性联想，而前者则呈现更多的范例性联想。此外，在低解释水平的情形下，消费者对范例性契合延伸产品的评估要好于对原型性契合延伸产品的评估。但是，如果解释水平较高，他们对原型性契合延伸产品的评估则会优于范例性契合延伸的产品。

尤其重要的是，一系列研究发现，解释水平的差异是造成"行为人—观察者偏差"（Actor-Observer Bias），即自我—他人差异的重要原因。例如，Hsee 和 Weber（2006）进行了一项研究，考察人们是否可以准确地预测他人的风险偏好。三个不同设计的实验都表明，人们在判断过程中存在一种系统性的偏差：在风险选择中，人们预测他人比自己有更大的风险寻求行为。无论选择的是积极还是消极的结果，这一效应都存在。类似地，Vasquez 和 Buehler（2007）的研究表明，人们在激励自己的时候会想象一些积极的心理意象（Positive Mental Imagery），例如自己未来成功的场景和样子。但实际上，这并不是最佳的策略。最能够激发动机的，是从别人的角度设想成功的场景。因为这种时候人们处于高解释水平，设想的内容会更加抽象，从而增加了成功的意义和重要性。Polman、Effron 和 Thomas（2018）则发现，人们在金钱感知上也存在自我—他人差异。在等量前提下，相比于别人的钱，人们相信自己的钱会更加"值钱"，表现在：在消费情境中拥有更强的购买力；在捐赠、交税等公益活动中能够对政府和组织起到更大的帮助。同样，解释水平的差异导致了上述的区别。

这些研究和发现为笔者的假设提供了充足的依据。实际上，在消费者分别为自己进行权力印象管理和站在旁观者的角度进行评价时，他们在这两种情形中存在一个本质区别。在前面的一种情形中，对象和焦点是自己。此时，因为较近的心理距离（Psychological Distance），个体会处于较低的解释水平。在后面的情形中，由于心理距离较远，人们的解释水平也会比较高（Trope and

Liberman，2010）。当人们处于低解释水平的时候，会关注产品的背景化、形象化的属性（Fiedler，2007）。明显信号的炫耀性产品因为有着视觉上更加显眼的特征（例如体积更大、颜色更加鲜艳的品牌标识），会立即抓住消费者们的眼球。结果，进行权力印象管理的消费者会青睐明显信号的炫耀性产品。

与此相反，如果处于高解释水平的情形，消费者则会格外注意产品本质的、与（权力印象管理）目标相关的信息（Fiedler，2007）。此时，微妙信号与高权力深层次的关联会主导消费者的思维。这一关联有以下三个方面的支持。首先，微妙信号的炫耀性产品除了显示地位之外，还彰显了品位（Taste）（Berger and Ward，2010）和社会联系（Social Connectedness）（Carbajal，Hall and Li，2015）。这些属性都是和高地位、高权力者紧密相连的。这些精英阶层的成员一方面借助品位来区分自己和群体外的成员（Out-Group Members），另一方面又透过微妙信号表示和群体内的成员（In-Group Members）的联系（Berger and Ward，2010）。其次，明显信号的炫耀性产品实际上往往被地位低、权力小的人们所使用。种族差异的研究显示，在美国社会中，和白人相比，总体收入较低的黑人群体会多花超过三成的可支配收入用于购买这些明显信号的炫耀性产品，例如大牌豪车、奢侈品、珠宝等（Charles，Hurst and Roussanov，2009）。类似地，补偿性消费的研究也表明，明显信号的炫耀性产品深受缺乏权力的个体的喜爱（Rucker and Galinsky，2009）。此外，市场数据也显示，炫耀性产品的实际价格和信号的明显程度成反比（Han，Nunes and Drèze，2010）。因此，明显信号炫耀性产品的使用者很可能被留下缺乏权力的刻板印象。最后，明显信号的炫耀性产品更容易被山寨（Han，Nunes and Drèze，2010）。因此，使用这样的产品会有一定的概率被观察者认为是山寨品，而通常山寨奢侈品的使用者都是地位和权力较低的群体（Han，Nines and Drèze，2010）。综上所述，笔者提出假设 5 至假设 7。

假设 5：当消费者为自己进行权力印象管理时，他们会认为明显信号的炫耀性产品比微妙信号的非炫耀性产品更有效。

假设 6：当消费者以观察者角色评价他人的权力印象管理工具时，他们会认为微妙信号的非炫耀性产品比明显信号的炫耀性产品更有效。

假设 7：消费者在进行权力印象管理时存在一个信号误区：自己的选择与实际的效果相违背。

三、研究方法

研究标识大小对信号迷失效应的影响使用实验室实验的方法。笔者从美国一所大型公立大学的样本源（Subject Pool）上招募了 140 名被试，他们通过参与实验研究换取额外的学分。其中，男性被试者的数量为 77 人（55%），女性被试者的数量为 63 人（45%）。研究采取了单因素（视角：自我 vs. 他人）被试间设计（One Factor Between-Subjects Design）。

所有被试被随机分配到自我视角或是他人视角的情形中。其中，自我视角的被试被告知"请观察下图中的两件 T 恤，如果你想让自己看起来更有权力，你会从以下两件 T 恤中选择哪一件穿?"与此对比，他人视角的被试被告知"请观察下图中的两件 T 恤，如果你发现两个人各穿着其中的一件，你会觉得穿哪一件的人看起来更有权力?"随后，笔者让被试从两件短袖 T 恤中选出更加符合条件的一件。为了控制潜在的混淆变量（Confounding），两件 T 恤的品牌、颜色、式样等属性都保持一致（见图 5-1），唯一的不同就在于信号的形式——微妙信号的 T 恤上只有很小的品牌标识，而明显信号则是很大很显眼的标识。根据笔者之前的研究结果，品牌标识是典型的（非）炫耀性消费的信号。同时，为了排除性别的潜在影响，笔者选择的 T 恤是男女均可、无性别区分的款式。被试选择的结果即为因变量的测量。

图 5-1　微妙信号 vs. 明显信号的 T 恤

值得一提的是，由于笔者操纵的是自我和他人的视角，这两个条件的差异已经接近于物理层面的区别，所以笔者没有进行操纵有效性检验。

四、数据分析与假设检验

因为是否控制性别因素不会对结果产生任何的影响，所以笔者在接下来的分析中就不区分性别这一变量了。鉴于本书中的因变量（选择）是二分变量，所以笔者使用二项罗彻斯特回归（Binary Logistic Regression）这一方法对数据进行处理。结果显示，被试的视角对于其选择有着显著的影响（$\beta = 0.77$，WaldX^2 = 4.84，$p < 0.05$）。具体来说，自我视角中选择微妙信号的比例（平均值是47.14%）要显著低于他人视角中选择这一选项的比例（平均值是65.71%）。假设5、假设6、假设7均得到了支持。

五、讨论

通过一个实验室实验，发现消费者在进行权力印象管理时的误区：尽管消费者们自己认为明显信号的炫耀性产品是权力印象管理的最佳选择，但是在旁观者看来，使用微妙信号的非炫耀性产品的个体才是更有权力的。这些结果显示了基本的信号迷失效应。不过本项研究仍然存在三个不足：第一，根据 Hsee 和 Zhang（2010），消费者的决策情形包括联合评估（Joint Evaluation）以及单独评估（Single Evaluation）两种主要的评估模式（Evaluation Mode）。消费者在不同评估模式下进行的决策可能会出现偏好逆转（Preference Reversals）的现象。笔者在研究标识大小对信号迷失效应的影响中使用的选择类型这一因变量就属于评估模式中的联合评估，因此，信号迷失效应在单独评估中是否能够重复还不得而知。第二，根据笔者之前的研究结果，低调标识只是非炫耀性消费的一个维度，笔者还需要在其他的维度上继续检验这一效应是否可靠。第三，笔者在实验材料中使用了真实的品牌，这也可能会引入干扰实验结果的潜在因素。

第二节　信号迷失效应
——品牌知名度

一、研究目的与目标

在品牌知名度对信号迷失效应的影响研究中，笔者会更换非炫耀性消费的形式（品牌知名度）以及消费者的评估模式（单独评估），并使用虚拟的产品信息。笔者希望信号迷失效应将在这一研究得到重复，从而再次为假设 5 至假设 7 提供证据。

二、研究方法

在品牌知名度对信号迷失效应的影响研究中继续使用实验室实验的方法。笔者从美国一所大型公立大学的样本源（Subject Pool）上招募了 162 名被试，他们通过参与实验研究的形式换取额外的学分。其中，男性的数量为 80 人（49.4%），女性的数量为 82 人（50.6%）。研究采取了 2（视角：自我 vs. 他人）× 2（信号类别：明显 vs. 微妙）的被试间设计。对于信号类别的操纵，本书更换了一种落实方法。在标识大小对信号迷失效应的影响研究中使用的情境是标识，在品牌知名度对信号迷失效应的影响研究中则使用品牌。为了避免混淆变量的引入，笔者使用了虚拟的品牌信息。明显信号组的被试读到的产品信息是"Venexta 是一个来自欧洲的奢侈品品牌，很多消费者都对 Venexta 很熟悉，它是一个家喻户晓的品牌"。微妙信号组的被试读到的产品信息是"Venexta 是一个来自欧洲的奢侈品品牌，很少有消费者对 Venexta 熟悉，它是一个比较小众的品牌"。接着，标识大小对信号迷失效应的影响研究中对于视角的操纵相同，被试们被要求分别从自己或者观察者的视角对于 Venexta 使用者的权力印象进行评估（1 表示"低权力"；5 表示"高权力"）。

三、数据分析与假设检验

为了避免操纵检验效应（Manipulation Check Effect），笔者在同一个样本源中重新招募了 60 名被试进行操纵有效性检验。他们被随机分到明显或者微妙信号组，然后分别在一个李克特 5 点量表（1 表示"完全不炫耀"；5 表示"极其炫耀"）上评价了这两类信号的炫耀性程度。结果和笔者的预期一致，相比于微妙信号组（平均值是 3.36，标准差是 0.92），明显信号组中（平均值是 4.45，标准差是 1.14）的被试认为 Venexta 的炫耀性更高（t=4.07，p<0.01）。

笔者使用双因素方差分析（Two-Way ANOVA）对本书的数据进行了处理。结果表明，视角和信号类别均无主效应。重要的是，和笔者的预期一致，视角与信号类别的交互效应显著 [F(1, 158) = 10.13, p<0.01]。笔者随即进行了计划对比（Planned Contrasts）对交互作用做进一步的分析（见图 5-2）。首先，在自我视角的条件下，信号类别对于权力感知有着显著的影响 [F(1, 158) =

4.24，p<0.05］，被试认为使用明显信号的品牌（平均值是 3.44，标准差是 0.98）比使用微妙信号品牌会让自己看起来更有权力（平均值是 2.91，标准差是 1.29）。与此形成对比的是，在他人视角的条件下，虽然信号类别对于权力感知有着显著的影响［F(1，158)＝6.11，p<0.05］，但是作用的结果却恰恰相反：被试认为使用微妙信号的品牌（平均值是 3.39，标准差是 1.19）比使用明显信号品牌会让自己看起来更有权力（平均值是 2.82，标准差是 1.06）。因此，假设 5、假设 6、假设 7 均得到了进一步的支持。在另一组计划对比中，首先，在明显信号（大众品牌）的条件下，视角对于权力感知有着显著的影响［F(1，158)＝5.87，p<0.05］，被试认为自己使用这种品牌（平均值是 3.44，标准差是 0.98）比他人使用时看起来更有权力（平均值是 2.82，标准差是 1.06）。其次，在微妙信号（小众品牌）的条件下，视角对于权力感知有着显著的影响［F(1，158)＝4.27，p<0.05］，被试认为使用明显信号的品牌（平均值是 3.39，标准差是 1.19）比使用微妙信号品牌会让自己看起来更有权力（平均值是 2.91，标准差是 1.29）。

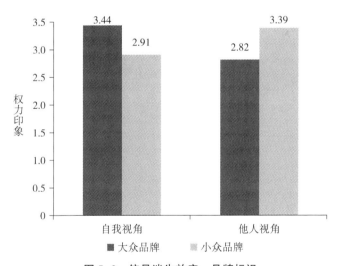

图 5-2　信号迷失效应：品牌标识

四、讨论

通过本书以上研究，笔者验证了基本的信号迷失效应——当消费者为自己进行权力印象管理时，他们会认为明显信号的炫耀性产品比微妙信号的非炫耀性产品更有效。但是，这一选择实际上是错误的。因为，在观察者的视角看来，他们会认为微妙信号的非炫耀性产品比明显信号的炫耀性产品更能彰显权力。这一效应得到了反复的验证：不论笔者使用不同的实验设计（联合评估 vs. 单独评估模式）、实验材料（真实品牌 vs. 虚拟品牌）或是测量情境（标识 vs. 品牌），都观察到了这一结果。在基本效应得到验证的基础上，笔者需要回答的下一个问题就是：这一效应背后的内在机制（Underlying Mechanism）是什么？

第三节　案例分析

一、案例一

 "炫耀性消费"已终结，现在是"无形消费"时代

1899 年，当时的著名经济学者托斯丹·凡勃伦（Thorstein Veblen），观察到昂贵的银勺子和妇女为衬托身体的紧身胸衣是当时社会精英阶层的标志。凡勃伦还为此留下了著名的论著《有闲阶级论》。在这本著作中，他还创造性地发明了"炫耀性消费"这一新词，并用来说明社会富裕阶层通过物质消费来显示他们的富有。

在 100 多年后的今天，炫耀性消费仍然是当代资本主义的一道风景。今天作为身份象征的奢侈品，比凡勃伦的年代更多地进入人们的生活。奢侈品更容易进入人们的生活，主要归因于：20 世纪大规模生产的发展、生产外包到中国等国家、新兴市场的劳动成本和原材料成本都比较便宜。同时，人们也看到了新兴的中等收入人群消费群体对物质产品的需求也越来越多。

然而，这种奢侈品在很大程度上是一种显摆的展示，实际上的用途可能还没有以前多。随着社会公平性的增加，富人和中产阶层都可以拥有豪华的电视和漂亮的手袋。他们都可以拥有 SUV 汽车，出行搭乘飞机和坐着游艇旅游。在表面上看，对于奢侈品的钟爱程度并不能完全区分出这两个群体了。假设每个人都能消费得起定制手包和新款汽车，那么富人就要心照不宣地用些其他信号物来显示他们的社会地位了。事实也正是如此。那些寡头和超级富有的人们，仍然在通过游艇、宾利汽车和富丽堂皇的别墅来显示他们的生活；但是在新一代的精英阶层追求小康和精英教育的驱动下，他们的消费支出却出现了显著变化。

我们在这里将这一阶层叫作"中产阶层"。他们的消费习惯更多是在服务、教育和人力资本投资，而不是更多地消费在物质方面。这种新的消费行为我们称之为"非炫耀性消费"。美国中产阶层的崛起及其消费习惯的演变可能是美国社会最突出的变化。由于所有人现在都可以购买设计师手袋和崭新的汽车，富人开始采取更多措施彰显自己的社会地位。没错，独裁者和超级富豪仍在用游艇、宾利和豪宅彰显自己的财富。但精英们的消费方式却发生了巨大变化，主要动力来自受过良好教育的富裕精英阶层，也称"有志阶层"。这批新一代精英人士通过崇尚知识和构建文化资本来巩固自己的地位，还会采取与之相称的消费习惯——他们更喜欢把钱花在服务、教育和人力资本投资方面，而不是购买纯实物商品。我把这些新的身份习惯称作"非炫耀性消费"。这个词所涵盖的消费选择都不容易察觉，也不流于表面的物质形态，但却无疑非常排他。

根据美国消费者支出调查（The US Consumer Expenditure Survey）的数据显示，自2007年以来，美国最顶层的1%人口（年收入超过30万美元）在物质方面的消费要大大少于中等收入群体（年收入在7万美元左右），而且这个趋势还在增加。消费品的民主化进程已经导致它们作为社会地位符号的作用大大降低。富裕群体避开了过分的物质消费，而更多地在教育、养老和健康上投资和消费，所有这些都是非物质性的消费。但是这些支出，却比中等收入群体购买的奢侈品如手袋等，要高出几倍。表面看来，这两个群体偏爱的消费品已经不再差异巨大。

这1%的人口为美国社会的"非炫耀性消费"份额贡献了绝大多数。这些消费中的教育支出，又占这1%的顶层收入人口中支出的最大部分（达到6%），而中等收入群体在教育方面的支出仅占1%。事实上，自1996年以来，这1%的顶层收入人口的教育支出增加了3.5倍，而同期中等收入人口的教育消费基本没有什么太大的变化。

由此不难发现，在中等收入群体和富裕的1%群体之间的最大支出差别正是表现在教育方面。近十年来，美国物质消费的价格没有多大的变化，但是接受教育却越来越昂贵。根据美国消费者支出调查的数据，2003~2014年，大学学费的价格上涨了80%，而同期女性服装类的消费价格仅上涨了6%。中等收入群体缺少在教育方面的投资，并不意味着他们没有意识到教育的重要性——对于那些年龄在 40~60 岁的中等收入人群，教育过于昂贵，而且也不值得为了教育去节省支出。

换句话说来说，非炫耀性消费基本上就成了这些新一代精英群体彼此展示文化资本的一个缩写。虽然很多非炫耀性消费都极其昂贵，但其表现方式较为便宜，却同样具有标志意义——包括阅读《经济学人》（The Economist）和购买有机鸡蛋。换句话说，非炫耀性消费已经变成一种简单明了的方式，帮助新精英阶层向彼此传递自己的文化资本。很多私立学校提供的午餐，全部是全麦食品和有机水果肉类等。有人可能认为这些食品是一个家庭主妇每日都必备的餐品，他们需要走出那些中上等收入的家庭来看看还有很多家庭的午餐非常简单，基本上就是加工零食而且没有任何水果。

同理，那些在洛杉矶、旧金山和纽约短暂居住的人们，可能认为所有的美国母亲都为她们的孩子母乳喂养一年。但根据美国国家统计报告，实际情况是只有27%的母亲（更有甚者，美国亚拉巴马州的比例仅为11%）能完成美国儿科学会（American Academy of Pediatrics）所要求的母乳喂养一年的目标。这些本身看起来似乎并不昂贵的社会行为，就是当今中产阶层在努力实现的目标，而这种目标的实现绝对不是没有成本的。

《经济学人》的订阅费可能仅需100美元，但要知道订阅这本杂志并在众目睽睽之下把它塞进包里，可能需要花费很多时间浸淫在精英环境之中，而且还要入读学费高昂的学校——因为只有那里的人才会赞赏那本杂志，并相互探讨里面的内容。最重要的或许在于，针对非炫耀性消费展开的新投资以之前的炫耀性消费所无法实现的方式复制了特权。根据《纽约客》的文章，在文化资本上的消费能为人们提供一个更好的社交网络圈。作为回报，这可以帮助人们获得精英群体的工作，取得并扩大社交和专业领域的关系。简言之，非炫耀性消费还促进了社会流动性。

这种非炫耀性消费还有更深层次的意义。投资于教育、医疗及养老将会影响消费者一生的生活质量，也更大地提高了下一代改变生活的机会。今天的非炫耀性消费比凡勃伦时代的炫耀性消费支出更多。非炫耀性消费，不管是哺乳还是教育，都是一种质量更好的生活方式，并为自己的下一代不断改善社会流动性从而增加更多优势机会。炫耀性消费本身就是终点——只能徒有其表。对于当今的有志阶层来说，非炫耀性消费可以保护他们的社会地位，即便他们未必会对外展示这些东西。炫耀性消费在本身来说，已经走入了死胡同——只是一种炫耀卖弄而已。

对于今天的中产阶层来说，选择非炫耀性消费能更好地发展自己的社会地位，即使他们本身并不去过分展示这些消费。更深刻的意义在于，对教育、健康和退休的投资会影响消费者的生活质量，还会影响下一代未来的生活机会。比起凡勃伦时代的炫耀性消费，如今的非炫耀性消费是一种更加"险恶"的身份开支。

资料来源："炫耀性消费"已终结，现在是"无形消费"时代［EB/OL］．［2017-08-03］．https：//www.chinaventure.com.cn/cmsmodel/news/detail/317726.html.

二、案例二

 ### 非炫耀性消费来袭，到底什么才是真正的有钱？

2018年2月福布斯网站发表文章称，截至2017年底，中国富豪财富总和比去年增长了26%，总额达到1.2万亿美元，约有400名亿万富豪进入福布斯中国富豪榜。在任何一个时代，富人都需要给自己贴上一种标签，从而维系在社会中的地位，既不能脱离这个圈层，又不能让别人随便闯进来。所以，不少富人总习惯以普通人无法企及的方式来标榜自己，比如奢侈品加身、豪车代步。这种消费模式被称为"炫耀性消费"（Conspicuous Consumption），这是一百年前挪威裔美国经济学家托斯丹·邦德·凡勃伦提出一种经济理论，也称为韦伯伦商品（Veblen Good），指的是那种能满足人类的虚荣心，炫耀财富与地位的商品。

不过，细心的人们会发现，越来越多的财富阶层开始选择不那么炫耀式的生活，也不再用这种韦伯伦式商品来标榜自己的身份。不论从开的车、买的包、穿的衣服还是其他一些以前通常喜欢在人前显示的物品，都越来越趋于低调。富人阶层的人群当然不是消费不起让很多普通人需要节衣缩食很久才能偶尔购买一下的那些奢侈品牌，之所以把消费的重心从人们看得见的奢侈品牌转移，是因为这些财富阶层已经进入到一种"隐秘的炫耀"消费模式中。在众多"隐秘的炫耀"中，富人阶层不约而同地选择了教育和文化。不论是对自己的再教育还是对子女的教育规划，都是能让富人阶层们趋之若鹜的"投资性消费"新观念。

是的，"投资性消费"是一种和"炫耀性消费"截然不同的消费观念。顾名思义，这样的消费方式在于选择投资的渠道，而投资的目的则在于获得，包括获得更多的物质回报,以及获得更多的精神回报。尤其是后者,是新世界阶层结构下如同百年前的奢侈品一样,能够区别富人阶层和普通人阶层的方式。我们正在进入一个谈资比名牌包还要贵的社会。设想一个这样的场景:在一个聚会上,你跟两位年轻女士聊天。其中一位女士拿的包看上去挺一般,但是谈吐不俗,可以随意引用《经济学人》杂志对英国大选的分析,或是《纽约客》上一篇讽刺美国政治的文章里的观点。另一位女士的包一看就是名牌,但她谈来谈去,不是电视剧里的剧情走向,就是娱乐杂志对于某明星的绯闻的报道。这是在美国对阶层的划分。

在英国,人们对阶层的划分还体现在坐地铁时看什么报纸,因为该国民众读报的习惯相当普遍。一位曾旅居英国多年的美国教授乔·富特(Joe Foote)曾经说过,在伦敦乘地铁,你可以从人们看什么报纸,就能知道他们的阶层、政见和生活方式。这也正是包括英媒《卫报》等认同的"You Are What You Read"(你阅读什么,你就是什么人)。比如,着装品位类似的两个人站在一起,分别在阅读《独立报》和《太阳报》。《独立报》为中上产阶级的严肃报纸,而八卦小报《太阳报》则意味着低端市场人群,读者很可能没上过大学。

更值得注意的是,在英国,衣服可以穿错,报纸是不会被拿错的。因为严肃报纸上的文章从措辞到观点,也都是没有在教育上面进行过大量投资(时间和金钱)的群体无法看懂的。普通人可以佯装看不属于自己阶层的报纸,但看几句就通常读不下去了。法国社会学家皮埃尔在《资本的形式》中提出了文化资本(Cultural Capital)的概念。文化资本是一种通过教育洗礼历练而成的个人优势,与生活品位息息相关。建设文化资本就是美国精英阶层们巩固地位、封杀其他阶层上升的新手段。

在今天的西方国家,答案已经很明确 —— 谈吐和阅读习惯以及品位,不仅反映了人们的学识,同时还代表了他们的财富量级。美国的常春藤盟校的学费,以及父母对能够拿到常春藤盟校录取通知书的子女从小的教育布局和资金支持,都是极其高昂的开销,然而这些,和是否能够订阅得起一本专业杂志不太相关。拥有杂志和书籍本身并不是高消费,也不代表阶层已经被区分开来;但是读得懂这些杂志,能够受到最好学校带来的最好教育,才是这些消费现象的本质,才是富人阶层的"投资性消费"。

如今西方国家的富人,把财富越来越多投入各种"无形"的消费和投资 ——更好的服务、更优质的教育、最好的医疗保险等。国内出国服务领军品牌外联出国专家透露,越来越多的中国新兴富有人群选择送子女出国留学,而且留学年龄日趋低龄化，希望子女能够从小获得最优质的教育，站在更高的起点放眼整个世界。2016 年 3 月，教育部发布《中国留学回国就业蓝皮书 2015》称，2015 年出国留学人数已达 52.37 万人，2014～2015 学年，赴美国读研究生的中国学生达 120331 人，较前一年增长 4%；赴美国留学读本科的中国学生达 124552 人，较前一年增长 12.7%，占中国留美学生总数的 41%。

美国名校云集，在每年的世界大学排名中 TOP 20 院校美国名校占据半壁江山。在配套设施、师资水平、教育支出、教学等级、教育环境以及整个社会对教育的认知及重视程度上，美国都无疑是世界一流的。外联集团教育专家表示，美国大学非常重视对人才的吸引和投资，只要在各方面都很优秀，申请到减免学费、全额或部分奖学金的机会也非常大。而且，美国大学对于本国和持有绿卡的学生在奖学金的批准名额上有所倾斜，只要学生在校表现出色，奖学金可以支持在美国学习期间的全部学费和生活费。

"多样化"是美国大学非常注重的一项因素，在这里，可以接触到更为丰富多彩的生活。越来越多的外国人选择将自己初中毕业的小孩送到美国读书，通过高中阶段的过渡，能够更早地培养子女的国际意识，也能够更自然地适应美国学校的教育方式和校园文化。总而言之，都是希望子女接受更好的教育，而且这样的教育越早接触到越好。

如此一来，到美国接受具有世界视野的高质量教育，子女的未来才是富人阶层眼下可能会带来最高投资回报率的投资性消费。为了让这样的教育早日付诸实现，给全家人一个绿卡身份，让孩子能够尽早在美国开始浸入式的学习，同时获得家人的陪伴，才是这项投资性消费的第一步。

资料来源：非炫耀性消费来袭，到底什么才是真正的有钱？[EB/OL].[2018-03-29].新浪博客 http：//blog.sina.com.cn/s/blog_59b288a90102xxo8.html.

三、案例三

人工智能是否能推动 B2B 营销

国外知名科技专栏作家丹尼尔·费格埃拉预测，人工智能将塑造 B2B 的未来，并对目前使用人工智能改进营销流程与服务的两个案例进行了研究。更多的事实证明，人工智能和机器学习对企业的每一个业务功能都非常有用，营销也不例外。人工智能早已影响到营销，它将进一步塑造商业的未来，以及公司和客户之间的关系。

大多在营销应用中的人工智能技术还是专注于 B2C 领域。众所周知，在 Facebook 上、横幅上或谷歌上出现的广告，过去的行为追踪、人口数据统计、位置信息等都是针对个人用户的，没有人工智能的协助，这一过程是无法在一定规模上完成的。

（一）B2B 营销如何从机器学习中获益？

对于那些向企业销售产品和服务的公司来说，销售人员和营销团队之间的沟通至关重要。在销售人员的生活中，每天都充斥着一些可以被视为与营销有关的任务。客户培训、通过电子邮件和销售线索跟进，营与销交叉进行，两者已然混为一体。在市场营销中，人工智能应用程序的目标是处理那些的关键性功能。

以下是两个尤其重要的案例，可以充分说明人工智能在今天的营销中是如何被用于改进流程、优化策略、帮助 B2B 领域找到解决方案。

（二）加速挖掘销售线索（Lead Generation）

几十年来，B2B 销售线索挖掘一直是企业花费大量时间的烧脑过程，需要对购买影响力进行有效识别和分类。在这个例子中，人工智能的价值在于机器识别并在企业数据库中不断生成 B2B 销售线索。Lead Genius，一家运用机器学习技术为企业提供市场营销工具的公司，总部位于美国加利福尼亚州伯克利市，具体而言，Lead Genius 的系统是使用机器学习与人力研究相结合的方式提供 B2B 服务的，它的做法是挑选出每家公司具有买家角色的高层决策者，提供几个潜在新客户的直接联系方式。一旦潜在客户成为目标，该工具将生成一个目标列表，并突出重要的数据点，帮助企业将受众细分，并产生出个性化内容。

Lead Genius 可以节省销售团队数小时用手工搜索目标客户的时间，提供可靠的销售漏斗，可以在任何时候帮助企业添加定制细节。这让企业有足够的时间专注于销售讨论和完成交易。

在与人工智能营销主管交谈时，通常会听到"一名观众"的概念，这是一种理想的营销活动状态，活动和信息被分为个人层面（而不是人口统计群体或已确定的市场部分）。隶属法国最大的广告与传播集团阳狮（Publicis Groupe），专注数字广告咨询与技术服务的 Sapient，是一家全球性的跨国广告公司，为客户管理大约 900 亿美元的广告支出，B2C 和 B2B 公司都算在内，无独有偶，即使是传统的广告公司也在向同样的"人工智能"模式转变。Sapient 人工智能部门主管 Josh Sutton 曾这样表示："以前，我们通过人物角色分析和虚拟判断谁将成为我们的客户，而现在是收集数据，并从个人层面预见未来。因此，不再做过多假设，我们越来越关注的是个人数据点和类型，并且我们对系统产生的结果表示惊叹。"

（三）分析销售电话

无论一家 B2B 公司的规模是大还是小，电话沟通都将成为销售和营销过程的重要组成部分。那么问题来了，跟踪、分析和改进每一次通话的质量是不容易的，很多像 Qualtrics 和 Marketo 这样的公司，已经将目标锁定在 AI 初创公司 Chorous.ai 的"对话式人工智能"解决方案。Chorous.ai 使用自然语言处理记录、转录和分析所有销售电话。这个工具可以像销售人员一样参加电话会议，但在实时记录并转录对话的同时，该工具还将突出显示在通话过程中出现的重要话题。

例如，当潜在客户提到定价、竞争对手或痛点等关键词时，Chorous.ai 会对这一时间点做出标记。这些标记可以帮助企业的销售团队挖掘出更深层次的客户，改进交易过程中的一些细节。销售电话中的这种"标签"行为对人来说是费时费力的任务。

该平台可以和 ClearSide、GoToMeeting、Join.Me 与 WebEx 这样的主流在线会议平台很顺畅地进行集成。其他销售和营销支持技术将会遵循并允许与现有工具的互操作性。事实上，还有很多其他资金充足的公司在追逐同一市场，其中许多公司将业务直接连接到既定的 CRM（客户关系管理）系统和通话记录技术上。其中，Qurious.io 公司已经将其价值主张，集中放在销售电话的自动化分析中，找到了适合自己的工作模式和脚本，同时允许销售和营销团队通过自身的尝试去使用相同的语言和模式，可以复制成功，但同时又有些微妙的差异。

（四）展望 B2B 营销的 AI 未来

过去五年，企业主对机器学习技术的看法发生了很大的变化，许多企业越来越热衷于采用新技术。据 Foresight Factory & Future Foundation 联合创始人兼首席执行官 Meabh Quoirin 介绍，营销部门急于将 AI 纳入业务部署，主要是因为 AI 能节省大量时间，这意味着将有更多的资金需要筹备。市场营销领域的人工智能无疑将继续快速扩张，尽管大公司可能拥有巨额预算（人工智能集成成本很高，需要专业技能），优先处理大量历史、实时销售和营销的数据，而供应商公司将会迅速降低对其技术的投入时间。

我们已经看到技术是如何改变消费者的概念的，他们如何通过技术与营销人员互动，以及技术如何与营销人员、客户关系相互交织。因此，AI 会帮助企业在营销过程中变得越来越聪明，企业可以更好地了解消费者的线上行为，营销人员能够更好地利用有效信息增加收入、改善服务，不断增强客户体验。

资料来源：人工智能是否能推动 B2B 营销 [EB/OL]. [2017-08-22]. https：//www.sohu.com/a/166513655_781810.

四、案例四

ROG 系列高端电脑配件与炫耀性消费的联系

2016 年至今，ROG 高端系列的销量一直居高不下，其中有很大一部分原因是其特殊强调宣传的"信仰充值"，那么为什么该品牌的高端产品会与信仰联系起来呢？

我听到过一个解释是华硕主板的 BIOS 方便超频所以大家都用。华硕 BIOS 确实不错。我从 MSI Z370 TOMAHAWK 换到 ROG Z370F，感觉就像"回到家一样"。但是，多少人买 ROG 主板并不是为了超频。ROG B360 根本不能超频，还不是有很多人买？还有之前的 ROG Z370H，四相供电无并联，这种东西难道适合超频吗？然而 Z370H 销量却非常之高。此外，Z370 时代微星旗舰是比 ROG 旗舰更好的。不过，不得不承认，在主板领域，ROG 可以说是领先的，尽管并不是全面领先。

最好的显卡是 ROG 吗？不一定，各家都有自己的旗舰卡，显卡技术含量没有主板高，ROG 旗舰卡并不比其他品牌的旗舰卡更好。ROG 显卡的优势是可以和自家主板神光同步，即同步 RGB 灯光效果，这是其他任何品牌都没办法完美做到的。RGB 和灯光同步，微星比 ROG 差一些，技嘉急哭了，华擎表示完全不 CARE 这些。在显卡领域，ROG 并没有在信仰和神光同步以外的方面领先。最好的电源是 ROG 吗？最好的耳机是 ROG 吗？最好的一体式水冷散热器是 ROG 吗？最近又出了机箱，最好的机箱也是 ROG 吗？不是，华硕在电源、耳机、散热、机箱领域还没有深耕，和这些领域的老牌实力厂家比还是有差距的。那这种信仰算是一种只看品牌不看产品的不理智消费吗？不是。我认为应该从两个方面看待硬件领域的信仰问题。

1. 简化问题

人们喜欢把复杂的问题简单化。在面对众多差异化不够大的商品时，人们可以通过品牌效应来减少选择成本。对于新手而言，买电脑硬件本来就是一件非常复杂的事情，这时候无脑选择口碑最好的 ROG 也是一种比较理性的选择。反正买 ROG 总不会错得太离谱。

因此，对于一个对硬件没有足够了解的消费者而言，选择购买信仰税十足的 ROG 产品并不是一个不理智的做法。我认为普通消费者在电脑硬件上有信仰是完全没有问题的。但我希望自己不要产生这种信仰，因为信仰可能是盲目的，也会导致我在给他人推荐硬件时带入太多主观感情色彩。这其实是一种在消费过程中的信号迷失行为。选择产品线完善并且知名度较高的产品而不是性价比较高但是小众的产品，并且将自己的选择冠上"信仰充值"的名号，实际上这是一种炫耀性消费，符合了消费者会认为明显信号的炫耀性产品比微妙信号的非炫耀性产品更有效。

2. 从众心理

华硕和 ROG 粉丝都在营造一种"ROG 很厉害，高端玩家都选择了 ROG"的理念。因此，我买了 ROG，我也能成为高端玩家。有时候，我们可以在贴吧里看到一些拿 ROG 标志做头像或者张嘴闭嘴 ROG 的，其实这些人中很多一部分或者说大部分并不是 ROG 的资深铁杆用户。我猜，这种做法或许可以显得自己比较懂硬件，比较"发烧"。

这个理念也存在一个悖论：当 ROG 产品线越来越多，很多原本只是中端的产品也被贴上了 ROG 标签。比如 ROG Strix 系列，ROG 开始飞入寻常百姓家时，消费者的 ROG 信仰也会动摇。所以，新的信仰是纯血 ROG。在这种信仰面前，ROG Strix 是要被鄙视的。我认为，ROG 是可以买的，ROG 即使不是最好，但也是比较好的了。只是价格，稍微有点——或者特别贵。信仰可以有，不要太极端就好。理性的信仰：我认为多花点前买 ROG 肯定不会坑。盲目的信仰：我就是喜欢 ROG，我决定自己以后买任何硬件都要尽量选择 ROG。

消费者在拥有高权力时，往往会选择高炫耀性消费，因为可以强化他们心中的支配感。明显信号的炫耀性产品因为有着视觉上更加显眼的特征（例如体积更大、颜色更加鲜艳的品牌标识），会立即抓住消费者们的眼球。ROG 在这一点上就完全践行了这一理论。结果就是进行权力印象管理的消费者会青睐该品牌的明显信号的炫耀性产品。

资料来源：知乎［EB/OL］.［2019-04-21］. https://www.zhihu.com/question/319921130/answer/658527037.

五、案例五

 当代大学生炫耀性消费行为原因探究

炫耀性消费最早是美国制度经济学家凡勃伦在 1899 年出版的《有闲阶级论》一书中提出的，它是指社会上某些人为实现夸耀自己的身份、地位或经济实力，以引起他人的羡慕、尊敬和嫉妒为目的的消费，并借此宣泄个人激情、获取虚荣心或荣誉感的满足；同时炫耀性消费是通过消费让他人了解消费者的财力、权力和身份，从而博得荣誉、获得自我满足的消费行为，它还是一种超越他人的欲望，目的是占有他人不曾占有的东西。大学生中的炫耀性消费主要体现在对名牌产品的追逐，体现自己的个性和突出自我，以及对炫耀性消费的认同和向往方面。随着我国综合国力的增强和居民平均生活水平的普遍提高，大学生的消费水平和消费能力也在不断提高。在大学生消费水平不断攀高的同时，炫耀性消费像一股暗流，在大学生中悄然兴起。

当代大学生作为一个生活在社会现实中的人，他们时刻离不开衣、食、住、行等一系列为满足生理和精神需要的消费。大学生的生活相对独立，虽没有稳定的经济收入，却一般都有着稳定的经济来源，即使收入并不宽绰的家庭也会尽力满足他们的消费需求，这为他们追逐炫耀性消费行为做了铺垫。本书将从社会、家庭、学校和大学生自身的角度，探析大学生炫耀性消费行为背后的原因。

（一）社会因素的影响

消费是在一定的社会经济环境下、在人与人之间进行的行为过程，一个人及群体的消费行为不可能脱离社会而存在，大学生炫耀性消费必然受到社会诸多因素的影响。

（1）社会不良消费行为的示范对大学生消费的影响。

当代的大学生生活在"没有围墙"的校园里，全方位地接触社会，社会中的一些攀比风气和奢侈浪费风气无时无刻不在侵蚀着大学生的思想，给大学生带来了很深的印象，特别是改革开放以来，人们的消费能力日渐增长，比如在改革开放中先富裕起来的一批人，其中有的原处于社会底层，一夜之间成为大款，他们的社会地位或社会评价却未因其财富的增长而得到根本改变。他们迫切希望提升自己的社会地位，极力张扬自己在经济上的成功，在消费上追求奢豪华，名牌裹身，出入高档酒楼，住豪华别墅，开世界名车，通过超过一般人水平之上的消费来引起社会的瞩目。当代大学生生活在这样的社会环境中，耳濡目染，其消费观念必然会受到潜移默化的影响。

（2）大众传媒的误导对大学生消费的影响。

改革开放以来，国外的各种信息不断地输入我国，人们通过各种传播媒介耳闻目睹了发达国家形形色色的高档消费和现代化生活方式，与此同时，包括消费意识、消费观念在内的西方价值观也在不断地冲击着中华民族勤俭节约的传统生活准则。这在客观上对大学生追求高消费和超前消费等观念的形成起到了推波助澜的作用。不少学生视勤俭为寒酸、视浪费为慷慨、视奢侈为高雅，艰苦朴素不再被称为美德，而追求时尚、超前消费、炫耀性消费已成为大学生奉行的时尚消费。

（3）西方消费主义的传播对大学生消费的影响。

随着我国对外开放的不断深入，消费主义的生活方式开始在我国传播，西方社会享乐主义和拜金主义等不健康思想对人生观、价值观尚不成熟的大学生产生了负面影响，冲击着大学生的价值观和人生观，而大学生作为思想最为活跃、最不受传统束缚、最易受外界影响的群体，不可避免地会受到消费主义的影响和冲击，把消费视为人生快乐的源泉，在日常生活中进行炫耀性消费，以彰显自己的卓尔不群的个性、品位和能力。

（4）社会文化背景因素的影响。

社会文化决定社会心理。大学是文化的积聚地和扩散地。大学校园文化的特征具有开放性和超前性，大学生能更多、更快地接触西方文化，使当代大学生的思想特征、价值选择、行为取向和生活方式等方面超越于一般的社会成员导致生活态度的消极和进取心的迷失。20 世纪 90 年代以来，随着改革开放的深入发展，一般消费主义思潮在社会上蔓延起来，给人们的生活带来了极大的冲击，随着消费主义思潮走进大学校园，不少大学生以物质追求为生活目标，有些大学生不顾自己的经济状况，花父母的钱圆自己的梦，给社会、家庭和个人带来严重的经济和心理负担。

（二）学校因素的影响

学校是大学生学习、生活的主要场所，大学生的消费行为主要在大学校园进行，他们中的炫耀性消费和炫耀性消费倾向于高校对大学生消费教育的缺失、教师消费的示范、同学间消费的相互影响有着密切的联系。学校消费教育的薄弱也是大学生盲目消费的原因之一。由于对大学生消费心理和消费行为了解不够全面和客观，以及课程设置等原因，在大学生思想品德修养课中，与人生观、价值观和国情观等重要思想观念紧密相关的消费观的专题没有得到充分的开展。具体表现在以下三个方面：一是学校对大学生艰苦奋斗的理论教育不够；二是学校为大学生提供的实践活动较少；三是学校缺少相关的激励和约束机制。

高校在遇到大学生不良消费的问题时，没有有效的解决办法和得力措施，对于大学生中存在的贪图享受、挥霍浪费、炫耀性消费现象不能进行及时的批评教育，或者没有教育到点子上，而对自觉发扬勤俭节约、艰苦奋斗精神的先进人物的事迹表扬和宣传力度不够，也在一定程度上是大学生走入消费误区的原因之一。

（三）家庭因素的影响

（1）家长的溺爱对大学生消费的影响。

当代大学生绝大部分是独生子女，许多家长对子女的消费都是尽量满足，宁可自己在家省吃俭用，也绝不让孩子在外吃苦受累，对孩子的合理不合理的消费要求不加分析，基本上是有求必应，养成了孩子的不良消费习惯。

（2）家庭消费沟通缺失和引导失当对大学生消费的影响。

很多家长在"再苦也不能苦孩子"的观念影响下，加上缺乏和孩子的沟通，使一些大学生不了解自己的家庭收入和消费承受能力，他们认为花父母省吃俭用挣来的钱，是理所当然的事情，有的同学为了攀比消费，买一件衣服或吃一顿饭就花掉父母近一个月的工资，社会上曾流传这样的话"家境富裕的家长，对于孩子来说，就像方便且无须密码的取款机，而家境稍差的父母，也甘愿做儿女的榨汁机"。

（四）大学生自身因素的影响

在校大学生在生理、心理已基本趋于成熟，具备一定的判断能力，在消费上有一定的自主意识，其炫耀性消费与他们自身的因素也有着密切的关系。大学生作为特殊的消费群体，其模仿心理强，自我表现意识强，消费观念趋前，以引领时尚为荣，缺乏理智，最易于接受新事物、新观念，普遍缺乏独立的消费价值判断，消费行为常跟着时尚和感觉走。在他们身上表现出来的炫耀性消费行为不是一个平常的社会现象，他们对于名牌消费品的向往，对同辈高档消费的羡慕，对因家庭经济困难而无法满足消费需求而产生的烦恼，极容易引发大学生心理的失衡和行为失范，负面的影响是不可低估的。通过对大学生炫耀性消费原因的分析，对大学生的消费教育和引导不能再处于盲区状态，社会、高校、家庭都要切实承担起责任，加强科学消费教育和引导，使勤俭节约的意识、合理消费、量入为出和生态环保的消费理念和消费方式能够尽快内化为大学生消费的信条和准则。

资料来源：苏倩，尹志华，张海军. 当代大学生炫耀性消费行为原因探究 [J]. 产业与科技论坛，2011，10（20）：116-117.

第六章
心理机制分析

第一节　测量方式的机制分析

一、研究目的与目标

本章的研究将通过中介机制（Mediation）的探讨，揭示信号迷失效应产生的机制，从而帮助深化这一效应的理解。此外，为了检验信号迷失效应的跨文化适用性，笔者将采用中国消费者样本。

二、理论与研究假设

信号迷失效应为何会出现？笔者在之前章节中从理论角度分析了这一效应产生的机制。根据解释水平理论，消费者在为自己进行权力印象管理时，他们会处于相对较低的解释水平，因此会关注产品的背景化、形象化的属性（Fiedler，2007）。明显信号的炫耀性产品有着视觉上更加显眼的特征，这和消费者的解释水平相匹配。因此，他们会认为明显信号的炫耀性产品更加"炫耀"。所以，使用这样的产品，可以充分展示个体与别人的不一样，迅速和大部分人区分开来。相比之下，微妙信号的非炫耀性产品没有很强的背景化或形象化的炫耀属性，所以消费者会觉得使用这类产品给人们带来的区分度并不明显。与此相反，如果是站在观察者的角度评判别人的现状，此时消费者会处于高解释水平的情形，消费者则会格外注意产品本质的、与提升权力印象这一目标相关的信息（Fiedler，2007）。此时，微妙信号与高权力深层次的关联会主导消费者的思维，他们会注意到微妙信号所带来的品位、社会联系等高权力特征。结果导致他们认为使用微妙信号的产品会有助于个体完成与普罗大众的区分。对于明显信号的炫耀性产品，高解释水平下的消费者会关注到其本质信息，例如与低社会阶层和低权力相关的刻板印象。因此，消费者认为，这种类型的产品很难给个体带来与众不同之处。

在本书前面的章节中，笔者论述了当消费者为自己进行权力印象管理时，他们会认为明显信号的炫耀性产品比微妙信号的非炫耀性产品更能凸显感知与主流的差异；当消费者以观察者角色评价他人的权力印象管理工具时，他们会认为微妙信号的非炫耀性产品比明显信号的炫耀性产品更能将其和主流区分开来。为了论证中介效应，笔者还需要论述感知与主流的差异和感知权力印象的关系（Baron and Kenny，1986；Zhao，Lynch and Chen，2010）。笔者认为，感知与主流的差异会显著提升权力印象，理由有两点：首先，根据 Magee 和 Smith（2013）提出的权力的社会距离理论（The Social Distance Theory of Power），高权力的个体比低权力者更少地依赖对方，这种不对称的相互关系会让高权力者感知到更长的社会距离。权力是稀缺的资源，一个社会的常态总是高权力者是少数，低权力者占多数，所以，高权力者一定是"远离"大部分人的。这一理论很好地支持了感知与主流的差异如何导致高权力印象的推断。其次，根据红色运动鞋效应，特立独行、与众不同的个体会被观察者认为拥有较高的自主性和较强的能力，因此在社会阶层中占据较高的权力和地位（Bellezza，Gino and Keinan，2014）。这一效应也支持"感知差异—高权力"的正向关系。综上，笔者提出假设 8。

假设 8：感知与主流的差异中介了信号迷失效应，当消费者为自己进行权力印象管理时，他们会认为明显信号的炫耀性产品比微妙信号的非炫耀性产品更加能把自己和主流区分开来；当消费者以观察者角色评价他人的权力印象管理工具时，他们会认为微妙信号的非炫耀性产品比明显信号的炫耀性产品更能将其和主流区分开来。

三、研究方法

研究信号迷失效应产生的机制同样使用实验室实验的方法。笔者从中国一所大型公立大学招募了 155 名 MBA 学生作为被试者，他们通过参与实验研究的形式获得部分平时成绩。其中，男性的数量为 80 人（51.6%），女性为 75 人（48.4%）。之前的研究表明，MBA 学生和本科生很不一样，他们经济独立，已经属于消费者样本，因此比较适合用在消费者行为的研究中（Drolet, Bodapati and Suppes, 2017）。

研究采取了 2（视角：自我 vs. 他人）×2（信号类别：明显 vs. 微妙）的被试者间设计。具体的实验设置和研究 2B 类似。明显信号组的被试者读到的产品信息是"Venexta 是一个来自欧洲的奢侈品品牌，很多消费者都对 Venexta 很熟悉，它是一个家喻户晓的品牌。"微妙信号组的被试者读到的产品信息是"Venexta 是一个来自欧洲的奢侈品品牌，很少有消费者对 Venexta 熟悉，它是一个比较小众的品牌。"接着，被试者被要求分别从自己或者观察者的视角对于 Venexta 使用者的权力印象进行评估（1 表示"低权力"；5 表示"高权力"）。最后，被试者回答了两个关于感知与主流的差异的问题（Berger and Ward, 2010）"你觉得使用 Venexta 的产品在多大程度上能和主流大众区分开来""你觉得使用 Venexta 的产品在多大程度上能和主流大众显现不同之处"（1 表示完全不可以；5 表示完全可以）。笔者把这两道题目相加然后取均值（α = 0.80），作为中介的测量。

四、数据分析与假设检验

笔者在同一个样本源中重新招募了 50 名被试者进行操纵有效性检验。他们被随机分到明显或者微妙信号组，然后分别在一个李克特 5 点量表（1 表示"完全不炫耀"；5 表示"极其炫耀"）上评价了这两类信号的炫耀性程度。结果和笔者的预期一致，相比于微妙信号组（平均值是 3.67，标准差是 0.95），明显信号组中（平均值是 4.33，标准差是 0.98）的被试者认为 Venexta 的炫耀性更高（t = 2.47，p<0.01）。

笔者使用双因素方差分析（Two-Way ANOVA）对数据进行了处理。结果表明，视角和信号类别均无主效应。重要的是，视角与信号类别的交互效应显著 [F(1, 151)= 14.11，p<0.01]。笔者随即进行了计划对比（Planned Contrasts）对交互作用做进一步的分析（见图6-1）。首先，在自我视角的条件下，信号类别对于权力感知有着显著的影响 [F(1, 151)= 7.97，p<0.01]，被试者认为使用明显信号的品牌（平均值是 3.17，标准差是 1.36）比使用微妙信号品牌会让自己看起来更有权力（平均值是 2.46，标准差是 1.05）。与此形成对比的是，在他人视角的条件下，虽然信号类别对于权力感知有着显著的影响 [F(1, 151)=

6.19，p<0.05]，但是作用的结果却恰恰相反：被试者认为使用微妙信号的品牌（平均值是3.05，标准差是0.82）比使用明显信号品牌会让自己看起来更有权力（平均值是2.43，标准差是1.12）。这些结果和之前研究的发现一致，重复了信号迷失效应。在另外一组计划对比中，首先，在明显信号（大众品牌）的条件下，视角对于权力感知有着显著的影响[F(1，151)=8.13，p<0.01]，被试者认为自己使用这种品牌（平均值是3.17，标准差是1.36）比起他人使用时看起来更有权力（平均值是2.43，标准差是1.12）。其次，在微妙信号（小众品牌）的条件下，视角对于权力感知有着显著的影响[F(1，151)=5.99，p<0.05]，被试者认为使用明显信号的品牌（平均值是3.05，标准差是0.82）比使用微妙信号品牌会让自己看起来更有权力（平均值是2.46，标准差是1.05）。

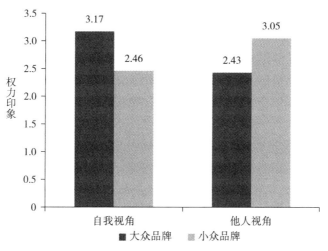

图6-1 信号迷失效应：测量的中介

为了验证被中介的调节效应，笔者首先以感知与主流的差异为因变量，使用双因素方差分析（Two-Way ANOVA）对数据进行了处理。结果表明，视角和信号类别均无主效应。但是，视角与信号类别的交互效应是显著的[F(1，151)=10.83，p<0.01]。笔者随即进行了计划对比（Planned Contrasts）对交互作用做进一步的分析（见图6-2）。首先，在自我视角的条件下，信号类别对于权力感知有着显著的影响[F(1，151)=4.65，p<0.05]，被试者认为使用明显信号的品牌（平均值是3.33，标准差是1.17）比使用微妙信号品牌会让自己看起来更有权力（平均值是2.76，标准差是1.32）。与此形成对比的是，在他人视角的条件下，虽然信号类别对于权力感知有着显著的影响[F(1，151)=

6.24，p<0.05]，但是作用的结果却恰恰相反：被试者认为使用微妙信号的品牌（平均值是 3.21，标准差是 1.04）比使用明显信号品牌会让自己看起来更有权力（平均值是 2.54，标准差是 1.15）。这些结果和之前研究的发现一致，重复了信号迷失效应。在另外一组计划对比中，首先，在明显信号（大众品牌）的条件下，视角对于权力感知有着显著的影响［F(1，151) = 8.08，p<0.01]，被试者认为自己使用这种品牌（平均值是 3.33，标准差是 1.17）比起他人使用时看起来更有权力（平均值是 2.54，标准差是 1.15）。其次，在微妙信号（小众品牌）的条件下，视角对于权力感知有着接近显著（Marginally Significant）的影响［F(1，151) = 3.14，p = 0.07]，被试者认为使用明显信号的品牌（平均值是 2.76，标准差是 1.32）比使用微妙信号品牌会让自己看起来更有权力（平均值是 2.54，标准差是 1.15）。

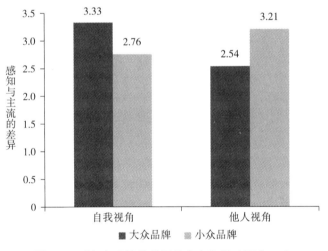

图 6-2　感知与主流的差异的中介作用（研究 3A）

随后，笔者进行了一系列的回归分析。在第一个回归方程中，笔者以权力印象为因变量，视角、信号类型以及两者的交互项为自变量。结果表明交互项有显著的预测作用（β = 1.32，p<0.01）。在第二个回归方程中，笔者在第一个方程的基础上再加入中介变量：感知与主流的差异。结果发现感知与主流的差异是显著的（β = 0.50，p<0.05）。虽然交互项仍然显著，但是系数相比于方程 1 中变小了（β = 0.70，p<0.05）。进一步地，笔者通过步进法（Boots Trapping）再次对中介效应进行检验（Hayes，2013；Preacher，Rucker and Hayes，2007），结果发现间接效应 95% 置信度的矫正置信区间（Bias-Corrected Confidence Interval）不包括 0（b=0.61，SE=0.20，95% CI=0.31 to 1.08），从而为其中介作用再次提供了支持。

五、讨论

研究信号迷失效应产生的机制通过对中介效应的考察，进一步解释了信号迷失效应的机制，从而细化了因果关系链。同时，笔者在完全不同文化的样本中重复出了之前的实验结果，这表明信号迷失效应具备跨文化的适用性，也再次验证了信号迷失效应的稳定性（Robustness）。但是，此项研究仍存在一个局限：尽管测量的中介可以为中介效应提供一定的支持，但是在极度强调因果关系的消费者研究中，为中介关系提供更加强有力证据的做法是直接操纵中介变量。

第二节　操纵方式的机制分析

一、研究目的与目标

在研究操纵方式的机制分析中，笔者使用 Spencer、Zanna 和 Fong（2005）提出的实验心理学方法"因果关系链"（Causal Chain Method），直接操纵中介变量感知与主流的差异，从而为中介效应提供更强的因果关系证据。值得一提的是，这一方法也在消费者研究中得到广泛应用（Han，Duhachek and Agrawal，2016；Kim and Gal，2014；Brent and Argo，2014）。笔者预期在没有对中介变量进行操纵的条件下，将重复之前实验的结果。在操纵了中介的分组中，效应会减小甚至消失。

二、研究方法

笔者从中国一所大型公立大学招募了 183 名 MBA 学生作为实验被试者，他们通过参与实验研究的形式获得部分平时成绩。其中，男性的数量为 89 人（48.6%），女性为 94 人（51.4%）。研究采取了 2（感知与主流的差异：控制 vs. 显著）×2（信号类别：明显 vs. 微妙）的被试者间设计。信号类别的操纵和研究 3A 类似。明显信号组的被试读到的产品信息是"Venexta 是一个来自欧洲的奢侈品品牌，很多消费者都对 Venexta 很熟悉，它是一个家喻户晓的品牌"。

微妙信号组的被试者读到的产品信息是"Venexta 是一个来自欧洲的奢侈品品牌，很少有消费者对 Venexta 熟悉，它是一个比较小众的品牌"。接着，感知与主流有显著差异组的被试者阅读了另外一段材料"市场调查的结果显示，使用 Venexta 产品的消费者只占到中国奢侈品市场的 1%"。控制组的被试者没有接触这一信息。此后，笔者让被试者回答了一道测量操纵感知与主流的差异是否成功的问题。具体来说，他们被问到，"在你的眼中，使用 Venexta 的产品将会使得一个人在多大程度上和大部分人，即社会的主流不太一样？"（1 表示"完全一样"；5 表示"完全不一样"）。最后，被试者被要求想象如果自己使用 Venexta 的产品，将会在多大程度上看上去是一个拥有权力的个体（1 表示"低权力"；5 表示"高权力"）。

三、数据分析与假设检验

1. 操纵有效性检验

这一研究中的操纵检验分成两部分进行。首先，笔者以感知与主流的差异和信号类别的操纵为自变量，对感知与主流差异的测量问题做了双因素方差分析。和预期一致，感知与主流差异的操纵的主效应显著（F[1, 179]= 4.05，p<0.05）：相比于控制组（平均值是 2.88，标准差是 1.19），感知与主流的差异显著组（平均值是 3.19，标准差是 1.21）认为使用 Venexta 产品和社会主流之间的区分会更加明显。信号类别（p>0.08）与交互项（p>0.15）均无显著的效应。这些结果表明，笔者对感知与主流差异的操纵是有效的。

其次，为了检验信号类别的操纵是否有效，笔者在同一个样本源中重新招募了 42 名被试进行操纵有效性检验。这样做的目的是防止测量操纵有效性检验的问题干扰到因变量的测量。与之前的研究类似，他们被随机分到明显或者微妙信号组，然后分别在一个李克特 5 点量表（1 表示"完全不炫耀"；5 表示"极其炫耀"）上评价了这两类信号的炫耀性程度。和笔者的预期一致，相比于微妙信号组（平均值是 3.54，标准差是 1.15），明显信号组中（平均值是 4.44，标准差是 0.95）的被试者认为 Venexta 的炫耀性更高（t=3.13，p<0.01）。

2. 假设检验

为了检验假设，笔者以权力印象为因变量，使用了双因素方差分析（Two-Way ANOVA）的方法。结果表明，感知与主流的差异的主效应显著［F（1, 179）= 3.89，p= 0.05］。感知与主流的差异显著组（平均值是 3.35，标准差是

1.25）比控制组（平均值是 3.02，标准差是 1.22）认为 Venexta 的使用者拥有更高的权力。此外，与笔者的预期一致，感知与主流的差异和信号类别（品牌类型）有显著的交互作用 ［F（1，179）= 3.76，p = 0.05］。笔者随即进行了计划对比（Planned Contrasts）对交互作用做进一步的分析（见图 6-3）。首先，在感知与主流的差异控制组中，信号类别对于权力感知有着显著的影响 ［F（1，179）= 4.92，p<0.05］，被试者认为使用明显信号（大众品牌）（平均值是 3.28，标准差是 1.21）比使用微妙信号（小众品牌）会让自己看起来更有权力（平均值是 2.71，标准差是 1.18）。这些结果再次重复了信号迷失效应。然而，在感知与主流的差异显著组中，信号类别对于权力感知则无显著的影响 ［F（1，179）= 0.27，p>0.60］。在被试者看来，不管使用明显信号（平均值是 3.29，标准差是 1.31）还是微妙信号（平均值是 3.42，标准差是 1.20），使用者的权力状态无明显差异。在另外一组计划对比中，首先，在明显信号（大众品牌）的条件下，是否启动感知与主流的差异视角对于权力感知无显著影响 ［F（1，179）= 0.01，p>0.98］：感知与主流的差异显著组（平均值是 3.28，标准差是 1.21）与控制组（平均值是 3.29，标准差是 1.31）的权力印象得分没有明显差异。其次，在微妙信号（小众品牌）的条件下，感知与主流的差异对于权力感知有着显著的影响 ［F（1，179）= 7.07，p<0.01］，相比于感知与主流的差异控制组（平均值是 2.71，标准差是 1.18），显著组的被试者认为自己使用小众品牌会看起来更有权力（平均值是 3.42，标准差是 1.20）。

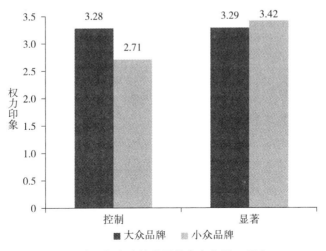

图 6-3 感知与主流的差异的中介作用（研究 3B）

四、讨论

研究操纵方式的机制分析直接操纵了感知与主流的差异，结果发现如果被试者觉得不论是明显信号还是微妙信号都代表着和主流的显著区分时，之前发现的信号迷失效应也就不复存在，从而进一步验证了感知与主流的差异的中介作用。综上，对中介机制和操作机制的探讨为信号迷失效应的产生机制提供了强有力的证据。在接下来的研究中，笔者将致力于寻找信号迷失效应的调节因素和边界条件（Boundary Condition），力图为信号迷失效应提供更加全面的了解。

第三节　管理故事

一、案例一

 日本的"中流阶级"概念

中间层问题似乎已被毋庸置疑地列为日本社会学研究中的基本课题之一。日本总理府宣传室从 1958 年起每年举行一次的"关于国民生活的舆论调查"中，专门有一项设问，"按社会上一般的标准来看，你认为自己的生活水平属于何种层次？"回答选项共有上、中上、中中、中下、下五个。从 1955 年起每 10 年举行一次的"关于社会阶层与社会流动的调查"（简称 SSM 调查）中，同样有类似的问题，"假设将目前的日本社会分为五个层次，你认为自己属于哪一层？"选择项分为"上、中上、中下、下上、下下"五项。两项调查的结果均显示，日本国民总体选择"中层"的人数比例一直居高不下，甚至出现了日本"一亿总中流"（一亿人口全都处于中游水平）的流行说法。因此，从某种角度来说，中间层问题是一个牵动日本政府、普通国民以及专家学者共同感兴趣的重大社会课题。

日本学术界对"中产阶级""中间阶层"等相关问题的关注由来已久，早在 1920 年，日本图书刊行会便出版了题为《中产阶级的呼声》的著作。对中间层问题的关心与明确表述，更早可以追溯到明治维新时期，那些抱有浓厚精英意识的革新思想家们将希望寄托在"Middleclass"身上，主张新中间层精英论与中坚论，同时十分注重其作为社会稳定力量的一面，认为中等阶级乃社会的脊梁骨，保护这一阶级、防止其坠落到下等阶级是"社会政策的精髓"，是一切的根本。与此同时，他们积极提倡"以中等阶级作为标准阶级，使下层阶级逐渐向该阶级提高靠拢，谋求上下阶级的融合"。第二次世界大战后，日本围绕"新中间层""中流意识"等问题掀起了"新中间层"研究热，相继涌现出一批结合调查数据进行的分析研究，并就"新中间层"的界定、阶级意识与阶层意识的消长等问题进行了深入的探讨交流，甚至展开了若干次激烈的论战，影响较大的如 1960 年前后的"中产阶级动向"论战、1979 年的"龟裂的中流"论战和 20 世纪末的"中流崩溃"论战等。后者产生于日本泡沫经济崩溃、中流意识面临危机的背景之下，京都大学教授桔木俊诏的《日本的经济差距——以收入与财产为视角》成为引发论战的导火索。在此之前，京都大学国际日本文化研究中心于 20 世纪 90 年代中期进行了关于"日本中产阶级的确立过程——人口、家庭、职业、阶层"的大型合作研究；1999 年 6 月，东京大学社会科学研究所同样在开展合作研究的基础上，召开了"20 世纪末的中产阶级"研讨会。1999 年，日本社会学会的专业杂志《社会学评论》出版了专辑"阶级、阶层的现代面貌"，其中包括一批研究中间层问题的论文。2000 年，东京大学社会学副教授佐藤俊树出版了《不平等的日本——告别"全民中产"社会》一书，该书初版后短短半年便再版了 14 次，跻身日本的畅销书行列。

20 世纪 60 年代以后的日本，在问及个人家庭处于社会何等地位时，无论收入的高低，"我们是中流家庭"是最普遍的回答，事实证明，在年收入分布的图表上，"中流家庭"在当时占据了绝大部分面积，肯定"中流家庭"以及"中流阶级"的存在成为社会默认的风潮。20 世纪 80 年代中后期，泡沫经济的出现为日本社会带来了表象与数据层面上莫大的繁荣，日本的平均收入超过美国，1988 年实质 GDP（Gross Domestic Product）增长率达到 65%，日本进入空前的经济高涨期。然而至 20 世纪 90 年代初，泡沫经济终于撑至精疲力竭的边缘，银行纷纷倒闭，各种金融机构接踵倒产，股市与地价平行暴跌，不良债券问题堆积成山，企业关门裁员，社会雇佣激减，经济食物链上"肿瘤"累累，1992 年之后的实质 GDP 增长率仅为 1% 左右，失业率 5%。经济噩梦以复仇的方式降临整个社会，20 世纪 90 年代在日本被痛称为"失去的十年"，日本社会由光鲜的泡沫时代进入到艰难的"平成不况"期（受泡沫经济破灭的影响而导致的低迷现象被称为"平成不况"，平成元年即 1989 年）。

"平成不况"的提法直至 21 世纪初，2002 年日本平均消费者物价指数创造了"二战"以来四年连续下跌的纪录，同时，流行词汇"富爹，穷爹"出现，中流阶级的概念开始受到质疑。在 2003 年日经产业消费研究所公布的消费预测指数 CFI（Canonical Format Indicator）分析图中，清晰地显示出年收入在 840 万日元以上的高收入层与低于 510 万日元的低收入层之间形成的分离轨迹越来越明显。在年收入整体上呈下降趋势的状况下，唯有高收入层一枝独秀向更高处攀升。"这显现了特定时期的贫富差距"，消费者心理动向分析的学者儿岛宁代分析说："同时也反映了因收入的变化而带来的消费两极分化趋势的可能性。"

20 世纪 80 年代，日本曾做过一个关于阶级意识的社会调查。当时有 70% 的日本人认为自己是"中流阶级"，媒体上随后出现了"1 亿总中流"的提法。这个数据有些滑稽，因为不管怎么统计，总该有 50% 的人的收入低于社会平均水平。但"1 亿总中流"至少反映出当时日本人民的强烈自信和美好愿景。"中流阶级"的概念似乎已经超越了经济学上的定义范畴，这种"85% 的日本人相信他们属于'中流阶级'"的从属感究竟从何而来？"日本人最怕的就是和别人不同，这是个人人穿一样的校服长大的社会"，辛辣的时尚观察家 Hitomi 告诉我们："如今的女中学生们，手里有路易•威登钱包的并不少见。尽管人们可以认为钱包在 LV 的产品中卖的是便宜价，但它毕竟比一般的非奢侈品要昂贵得多。"

对于以集团生活为中心的她们来说，LV 的钱包不仅仅是一个商品，它更像是一个方便她们进入集团组织的护照或者门票——"如果别人有的东西我没有，我会遭到排斥"，这里正是集团意识在作祟，其结果便是人人都买，LV 的钱包泛滥成灾。岛国人民的团结似乎必须是彻底而全面的。如果"强烈的集体意识"还是种体面的说法，那么"盲目的从众心态"则在这则流传于日本国内网络的小段子中，以自嘲的形式得到了生动的体现。"客船要沉了，救生艇不够。船长指示男性乘客跳船入海。船长对不同国家的乘客所说的话是什么？对美国人说，跳吧，跳了就能当英雄了。对英国人说，跳吧，跳了就能成绅士了。对德国人说，跳吧，跳海是铁规。对意大利人说，跳吧，跳了女人们会对你着迷。对法国人说，别跳！对日本人说，跳吧，你看大家已经都跳了呀。""本来，奢侈品是显现并能够提高身份的一种事物，然而在大家都拥有奢侈品的情况下，不拥有奢侈品和主动地降低身份几乎同义。"时尚观察家兼评论家 Hitomi 最后说，"这是当今奢侈品价值在日本的荒诞变异。"

资料来源：日本人的奢侈品消费观［EB/OL］. 奢尚志，2009. http://www. iilux. com/brand/industry/200908/476. shtml.

二、案例二

 消费者炫耀性购买行为

众所周知，中国是全球最大的奢侈品消费国。根据中国奢侈品市场研究机构品质研究院发布的《中国奢侈品报告》显示，2011 年，中国消费者全年境外奢侈品消费总额为 500 亿美元，到了 2013 年，这一数额已经达到了 740 亿美元。

这一数据表明中国奢侈品消费观有几大特点：中国购买奢侈品的人越来越多；中国人购买奢侈品都往海外跑，国内奢侈品店更多是为了展示和参考，包括售后维修；这一数据的贡献群体多为 30~50 岁女性。

是什么造成国内群体如此痴迷国外奢侈品？奢侈品之家驻法国采编了解到源于国外文化的熏陶、中高层圈子兴起、国内代购的兴起、信息不对称、国内外价格差距以及"境外旅游必须消费"的习惯等因素让中国成为奢侈品消费的最大"赢家"！

首先，谈谈国外奢侈品文化，其实在几个世纪以前，国外就开始流行"贵族文化"，贵族在中国就是封建社会官员，属于第一阶层的人士，他们的生活习惯及生活用到的相关用品都是不同于普通人的，早期有金银珠宝、马车的使用，中期开始流行礼服、配饰，打扮的区别，到了近现代工业革命后陆续出现了汽车、衣服、手表、皮具、别墅等；国外对奢侈品使用要求、生产制造要求非常严格，就拿一个限量版爱马仕包包，从设计生产加工需要半个月的时间，手工制作周期为 3~5 天，也就是每个师傅一年最多只能做 100 个包包。高档复杂的奢侈品手表需要的时间则更长，百达翡丽、江诗丹顿等超级复杂功能手表制作周期长达 3 年，培养一个独立完成制表的师傅需要 10 年以上的时间。正是这种严格的要求逐渐形成了其独特的气质和品牌的魅力，售价不菲也是情理之中！

其次，国内圈子的流行，中国现在有没有"阶级"的体现，回答是肯定的，任何时候都有阶级的体现，只是人们把它美化成为了"圈子"，所谓的圈子就是"物以类聚，人以群分"。曾经有个农村长大后当上上市公司副总裁跟我们谈到，小时候，圈子很简单，一包方便面、一块雪糕搞定全班半数同学，一份100分的试卷则能"降服"全班同学；大学时代开始出现了攀比，总是在讨论谁谁谁是富二代、官二代，谁开车上学，谁穿的衣服多少钱，于是便有了以他为划分的原始圈子；出来社会后差异更明显，公务员圈、老板圈、白领圈、富豪圈、慈善圈、各类兴趣圈！他们都有共同的目的和爱好或者有共同的身份特征，而这些人在圈子里必须能跟得上步伐，例如同学圈多数男同学都戴劳力士，如果自己带个国产的天王表，肯定会遭自己歧视；好姐妹突然在海外淘一个超值的香奈儿限量款，其他姐妹肯定会"羡慕嫉妒恨"地跟随……

再次，国内外代购的兴起，目前网络流行代购的时代，很多海外留学生、海外工薪阶层、一些海外旅行导购及有海外奢侈品购物经验和货源的朋友都会加入代购行列，从最开始代购快速消费品到代购珍稀产品，现在流行代购奢侈品，其中名牌包包跟名表最多。代购兴起的主要原因还是源于信息不对称，国内奢侈品专卖店价格比国外高30%~50%！当然，"海外旅游必须购物"是每一个国内出行者的心态，多数人一年才有一次出行的机会甚至有些人几年才有机会去欧洲、日本、美国等旅游，当然不会吝啬那点积蓄，血拼成为常态！

最后，奢侈品之家海外采编经过3~5年的跟踪发现国内奢侈品消费行为固定模式慢慢体现出来，例如：暴发户和首次购买奢侈品的人普遍都坚信一定要买到正品货物，价格不会太在意，因为他们要向外人展示出一种气势！然而二次购买或者普通消费群体则希望是购买到物美价廉的奢侈品，他们在此之前已经吃过一次亏不能吃第二次！那些奢侈品"专业户"则认为正不正品不重要，重要的是能达到目的，这种人或许是下一个奢侈品消费的潜力点！

吉尔特·霍夫斯塔德认为，应从集体主义、权力距离、不确定性和女性文化四个方面来区分民族文化。中国民族文化的集体主义倾向是面子消费的根源。"面、命、恩"是统治中国的三位女神。"面子"是统治中国人的三位女神中最有力量的一个，是"中国人社会交往中最细腻的标准"。西方文化中有"Face"，中国文化中有"脸面"。"面子"和"脸"大不相同，它可以出借、争取、添加、敷衍，它的建立最先是借由高位、财富、权力和能力，然后要运用手段发展出和某些名流之间的社交关系，同时又要避免做出可能引起非议的举动。"面子"的含义是双重的，它一方面指的是通过正当途径取得声望，也可以是"自我膨胀"的欲望。当个人在某一特定的社会情境和其他人进行互动的时候，他会按照该情境对他的角色要求，将符合其自我形象的一面呈现出来，希望在他人心目中塑造出最有利的形象，这就是他在该社会情境中的"面子"。面子文化在很大程度上影响了中国人的日常社会生活。面子文化的产生与儒家传统文化、耻感文化、社会取向的文化以及人情社会有关。"面子"的符号象征功能、社会交换功能和社会控制功能不仅调节了中国人的相互交往关系，而且有利于社会的和谐与稳定。"仁""义""礼"的儒家思想即构成了士之精英所要建构的"大传统"，"关系""人情"与"面子"则可以视作民间生活的"小传统"。

亚洲奢侈品消费可分为四个时期：翻身期、炫耀期、普及期和文化期。中国是商品出口大国，也更是文化进口大国。作为历史悠久的国家，这是一个很尴尬的现实。随着社会结构转变，中产阶层逐渐成为奢侈品消费的主力军，这就要求新型的奢侈品消费文化。当然，作为奢侈品本身，还应该以无与伦比的工艺和材质作为基础，正所谓"奢侈品就是对细节无止境的追求"。奢侈品也应该注重品牌保护，避免"'卡丹'到处有，'狐狸'满山走；'老爷'被偷车，'鳄鱼'全国游；'金利来'，愁！愁！愁！"的现象。

奢侈品以精英人群为购买对象，正所谓"用十头牛的价格，买不了半张牛皮做的包包，并且还要等上一年或者几年时间"。顶级用户占据社会阶层的金字塔尖，具有很强的号召力，能够夯实奢侈品定位，引领群体消费潮流。如万宝龙通过赞助文化、艺术、音乐等精英文化来塑造口碑。对奢侈品营销而言，最危险莫过于大众化，这是万万不可取的越位行为。体验式营销，注重服务价值，星巴克是体验营销成功的典范，其营造的"第三空间"概念是营销的一大创新。奢侈品营销特别需要借鉴体验营销。例如，江诗丹顿新品发布会选址于故宫，源于咸丰皇帝曾经定制过江诗丹顿手表。该活动策划既宣扬品牌历史，又体现高端定位；轩尼诗的调酒会营销利用PARTY形式培育品牌消费文化，利用意见领袖公关主力消费群体，充分发挥奢侈消费的群体标签性质，营销杠杆作用突出。由此可见，奢侈品营销应该遵循"不卖产品、卖感觉、卖体验、卖梦想"的基本原则。注重原产地效应，奢侈品文化基因有很强的地域性，这就是奢侈品的"血统"。如瑞士手表，德国、意大利的汽车，法国和意大利的服装，法国的红酒等。奢侈品的"限量供应"也是出于上述原因。我国企业"造奢乏术"就是因为没有在品牌中注入民族性。奢侈品品牌塑造需要民族品牌和国家品牌作为背书。总之，中国文化背景下的奢侈品营销必须注重对中国人特有的

"面子观"文化的研究。以中国人特有的面子观文化为焦点，充分透视中国消费者特有的炫耀性奢侈品购买行为，将会拓展对消费者行为研究的领域和视野，加深对中国消费者行为的理解，增强消费者行为理论在中国社会的适应性。

资料来源：剖析中国人的奢侈品消费观［EB/OL］．［2014-09-17］. https：//dress. yxlady.com/201409/617752. shtml.

李大林. 中国人的面子观与消费者炫耀性奢侈品购买行为研究［J］. 洛阳理工学院学报（社会科学版），2013，28（6）：44-47.

三、案例三

 ## 炫耀性消费成因之反思

Han 等将社会财富的大小及地位需要的强弱作为区别消费者对奢侈品炫耀性偏好的标准，并展现了这些偏好与消费者联系动机和偏离动机的一致性。社会财富充实、地位需求较低的消费者为贵族。阶级消费者，他们消费奢侈品时往往倾向于对同阶级有信号效力的非炫耀性奢侈产品，希望与自己的同类联系起来，并为只有他们才能识别的非炫耀性产品支付溢价；暴发户类型的消费者获取了较多的社会财富，他们倾向于用炫耀性的奢侈品向不太富裕的人发出信号，表明他们不是其中一员；地位需求较强但社会财富有限的消费者大多为装腔作势类型的消费者，他们对金钱有较大的渴望，经常模仿富裕阶层的消费方式，更倾向于炫耀性的奢侈产品；掌握较少社会财富且地位需求较低的消费者为无产阶级类型，他们一般不从事信号消费行为。不同消费者对奢侈品炫耀类型的选择有较大差异。

基于以上消费者分类，Makkar 和 Yap 对非炫耀性奢侈品消费者类型进行了补充。根据消费者文化资本和身份信号的不同，非炫耀性奢侈品消费者主要有时尚影响者、引领潮流者、奢华保守者以及时尚追随者四种类型。时尚影响者具有较高的文化资本，但身份信号的需求较弱。他们往往是受尊重且值得信赖的意见领袖，与奢侈产品拥有较强的情感联系，认为奢侈品是一种艺术产品，购买奢侈品往往出于自我享受、自我满足及自我愉悦的目的，他们希望通过消费非炫耀性奢侈品与特定群体区分开来。引领潮流者的文化资本及身份需求的特征都处于较高水平，他们对新潮流、新时尚的接受度较高，对传统规则的认可度较低，反叛意识较为强烈，比较倾向于打破传统的创意性设计。引领潮流者将奢侈品视为潮流及设计的代表，希望通过消费奢侈品传达自身的独特性，同时通过奢侈品向指定社会群体传达自己的身份地位特征，消费奢侈品可以激发别人的嫉妒心理，满足他们的虚荣心。时尚追随者的文化资本较低，但身份信号的需求较强，他们对奢侈产品有一定了解，不认为奢侈品是体验性产品。这类消费者大多注重物质，希望能够通过消费奢侈品建立与制定群体的联系以及与其他群体的距离。奢华保守者的文化资本及身份信号水平都较低，奢侈品对奢华保守者来说是一种阶级、品位、优雅的象征，他们购买奢侈品时较多考虑功能性的特征，比较注重奢侈品的耐用性及舒适程度，对奢侈体验的认可度较低。

美国《纽约时报》专栏作家大卫·布鲁克斯（David Brooks）在《天堂里的波波族》一书中，描绘过 20 世纪 90 年代一群出身于中产家庭、受过精英教育的美国年轻人"波波族"（Bobos）。Bobos 是 Bourgeois Bohemians 的缩写，直译过来即"中产式波希米亚人"。这群波波族身处信息时代，当时的美国财富快速积累，社会创作氛围浓郁。波波族既有中产阶层讲究物质生活的精致享乐，同时又带有波希米亚那样生活自我浪漫的风格。

有意思的是，在消费行为方面，波波族追求专业的品质和细节的完美，可以为生活必需品不吝重金，却拒绝大牌堆砌，不会为炫耀去购买在他们看来无用的奢侈品。日本则有着另一番景象，根据三浦展的《第 4 消费时代》，经历过雷曼危机和两次大地震，日本经济长期不振，加上人口减少，日本的消费市场明显缩小。21 世纪初，日本迈入第 4 消费时代，最大的变化是人们的消费行为朴素了，不再需要 Logo 加持。这一时期的典型消费现象，是剔除了品牌标识、追求极简设计的无印良品的走红。

法国社会学家皮埃尔在《资本的形式》中提出了文化资本（Cultural Capital）的概念。文化资本是一种通过教育洗礼，历练而成的个人优势，与生活品位息息相关。建设文化资本就是美国精英阶层们巩固地位、封杀其他阶层上升的新手段。

在今天的西方国家，答案已经很明确：谈吐和阅读习惯以及品位，不仅反映了人们的学识，同时还代表了他们的财富量级。美国的常春藤盟校的学费，以及父母对能够拿到常春藤盟校录取通知书的子女从小的教育布局和资金支持，都是极其高昂的开销，每一步都在向普通阶层的群众传递一种信息：知识很贵，只有社会地位高的人才配谈知识！

然而这些，和是否能够订阅得起一本专业杂志不太相关。拥有杂志和书籍本身并不是高消费，也不代表阶层已经被区分开来；但是读得懂这些杂志，能够受到最好学校带来的最好教育，才是这些消费现象的本质，才是富人阶层的"投资性消费"。如今西方国家的富人，把财富越来越多投入到各种"无形"的消费和投资——更好的服务、更优质的教育、最好的医疗保险等。

国内出国服务领军品牌外联出国专家透露，越来越多的中国新兴富有阶层选择送子女出国留学，而且留学年龄日趋低龄化，希望子女能够从小获得最优质的教育，站在更高的起点放眼整个世界。2016 年 3 月，教育部发布《中国留学回国就业蓝皮书 2015》称，2015 年出国留学人数已达 52.37 万人，2014~2015 年，赴美国读研究生的中国学生达 120331 人，较前一年增长 4%；赴美国留学读本科的中国学生达 124552 人，较前一年增长 12.7%，占中国留美学生总数的 41%。

美国的教育世界首屈一指，名校云集，在每年的世界大学排名中 TOP 20 院校美国名校占据半壁江山。在配套设施、师资水平、教育支出、教学等级、教育环境以及整个社会对教育的认知及重视程度上，美国都无疑是世界一流的。

外联集团教育专家表示，美国大学非常重视对人才的吸引和投资，只要在各方面都很优秀，申请到减免学费、全额或部分奖学金的机会也非常大。而且，美国大学对于本国和持有绿卡的学生在奖学金的名额批准上有所倾斜，只要学生在校表现出色，奖学金可以支持在美学习期间的全部学费和生活费。

"多样化"是美国大学非常注重的一项因素，在这里，可以接触到更为丰富多彩的生活。首先，对"有闲论"的反思。在 20 世纪初，凡勃伦认为休闲时间是中世纪上层阶级地位的指示器，有闲阶级不是为了工作而生活，而是为了消费而生活，他们脱离生产活动，拥有充裕的休闲时间和强大的消费能力，并直接或代理炫耀。但是到了现代，情况明显发生了改变。斯塔凡·林德在 1970 年出版了《倍受折磨的有闲阶级》首次注意到一个"奇特现象"，即不断提高的富裕生活对我们的时间提出了更强烈的要求，人们的生活节奏将变得越来越快，并预言人们将想方设法去节省越来越感觉缺乏的时间。经济学家 Schor 在《过度劳累的美国人》一书中则采用大量的统计和传记数据指出，战后文化的特征是劳动而不是休闲，并试图说明富人们并不厌恶工作；相反，那些世界上最富裕的人们，其工作时间往往最长。即使就社会中下层人们而言，技术和效率的提高，既没有减少他们所遭受的亚健康，也没有增加其陪伴家人的时间，更没有降低人们的工作节奏和强度。聆听身边的工作故事，会让我们认识这样一个事实，即我们享有法定假期的基本权利也常有被金钱和工作联合奴役的可能，应然的休闲已经成为现代"经济"社会中"社会"人的奢求。一个可见的证明是有保证的假期承诺甚至成为现代企业的文化标签和人才引入的福利诱惑。其次，对"中上层阶级带动消费论"的反思。在凡勃伦看来，有闲阶级处于荣誉与名望的顶峰，凌驾于社会普通消费者之上，他们的消费方式、生活方式和价值标准锻造了整个社会的消费模式，特别是为下层阶级提供了获得名望的准则和规范。

在福特主义的生产模式作用下，一个大众消费社会、一轮大众消费文化、一种大众消费模式已经建立起来，并且早就成型在大卫·理斯曼（David Riesman）的《孤独的人群》和让·鲍德里亚（Jean Baudrillard）的《消费社会》中。因此，美国统治于有闲阶级的观点似乎难以符合现代美国的阶级状况，凡勃伦炫耀性消费的定论在跨越时间和地区的过程中出现拷贝失真，有闲阶级制造社会准则和规范的说服力显得越发脆弱，真正影响和带动人们生活风格、品位欲望和消费模式的动力源和参照体，是凡勃伦时代所无可比拟的电视、电影、网络等媒介，而非中上层阶级。也就是说，在传媒与消费交力的大众社会中，媒介以和平方式所号召的各种符号暴力，已经在很大程度上削弱了中上层阶级自上而下的消费文化霸权，中上层阶级炫耀性消费的领袖作用已是明日黄花，再无力盛装消费的春天。事实上，在凡勃伦发表《有闲阶级论》后，马克斯·韦伯紧随着出版了《新教伦理与资本主义精神》，并指出勤恳和节俭对于资本主义生产和积累的重要性。与凡勃伦不同，韦伯认为在资本主义发展初期，世俗的新教禁欲主义强烈地对抗和束缚着消费——尤其是对奢侈品的消费，物质的节禁成为推动现代资本主义发展的条件之一。在韦伯看来，中上层阶级和资本家的炫耀性休闲和炫耀性消费都不足取，"虚掷时光便成了万恶之首，而且在原则上乃是最不可饶恕的罪孽。"韦伯的资本主义精神与勤勉、奋发、克俭等气质内在相连，是一种"有道德的资本主义"，提倡一种"有道德的生活方式"，极异于凡勃伦及其演绎者所指称的享乐好闲、炫耀消费和鄙视劳动等资本主义性格，然而这种带着朴素痕迹的观点却在炫耀性消费的研究中如陷深泽不能使见。

经济学家和政治家解释说，因为贫富不均，拥有较少财富的人往往花更大比例的收入在高档产品上，希望以此提高自己的社会地位，由此炫耀性消费的性质由"攀比"演变为"夸耀"。有人认为，增加消费税等措施将有助于增强社会平等，从而遏制炫耀性消费。不过，INSEAD 市场营销学副教授 Pierre Chando 与博士生 Nailya Ordabayeva 最近的一项研究成果显示，缩小社会群体贫富差异之举可能会引发另一种可能性，即在人人平等的环境下，一些人为了追求"高人一等"而更沉溺于炫耀性消费。因为贫困人士也争强好胜，特别是在竞争激烈的社会环境中，力求人人平等的各项措施可能会适得其反，导致奢侈性消费的增加。所以，为缩小社会层级差距而采取的各种措施是否有成效取决于社会环境，即社会是竞争性还是合作性的环境。

例如，在一个充满竞争文化的国家，政府为减少贫富差距而对高档消费品征收消费税，反而对相对贫困的人士相当不利，因为他们在不甘落后于人的心理驱使下，会花费更多的金钱在高档消费品上。另一方面，高档消费品制造商可能会从政府的税收政策中得利，因为需求的扩大必然带来销售量的增加。

另一个例子是，那些把顾客划分为金卡、白金卡、银卡等多重等级的航空公司不妨考虑减少一些等级，把大部分顾客列入同一层级。这样，一些顾客可能会为了追求高人一等的身份象征而甘愿多付票费，这将为航空公司带来更大利润。阿尔菲是伦敦一名发型师，他 25 岁，聪明能干，喜欢昂贵的名牌服装，他把自己归入低收入一群，他承认，自己每个月的开销都超出收入水平。"但我享受那一刻，我每个月都会把钱花完，然后就等着下个月发薪，接着再花。我爱体面，我很享受自己在同龄人中脱颖而出的优越感。"

诸如阿尔菲这类消费者的消费态度和消费行为正是 INSEAD 市场营销学教授皮埃尔·昌顿（Pierre Chandon）和荷兰 Erasmus 大学营销学助理教授、INSEAD 博士生校友奈利亚（Nailya Ordabayeva）的研究课题。他们关于炫耀性消费的论文 "Leap Frogging over the Joneses" 最近刊登在 *Journal of Consumer Research* 上。论文在于探讨诸如阿尔菲一类的消费者炫耀性消费的根源：为何这些消费者不把钱花在医疗保健和教育等务实消费上，而是沉溺于炫耀性消费，希望以此来提升自己的社会地位？又是什么原因使这些人认为，相较之下，储蓄的重要性居于很次要位置？

对阿尔菲来说，答案很简单，名牌服装不仅穿起来体面，而且自我感觉也很好。他说，这对于每天都站在镜子前的自己来说至关重要。昌顿的研究显示，这是一个消费心态的问题。如果能正确地理解，可能对政府制定政策和企业营销策略带来很大的助益。"Keeping up with the Joneses" 是很通俗的美国俚语，意思是"与左邻右舍攀比"。"炫耀性消费"一词是美国社会经济学大师凡勃伦（Thorstein Veblen）1899 年首次提出，用来形容希望拥有高档产品来提高身份地位的消费行为。的确，这是广泛的社会现象，拥有较少财富的人往往花更大比例的收入在炫耀性产品的消费上——如汽车、手机和名牌衣服，因为他们对自己的身份地位并不满意，尤其是当他们与别人相比时。因此，有一种理论认为，如果贫富差距缩小，有可能会降低相对贫困的社会群体在奢侈品上的消费，鼓励他们增强储蓄。这就是为什么许多国家对奢侈品大肆增税的原因：毕竟那些能真正负担奢侈品的人当然也能负担奢侈品消费税。

不过，此举真的有效吗？最新的研究显示，这可能适得其反。研究针对不同的底层消费者群体进行了一系列的实验。实验从各种各样的情境着手，比如是否愿意为了出席校友返校日而花钱买个名牌包；是否愿意花钱为家里的花园增添新花草；是否愿意花钱买一个更大的电视或更好的结婚礼物等。参与者可以决定他们是否愿意花这笔钱换取更高的身份地位，抑或是把这笔钱节省下来储蓄。

结果表明，如果社会能达到真正的平等，如果人们之间存在一种真正的社区精神，那么他们将停止对别人心生羡慕，也会发现没有必要进行炫耀性消费。然而，研究也揭示了另外一种可能性，那就是在人人财富平等的环境下，人们同样存在争强好胜的心理。他们不甘于"与人平等"；相反，他们为了追求"高人一等"而沉溺于炫耀性消费。为了从人群中脱颖而出，他们会选择购买更大的电视机或更贵的名牌包。就像英国一个很有趣的现象：客厅越小电视机越大。昌顿在接受 INSEAD 智库网访问时说："好比赛跑，如果你和别的选手的差距已经很大，你跑快一点也无济于事，因为你已经不可能赶超他们。但是，如果选手们旗鼓相当，你加把劲夺得第一，你就会脱颖而出，得到更大的回报。"

那么，这些关于炫耀性消费的研究是否能解释现实世界情况，诸如美国人的超前消费和次贷危机？昌顿称："所有这些超前消费的其中一个动力是人们急于提升自己的身份地位，尽管自己的能力还达不到。"奈利亚称："炫耀性消费可以帮助提升自尊，加强权力感。"奈利亚来自哈萨克斯坦，她说苏联解体时，她的很多同胞虽然经济能力有限，但大都愿意花钱购买能显示或提升身份地位的产品。当然，还有中国。周游在这个幅员辽阔的国家，你会发现，所有主要城市都出现品牌消费热，除了日益壮大的中产阶级外，连那些仍在为事业打拼的人都是这个奢侈品消费大国的主力军，他们无不对奢侈品趋之若鹜。*Vogue* 时尚杂志中国版的页面数量是美国版的 3 倍以上。

毕竟，一旦一个人拥有一定的财富，他总想向别人显摆自己的成功并向那些比自己更成功的人看齐。很多人可能不愿意承认，但爱面子、出人头地难道不是人之本性？在消费市场上，品牌营销的聪明之处就在于迎合了消费者这种面子心理，找到市场，促成消费。特别是对那些极其在乎自己身份地位的人，当某种产品能够突出自己的身份地位，他们便会趋之若鹜。昌顿认为，营销人员正是可以利用这类消费者面子心理，达成更多的销售。这也适用于职场。奈利亚说："与其推行金字塔式的晋升制度，不如采用'梨'形的晋升制度。好比在商品市场人们愿意花大钱以便从人群中突出或提高自己的身份地位一样；在职场中，身在'梨'形下半部的员工为了晋升到'梨'形上半部，将会更努力地工作。"另一个例子是，那些把顾客划分为金卡、白金卡或银卡等金字塔形多重等级的航空公司不妨考虑减少一些等级，而把大部分顾客列入同一较低层级。这样，一些顾客为了追求高人一等的身份象征而甘愿多付票费，这将为航空公司带来更大利润。

研究还发现，人们的消费行为与他们所生活的社会环境息息相关。"这取决于整个国家的经济状况。我们发现在经济衰退时期，人们往往更重视家庭和谐和社会凝聚力；而当经济好转时，人们就更力求从社区中脱颖而出。"昌顿说。

这项研究结果不仅适用于营销行业，对政府制定决策也很有帮助。奈利亚同意社会科学家罗伯特·普特南（Robert Putnam）的观点，即促进社会的"我们"意识，将有助于政府推行均富的政策。她说，政府为减少贫富差距而对高档消费品征税时，如果能同时积极倡导社会和谐精神，而不是一味地鼓励竞争和强调社会地位的重要性，政策的成效将更为显著。不过，在当前失业减薪的阴霾下，人人都感到自己的处境地位岌岌可危，根本无暇去顾及和参与社会和谐的建设。但即便如此，他们仍然爱面子，希望自己在别人面前体体面面。这就像阿尔菲的名牌服饰。虽然便宜好看的服装比比皆是，但在"脱颖而出"和"不甘于人后"的心理驱使下，不管是否负担得起，奢侈品依旧是人们热衷的选择。

这项研究对现实生活具有多重意义。比如，可用来鼓励可持续发展行为。Nailya说："如果一个社区的居民都有竞争意识和环保意识，而他们又对自己在社区的地位和身份特别重视，那么定期公布各个居民的环保善举，无疑会鼓励他们积极参与社区的各种环保或节能活动，从而推进社会的可持续发展。"

资料来源：炫耀性消费成因之反思 [EB/OL]. [2012-02-29]. http://www.huaxia.com/tslj/cfht/2012/02/2765030.html.

第七章
调节效应检验

第一节　信号迷失现象何时会加剧

一、研究目的与目标

本章将探讨信号迷失效应被调节的情形。通过前文的分析和验证，笔者已经知道消费者们对于信号类别的权力感知存在着误区：把明显信号误认为是更好的权力印象工具。在本书中，笔者希望找出可能会致使消费者更加深陷误区的因素，即信号迷失效应被加剧的情形。

二、理论与研究假设

通过前面的研究，笔者已经发现消费者在为自己做权力印象管理时，会偏好明显信号的炫耀性产品。这说明，选择明显信号的炫耀性产品是消费者们在权力印象管理过程中的普遍倾向。顺应这一逻辑，不难想象，如果在某种条件下，当消费者对于获得明显信号的炫耀性产品的需求格外强烈的时候，他们就会更加义无反顾地选择这种类型的产品作为权力印象管理的工具。在一项经典的研究中，Rucker 和 Galinsky（2009）发现，低权力感是一种使人非常厌恶的消极心理状态。为了摆脱这种消极的状态，消费者迫切地希望可以走一些恢复权力的"捷径"。具有充分的外在可见度，并且能够彰显高权力的商品，就是理想的捷径之一。因为只要拥有并使用这种类型的产品，就很可能被别人认为是高权力的个体，从而摆脱当前缺乏权力的负面状态。这里提到了一个至关重要的产品属性：外在可见度。可见，缺乏权力感的个体为了尽快完成心理补偿，会特别在意自己传递的"高权力"信号是否可以被观察者接收到。从感官和直觉的角度来说，明显信号的炫耀性产品，例如体积更大的品牌标识，毫无疑问具备更高的物理可见度。所以，相比于中性权力状态的消费者，低权力的消费者在为自己进行权力印象管理的时候，会更加倾向明显信号的炫耀性产品，从而加剧信号迷失效应。综上，笔者提出假设9。

假设9：信号迷失效应被消费者的权力感调节。相比于控制组的消费者，这一效应将在低权力感的消费者中更加强烈。

三、研究方法

笔者从 MTurk 上招募了 453 名实验参与者。其中，男性的数量为 280 人（61.8%），女性为 173 人（38.2%）。在实验开始之前，笔者向他们保证了匿名性。在填答完之后，参与者被给予一定数量的金钱奖励，作为参与研究的报酬。研究采取了 2（权力感：控制 vs. 低）×2（信号类别：明显 vs. 微妙）的被试者间设计。首先，为了操纵被试者的权力感，笔者让低权力组的被试者想象自己在一家企业中工作，是服从老板指令的员工，并写下这种经历会带来怎样的感受。这一操纵方法在之前的权力研究中经常被使用，并表现出良好的效果（Dubois, Rucker and Galinsky, 2010）。控制组中的被试者没有进行该任务。接着，被试者在一个李克特5点量表（1表示"完全不同意"；5表示"完全同意"）中汇报了自己当前的权力状态"现在，我觉得自己很有权力感。"这道题目的结果作为检验权力感操纵有效性的测量。本书中对信号类别的操纵和研究2A中一致，使用的是T恤上品牌标识的大小：大而显眼的品牌标识代表明显信号；小而低调的标识是微妙信号（见图5-1）。最后，被试者被要求想象如果自己穿着这一T恤，将会在多大程度上看上去是一个拥有权力的个体（1表示"低权力"；5表示"高权力"）。

四、数据分析与假设检验

鉴于标识大小的区别已经是物理层面的差别，所以笔者就没有对这一操纵变量进行有效性检验。为了验证权力感操纵的有效性，笔者邀请了两位不清楚本书的假设和目的的独立评审员（Independentjudgers）对被试者填写的权力感操纵回答进行了内容分析。在这一过程中发现了 20 位受访者的回答不符合题目要求，所以笔者删除了这些参与者的数据，接下来的统计分析的样本量均为 433。

笔者以被试者当前的权力状态为因变量，采用双因素方差分析的方法检验了权力感操纵的有效性。和预期一致，只有权力感操纵达到了显著性水平 $[F(1, 429) = 19.15, p<0.01]$。低权力感组中的被试者的权力感（平均值是 2.52，标准差是 1.03）显著低于控制组（平均值是 2.95，标准差是 1.01）。没有出现信号类别的主效应（$p>0.20$）以及信号类别与权力感的交互效应（$p>0.26$）。这些结果说明实验的操纵是有效的。

为了检验假设，笔者以权力印象为因变量，使用了双因素方差分析的方法。结果发现，信号类别的主效应显著 $[F(1, 429) = 24.24, p<0.01]$。被试者认为自己使用明显信号（显眼标识）比微妙信号（低调标识）的产品将看上去拥有更高的权力，从而再次为信号迷失效应提供了证据。更加重要的是，权力感和信号类别的交互效应（边缘）显著（Marginally Significant）$[F(1, 429) = 3.61, p=0.06]$。笔者随即进行了计划对比对交互作用的分析（见图 7-1）。在权力控制组中，笔者重复了之前实验的结果，信号类别对权力判断有显著的影响 $[F(1, 429) = 4.39, p<0.05]$。被试者认为显眼标识（平均值是 3.20，标准差是 1.17）比低调标识（平均值是 2.85，标准差是 1.36）的 T 恤更能显示自己的权力。在低权力组中，差异的程度被进一步放大 $[F(1, 429) = 24.26, p<0.01]$。被试者感觉显眼标识（平均值是 3.60，标准差是 1.37）T 恤起到的权力展示作用远甚于低调标识（平均值是 2.81，标准差是 0.67）的 T 恤。在另外一组计划对比中，首先，在明显信号（显眼标识）的条件下，权力感对于权力印象有着显著的影响 $[F(1, 429) = 6.42, p<0.05]$。相比于权力控制组（平均值是 3.20，标准差是 1.17），低权力组的被试者认为自己使用显眼标识的 T 恤会使自己看起来更有权力（平均值是 3.60，标准差是 1.37）。在微妙信号（小众品牌）的条件下，权力感对于权力印象没有显著的影响 $[F(1, 429) = 0.05, p>0.82]$。权力控制组（平均值是 2.85，标准差是 1.36）与低权力组（平均值是 2.81，标准差是 0.67）的被试者认为自己使用低调标识的 T 恤时看上去的权力感相似。

五、讨论

通过研究信号迷失现象何时会加剧，笔者发现，信号迷失效应会在低权力感的消费者身上加剧——他们更加笃定地认为明显信号的炫耀性产品更能够让自己看起来成为高权力的个体。鉴于笔者已经知道实际上微妙信号才是更好的

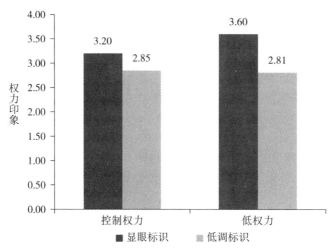

图 7-1　信号迷失效应在低权力感的消费者中会更加剧烈

选择，由此可以得出一个略有讽刺意味的结论：越是需要进行正确的权力印象管理的消费者，越不能做出正确的选择。恰恰相反，他们反而会更加青睐错误的选项。鉴于此，在接下来的研究中，笔者致力于寻找解决这一选择困境（Choice Dilemma）的方法。

第二节　为别人进行权力印象管理以跳出信号迷失效应

一、研究目的与目标

研究信号迷失现象何时会加剧时发现了信号迷失效应被加剧的情形。这可以提醒消费者在什么情况下需要更加注意自己的选择。但是，这些结果还不足以缓和甚至解决他们陷入信号误区的问题。正因如此，进一步地，笔者将探讨缓解信号迷失状况的因素，以帮助消费者脱离误区，做出正确的选择。

二、理论与研究假设

根据之前的分析，消费者之所以会陷入信号迷失误区，直接的原因在于

"自我—他人"差异：为自己进行权力印象管理和作为观察者进行第三方的评价会造成心理距离的不同，而相异的心理距离又影响了解释水平的高度（Trope and Liberman，2010），从而进一步左右了消费者在决策时关注的产品属性，最终得到迥异的结果。溯本求源，产生分歧、导致消费者权力印象管理失策的出发点在于视角的不一致。所以，要解决这一问题，笔者需要从其产生的源头入手。根据上述分析，既然是自我与他人的差异导致了后续的问题，那么如果消费者不是为自己，而是为别人进行权力印象管理，就不会产生自我与他人的差异，后续的分歧也就不会再出现，他们就能够成功跳出信号迷失的误区。综上，笔者提出假设10。

假设10：信号迷失效应被权力印象管理的主体调节。相比于为自己进行权力印象管理的消费者，这一效应将在为别人进行印象管理的消费者中减弱。

三、研究方法

笔者从 MTurk 上招募了 193 名实验参与者。其中，男性的数量为 92 人（47.7%），女性为 101 人（52.3%）。类似地，在实验开始之前，笔者向他们保证了研究的匿名性。在任务完成之后，参与者被给予一定数量的金钱奖励作为参与研究的报酬。本书采取了 2（权力印象管理的主体：自己 vs. 别人）×2（信号类别：明显 vs. 微妙）的被试者间设计。首先，笔者在本书中对信号类别的操纵和研究使用的是 T 恤上品牌标识的大小，即大而显眼的品牌标识代表明显信号；小而低调的标识则是微妙信号（见图5-1）。其次，权力印象管理的主体是自己的被试评价的是"如果你想让自己看起来是一个高权力的个体，你有多大可能性会选择这件 T 恤？"他们在李克特 5 点量表上针对这一问题进行评分（1 表示"不可能"；5 表示"一定"）。权力印象管理的主体是别人的被试则评价的是"如果你想让 Jack 看起来是一个高权力的个体，你有多大可能性会为他选择这件 T 恤？"

四、数据分析与假设检验

为了检验假设，笔者以权力印象管理的主体和信号类别为自变量，对权力印象做了双因素方差分析。结果发现，权力印象管理的主体（p>0.60）和信号类别（p>0.85）均没有显著的主效应，但是两者的交互效应显著［F(1, 189)=9.95，p<0.01］。笔者随即进行了计划对比对交互作用的分析（见图7-2）。当权力印象管理的主体是自己时，笔者重复了之前实验的结果，信号类别对权力判断

有显著的影响 [$F_{(1, 189)} = 4.32$，$p<0.05$]。被试者认为显眼标识（平均值是 3.29，标准差是 1.22）比低调标识（平均值是 2.77，标准差是 1.29）的 T 恤更能显示自己的权力。当权力印象管理的主体是他人的时候，结果恰恰相反 [$F_{(1, 189)} = 5.68$，$p<0.05$]：被试者认为低调标识（平均值是 3.41，标准差是 1.13）比显眼标识（平均值是 2.83，标准差是 1.22）的 T 恤更能显示他人的权力。这些结果支持了假设 10。类似地，在另外一组计划对比中，首先，对于显眼标识的 T 恤 [$F_{(1, 189)} = 3.75$，$p=0.05$]，消费者更愿意将其视为自我（平均值是 3.29，标准差是 1.22）而非他人（平均值是 2.83，标准差是 1.22）权力印象管理时的选择。对于低调标识的 T 恤 [$F_{(1, 189)} = 6.28$，$p<0.05$]，恰好相反，消费者更愿意将其用作他人（平均值是 3.41，标准差是 1.13）而不是自我（平均值是 2.77，标准差是 1.29）权力印象管理时的工具。

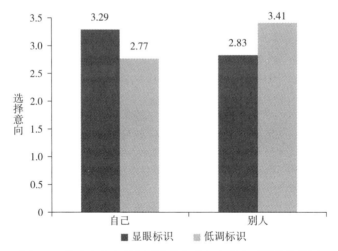

图 7-2　消费者在自我与别人的权力印象管理时的选择差异

五、讨论

研究为别人进行权力印象管理以跳出信号迷失效应时，发现了信号迷失效应的一个边界条件：权力印象管理的主体。有趣的是，尽管消费者不能为自己做好权力印象的管理，却可以为别人做出正确的选择，因为消费者无法对炫耀性产品的信号做出正确识别和选择的情况只会发生在自己身上。只要当视线被转移到别人，即进行换位思考时，他们又会恢复理性，选择正确的选项。由此可见，换位思考是信号迷失效应产生的关键因素。据此，信号迷失效应在本身就具备比较强的换位思考能力的消费者当中应当会被削弱，因为他们会主动地站在别人的角度思考问题。

第三节　进行换位思考以摆脱信号迷失效应

一、研究目的与目标

本书研究将进一步探索缓解信号迷失效应的因素。笔者在本书中将直接操纵消费者的换位思考。另外，为别人进行权力印象管理以跳出信号迷失效应的结果存在一种可能的替代解释（Alternative Explanation）：消费者之所以为别人选择微妙信号的非炫耀性产品，仅仅是出于一种为自我考虑的目的（Self-Servingpurpose）。具体来说，可能在他们心目中，微妙信号并不能表征权力，之所以为别人的印象管理选择这种产品，是因为不想让别人看起来太有权力，而不是真的认为微妙信号产品能够彰显更高的权力。他们也许意识到，高权力是稀缺并且相对的（Oc，Bashshur and Moore，2015），如果别人都是高权力的，自己就容易变成低权力的个体，这将会转化为一种潜在的自我威胁（Self-Threat）。进一步的研究将尝试排除这一替代解释。

二、理论与研究假设

在研究如何为别人进行权力印象管理以跳出信号迷失效应时，笔者为了"关闭"信号迷失效应，让消费者为别人而非自己进行权力印象管理。这样的改变之所以可以取得成功，是因为当消费者为别人思考的时候，他们的视角就会自动转化到观察者的位置，从而消除了自我与他人的差异这一导致信号误区的根源。实际上，尽管普遍地说，人们通常会深陷视角的影响——只要视角不同，思维方式和关注点就会存在不一致。但是，这种换位到别人的角度进行思考，并想象或推测他人观点与态度的意识是存在个体差别的，心理学中把这一心理过程和意识称为换位思考（Davis et al.，1996；Galinsky and Moskowitz，2000；赵显等，2012）。之前的研究表明，换位思考意识高的个体可以获得一系列社会性益处（Social Benefits）。例如，在发展心理学（Developmental Psychology）的研究中，蒋钦等（2012）发现换位思考对儿童情感决策的影响是发展性的。随着换位思考意识的日益增强，儿童能够逐渐确立起正确的延迟动机，从而为他人做出更好的决策。此外，Cohen 和 Insko（2010）发现，在降低群际偏差、改善群际关系这一问题上，换位思考是一种简单但是非常有效的办法。Galinsky、Ku 和 Wang（2005）提供了一个关于换位思考的认知过程如何促进社会协调和社会关系的概念模型（Conceptual Model）。研究者们认为，换位思考所能产生的益处来自增加的"自我—他人重合"（Self-Other Overlap），这一状态可以降低对于别人的偏见及刻板印象。此外，换位思考在降低了对于别人的刻板印象（通过把自己的视角应用于别人）的同时，还增加了对于自身行为的刻板印象（通过将他人融入自我）。在这一过程中，换位思考实现了社会纽带（Social Bonds）的作用。类似地，孙炳海等（2011）通过一个被试内设计（Within-Subjects Design）的实验也发现，换位思考可以显著地提高外群体助人行为。

与这些研究一致，笔者认为换位思考会调节信号迷失效应。对于换位思考意识较高的个体来说，即使他们在为自己进行印象管理，也能意识到这一行为是否有效将取决于别人（即观察者）的态度，而非自己的判断。所以，这些消费者能够跳出自我定向的思维，通过把自己代入观察者的视角中，审视究竟是使用明显信号的炫耀性产品，还是微妙信号的非炫耀性产品看上去更有权力感。也就是说，对于有换位思考习惯的消费者来说，即便在进行自我权力印象管理的时候，也是从观察者的角度进行的思考。所以，他们在进行决策时的心理距离、解释水平、看重的产品属性就和观察者完全一致。毫无疑问，此时消费者们的选择将会完全符合别人的品位。综上，笔者提出假设 11。

假设 11：信号迷失效应被换位思考调节。相比于换位思考控制组的消费者，这一效应将在换位思考意识被启动的消费者中减弱。

三、研究方法

笔者从 MTurk 上招募了 215 名实验参与者。其中，男性的数量为 120 人（55.8%），女性为 95 人（44.2%）。在实验开始之前，笔者向他们保证了研究的匿名性。在任务完成之后，参与者被给予一定数量的金钱奖励作为研究参与的报酬。本书采取了 2（换位思考：控制 vs. 启动）×2（信号类别：明显 vs. 微妙）的被试者间设计。首先，对于换位思考的操纵，笔者采用了之前的研究中用到的相关材料（Galinsky and Ku，2004；Galinsky and Moskowitz，2000）。笔者给被试者展示了一张图片，图片的内容为一个老年男子正坐在靠近报刊亭的椅子上。随后，被试者被要求描述一下此人生活中典型的一天。对于换位思考启动组的被试者，笔者引导他们"请务必从图片主人公的角度来看待，也就是说，通过他的视角度过这一天，就好像你就是那个人一样。"换位思考控制组中的被试者则没有受到这些信息的引导。其次，信号类别的操纵与研究2B、研究3A、研究3B一致，采用的是品牌信息。明显信号组的被试者读到的信息是"Venexta是一个来自欧洲的奢侈品品牌，很多消费者都对Venexta很熟悉，它是一个家喻户晓的品牌。"微妙信号组的被试者读到的产品信息是"Venexta是一个来自欧洲的奢侈品品牌，很少有消费者对Venexta熟悉，它是一个比较小众的品牌。"最后，笔者要求被试者在李克特5点量表上（1表示"低权力"；5表示"高权力"）回答一道权力印象的问题，"如果自己使用Venexta的产品，看起来会有多高的权力？"

四、数据分析与假设检验

这一研究中的操纵检验分成两部分进行。第一，笔者按照Galinsky和Ku（2004）以及Galinsky和Moskowitz（2000）的方法检验了换位思考的操纵是否有效。具体地说，笔者邀请了两位不参与本书的研究助理对被试者写的小文章的视角进行了编码——是以第一人称还是第三人称。在编码完成之后，笔者对数据进行了列联表分析（Contingency Table Analysis）。结果显示，换位思考对于被试者的视角有显著影响（$X^2 = 31.87$，$p < 0.01$）。其中，启动组中有75位被试者是以第一人称的视角撰写的，而控制组中采取第一视角的就只有35人。这表明笔者对于换位思考的成功操纵。

第二，为了检验信号类别的操纵，笔者在同一个样本源（MTurk）中重新招募了100名被试者以进行操纵有效性检验。同样，这样做的目的是防止测量操纵有效性检验的问题干扰到因变量的测量。与之前的研究类似，他们被随机分到明显或者微妙信号组，然后分别在一个李克特5点量表（1表示"完全不炫耀"；5表示"极其炫耀"）上评价了这两类信号的炫耀性程度。结果和笔者的预期一致，相比于微妙信号组（平均值是3.29，标准差是1.13），明显信号组中（平均值是4.35，标准差是0.92）的被试者认为Venexta的炫耀性更高（$t = 3.96$，$p < 0.01$）。

笔者以换位思考和信号类别为自变量，对权力印象做了双因素方差分析。结果发现，换位思考和信号类别均不存在主效应。重要的是，和笔者的预期一致，两者的交互效应显著［$F(1, 211) = 8.08$，$p < 0.01$］。随后，笔者进行了计划对比对交互作用的分析（见图7-3）。首先，在换位思考控制组中，重复了基

本的信号迷失效应——信号类别对于权力印象有着显著的影响 [F(1, 211) = 3.63，p = 0.05]，被试者认为使用明显信号的品牌（平均值是 3.52，标准差是 1.27）比使用微妙信号品牌会让自己看起来更有权力（平均值是 3.02，标准差是 1.33）。与此形成对比的是，在换位思考启动的情况下，这一效应发生了逆转 [F(1, 211) = 4.48，p<0.05]：被试者认为使用微妙信号的品牌（平均值是 3.34，标准差是 1.26）比使用明显信号品牌会让自己看起来更有权力（平均值是 2.80，标准差是 1.46）。这些结果支持了假设 11。在另外一组计划对比中，首先，在明显信号（大众品牌）的条件下，换位思考对于权力感知有着显著的影响 [F(1, 211) = 8.51，p<0.01]，相比于进行了换位思考的被试者（平均值是 2.80，标准差是 1.46），没有进行换位思考的被试者认为自己使用大众品牌的产品（平均值是 3.52，标准差是 1.27）看起来更有权力。其次，在微妙信号（小众品牌）的条件下，换位思考对于权力感知没有着显著的影响 [F(1, 211) = 1.39，p>0.23]，使用微妙信号的品牌能起到的权力印象管理的效果在没有进行换位思考的被试者（平均值是 3.02，标准差是 1.33）与进行了换位思考的被试者之间差异不大（平均值是 3.34，标准差是 1.26）。

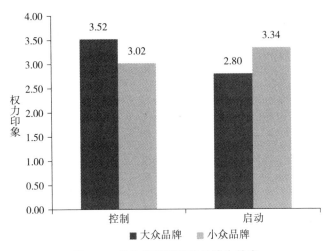

图 7-3　换位思考调节信号迷失效应

五、讨论

如果消费者可以进行充分的换位思考，他们就可以为自己的权力印象管理选择正确的产品，信号迷失效应也不复存在。这一发现进一步扩展了缓解信号迷失状况因素的结论——消费者不仅可以为他人进行效果尚佳的权力印象管理，也可以为自己达成这一目标。当然，前提是要做足换位思考的功课。此外，因为本书中不涉及为他人进行印象管理的问题，不可能激发消费者的自利心理，所以也可以排除掉消费者不希望别人太有权力这一替代解释。总的来说，研究表明了虽然信号迷失效应很普遍，但在一定的条件下消费者仍然可以走出这一误区。

第四节　管理故事

一、案例一

营销重心，正在回归产品

为什么说"回归"呢？主要是因为在 20 世纪七八十年代的时候，营销就是产品导向。在当时那个选择本来就不多的年代，只要你的产品好，就自然不愁卖。后来随着产品越来越同质化，营销开始重视用品牌效应来建立区隔。

但为什么说现在营销又要回归产品了呢？面对这个趋势，传统营销人应该具备什么样的思维？希望大家可以带着这两个问题，来看下面的内容。

（一）"种草经济"爆火背后，产品创新成为关键

"种草"这个词，应该不用我过多解释了。现在那些崛起的新锐品牌，在初期都是通过大量的内容种草来引爆的。它的逻辑是先把一个产品打爆，然后迅速建立整个品牌的知名度。这与传统营销模式的逻辑刚好相反，传统我们都是先打品牌，再推产品。

随着年轻一代消费者的崛起，"种草"式的消费链路会越来越成为主流。比起因为广告去购买一个产品，在小红书、抖音、B 站等这些社交内容平台上被种草而购买的概率要大得多。来自小红书的数据显示，过去一年，小红书用

户在平台发布了超过 180 万篇国货相关的笔记，同比增长 110%，累计获得来自超过 4200 万人的 3 亿次分享和讨论，带动包括完美日记、三顿半、小仙炖、谷雨、钟薛高、Maia Active 等在内的新国货品牌逐渐走红。

当我们去看这些品牌为什么能从"种草经济"中受益的时候，原因无一例外：产品创新。大家可以仅通过产品图片自行感受一下，这些品牌打造出来的产品跟传统同类产品的区别。具体如何打造像这些品牌一样的爆款产品，我就不深入聊了，因为毕竟不是这方面的专家。仅以此告诉大家，产品驱动型营销将成为新消费趋势下品牌主要增量。

这些新锐品牌可以快速产品创新，背后一个坚实的基础就是目前中国强大的生产和供应链。我们知道，以前大品牌做新品，至少需要提前一年来做计划，但这一年之间会发生很多变化。然而，现在快速又高效的生产和供应链大大缩短了这个时间。从商品规划到真正上新只要几个月，能快速抓住变化中的机遇，能够把对于年轻人的洞察快速释放出来，与消费者、这个时代保持紧密联系。"种草经济"这个千亿级市场刚刚爆发，品牌要想在互联网下半场保持增长，需要在营销上更加注重通过前端的消费趋势洞察和后端的供给侧优化，来实现产品的创新。

（二）产品，成为连接"品"和"销"两端的载体

如果说上面讲的"种草经济"是驱动营销重心回归产品的消费市场因素，那么接下来要说的这一点，可以看作企业内部需求的因素。这需求就是当下面对经济下行、预算吃紧的情况下，企业做的每一个营销活动，都希望既可以起到品牌宣传，又可以带来实打实的销售效果。然而"品"和"销"历来就被认为是营销的两个极端：要么是纯品牌广告，要么是纯促销型营销，两者不可能同时实现。

事实真的如此吗？有没有一种营销策略既可以帮助品牌在消费者中传递心智，又可以起到促进销售的作用，从而成为连接起这两端的载体。有，这个载体就是产品，策略就是打造一方面可以承载品牌心智，另一方面符合消费趋势的产品创意，然后再以这个产品为出发点构建具体的营销传播和链路。

比如我们看奥利奥，为什么每年推出各种好玩的礼盒创意以及这两年开始花式玩饼干，因为一方面是可以通过看得见、摸得着的产品来在消费者心智中建立品牌很会玩的饼干形象，另一方面是这些礼盒是确实可以驱动销售的。再如，前段时间因为换代言人广为热议的娃哈哈纯净水，我觉得这是一个反面案

例。虽然品牌把代言人从王力宏换成了许光汉，看似是迎合年轻人的喜好，而且在传播上也起到了想要的效果，但实际并不能扭转年轻人不买娃哈哈矿泉水的现状，因为它没有从根本的产品上做出任何迎合年轻人喜好的转变。

这里也澄清一个误区：很多人想当然地觉得消费者会为品牌 BIG IDEA 中各种价值主张、情感认同买单，但他们忽略了一个前提，那就是首先产品得好。营销重心回归产品，因为产品可以承载品牌心智，产品也可以连接销售。面对营销重心回归产品的趋势，传统营销人应该具备两个能力。

很多传统营销人，特别是乙方营销人，习惯了做营销就是做广告传播的思维。对于产品本身，很少愿意去动它。习惯了在原本的产品卖点基础上去想创意、想内容，再把这些内容通过媒介最大化传播出去。这在过去是行得通的，因为可以有互联网人口红利空间，让品牌去通过广告传播做渗透，从而提高市场占有率。但在营销重心回归产品的今天，营销人应该不仅在传播侧，还应该站到更前端的产品侧。这并不是说你要像企业研发部门 R&D 一样去生产研发产品，而是需要用营销端的洞察去"反哺"产品端，直白一点就是说要敢于对产品动手。这个"动手"可以是专门为营销活动定制限量的尖货，比如营销活动中各种礼盒、联名款等；也可以是在原有产品基础上，基于用户洞察，增加某些功能；甚至可以基于差异化的消费场景，完全新创一个产品。比如，三顿半咖啡的消费场景是日常型咖啡爱好者常见的消费场景，可能在家里、出差的路上、旅行中等，完全不同于星巴克或者瑞幸。

每个产品背后都有故事，只是看你会不会挖掘与包装。给大家讲一个广告学教材中的故事：广告大师霍普金斯在火车上偶遇喜力滋啤酒的老板，他正四处推销自己的啤酒，但效果很一般。反正坐火车也无聊，霍普金斯就要求这位老板告诉他，喜力滋啤酒的卖点，聊了会儿后老板说："我们的啤酒和大家一样，真的没有什么特别卖点。"霍普金斯说不可能，任何产品都会有它的独特卖点，于是他就让老板把他们整个生产流程和工艺讲给他听。听下来，也确实没有多少特点。

但霍普金斯偏不信邪，后来就到喜力滋啤酒工厂实地参观，他看到工人们是如何每天清理酒筒和管子，看到如何将酒瓶清洁四遍，他也看到工人们往酒瓶里吹入高温纯氧，工人们还带他去看为了取得纯水而钻入地下的深井。霍普金斯很惊讶地回到办公室，他对这个老板说："为什么你不告诉人们这些事呢？为什么你不比别人更强调你的啤酒是纯的？"老板说："我们酿造啤酒的过程和别人是一样的，好啤酒都必须经过这些手续。"霍普金斯回答说："但其他人从未谈起过这些事，如果把这些写出来，必定会让每个人吓一跳。"

所以他最后提出了一个广告卖点：每一瓶喜力滋酒，在灌装之前，都要经过高温纯氧的吹制，才能保证口感的清冽。喜力滋老板看到后马上就说："你太逗了，这广告不行，太荒谬了，所有的啤酒都是这么生产的，这是啤酒生产的标准工艺。我要拿这个做广告，会给人笑死，这根本就不是我们啤酒的特色。"霍普金斯很生气地说："我们来打赌，我出钱，你回去打广告，要是挣了钱，你把钱还我，要是没赚钱，这广告算我送你了。"喜力滋老板当然同意，也没损失什么，然后就回去打广告了。

之后就终于有了这个经典的 Slogan——喜力滋啤酒瓶是经过蒸汽消毒的。随后，短短几个月的时间内，喜力滋啤酒销量快速增长，脱离了濒临破产的困境，之后也成为美国当时卖得最好的啤酒。这个故事放到现在的现实意义，就是挖掘产品故事，并把这些故事说给消费者听。特别是现在讲的"新消费"时代，用户购买的不只是产品本身，而更多的是产品背后的故事、体验或情怀。我亲身体会过一次这样的经历，当时是把一个产品卖给 B 端商家，第一次是直接把产品简单的信息和产品样图给到对方，反馈是没什么感觉、很普通。后来，我们重新用讲故事的方式讲述了跟产品有关的产地、原料、加工方式等方面是如何独具匠心。听完后，客户当场说："你们产品背后有这么好的故事，怎么不早说，这才是我们，也包括 C 端用户购买的价值啊！"

资料来源：营销重心，正在回归产品 [EB/OL]. [2020-06-16]. http://www.woshipm.com/marketing/4021640.html.

二、案例二

 华为案例：问责经营不善，任正非自罚 100 万元

华为由任正非于 1987 年创立，最初专注于制造电话交换机，现已将业务范围扩展至建设电信网络，为中国境内外企业提供运营、咨询服务、设备，以及为消费市场制造通信设备。截至 2018 年 9 月，华为拥有超过 188000 名员工，其中约有 76000 人从事研发工作。华为在全球拥有 21 个研发机构，36 个联合创新中心及 14 个研究机构（分布在中国境外十余座城市），每个研究所设有 2~4

个研发中心。该公司以研发投入高而闻名，截至 2017 年，公司每年在研发方面投入都在 50 亿美元以上，截至 2018 年，累计前十年在研发方面的投入达到 702 亿美元，其中 2018 年研发费用为 1015 亿元人民币，位列全球第五。

华为在 170 多个国家和地区部署了产品和服务，截至 2011 年，为 50 家最大的电信运营商中的 45 家提供服务，建设了 1500 多张网络，服务全世界 1/3 的人口。华为在 2012 年超越爱立信，成为全球最大的电信设备制造商，并于 2018 年超越苹果公司，成为全球第二大智能手机制造商，仅次于三星电子。华为在 2018 年财富世界 500 强榜单中位列第 72 名。2018 年 12 月，华为报告其当年年收入增至 1085 亿美元（比 2017 年增长 21%）。新年伊始，就传出华为 CEO 任正非签发的一份华为公司《对经营管理不善领导责任人的问责通报》的文件在网上流出。通报称，近年，部分经营单位发生了经营质量事故和业务造假行为，公司管理层对此负有领导不力的管理责任，经董事会常务委员会讨论决定，对公司主要责任领导问责，其中任正非被罚款 100 万元、郭平罚款 50 万元、徐直军罚款 50 万元、胡厚崑罚款 50 万元、李杰罚款 50 万元，并通报公司全体员工。

如此大张旗鼓对核心高管问责，难道是因为华为整体业绩下滑甚至亏损了吗？错！2017 年，华为以云计算、企业园区、数据中心、物联网等创新产品和解决方案为主的 B2B 业务和以手机、智能家居为主的 B2C 业务齐头并进，全年销售收入预计约 6000 亿元人民币，同比增长约 15%。但是，华为并没有陶醉在亮丽的成绩单下，而是时刻保持清醒与自省，防范"破窗效应"，总结多年来业务线暴露出来的问题，任正非和其他几位高层主动承担责任，树立管理团队严格要求的形象，也希望每一位员工更加严格要求自己。

在《华为的冬天》一文中，任正非指出："自我批判，是思想、品德、素质、技能创新的优良工具。"此文发表的时机，也是华为高歌猛进的 2000 年。当年华为年销售额达 220 亿元，利润以 29 亿元人民币位居全国电子百强首位，公司上下一片欢腾。任正非却从互联网泡沫中冷静地预测即将到来的行业低潮，大谈危机和失败，给差一点被业绩冲昏头脑的高管和员工泼上一大桶冰水，也给高速发展的华为铸就了一颗"胜不骄、败不馁"的平常心。在任正非的带领下，华为向全球化道路转型，克服了金融危机给通信行业带来的不利影响，于 2010 年突破了 1000 亿元，成为全球行业第二，于 2015 年突破 3950 亿元，成为行业"领头羊"。

没有了超越标杆的华为，业绩依然一骑绝尘，华为 2016 年销售收入 5216

亿元，净利润 371 亿元。稳坐头把交椅的华为，令任正非深感高处不胜寒。在"烧不死的鸟是凤凰，在自我批判中成长"专题仪式上，任正非宣布高管自罚令后指出："跌倒算什么，爬起来再战斗，我们的青春热血，万丈豪情，谱就着英雄万古流。伟大的时代是我们创造，伟大的事业是我们建立，伟大的错误是我们所犯，渺小的缺点人人都有……改正它，丢掉它，朝着方向大致正确，英勇前进，我们一定能到达珠穆朗玛！"

资料来源：任正非自罚、京东万达廉政，从破窗效应看企业问责制［EB/OL］.［2018-02-12］. http：//www.ceconline.com/leadership/ma/8800091976/01/.

三、案例三

奢侈品营销

（一）逆趋势涨价带来的利与弊

Louis Vuitton、Gucci、Chanel、Prada……几乎所有一线大牌都选择逆趋势涨价求生。由于销量大幅下跌，而囿于奢侈品牌原有高端、珍贵的调性，不允许其"自降身份"通过降价方式推进销售，奢侈品牌不得不选择提升单位商品利润来维持营收。另外，涨价手段也维护了奢侈品的价值，激起部分消费者两种心理：越涨价就越珍贵，便越能满足这类人群对于身份标榜、情感满足的需求；一直在涨价，现在不买以后花更多，早买早享受。因此，我们也可以看到在奢侈品不断涨价之后，销量不降反增的情况。

但是，涨价带来的弊端也是显而易见的。

消费水平的提高让奢侈品不再是"有钱人"的专属品，对于大部分工薪阶层而言，奢侈品消费也不再遥不可及，而这一部分人已经成为奢侈品牌最需要竞争把握的客户群体。对于这一批价格敏感型的客户，奢侈品的一再涨价很有可能延迟或打消其购入念头。

对于同一件商品的短时多次涨价，非常容易造成对奢侈品牌是否过分溢价、收割市场的讨论。一旦被贴上这样的标签，对品牌形象是非常大的影响。

涨价需要把控在一定限度内，这也意味着涨价并不是长期可用的提升销量、利润的手段。目前，各大奢侈品牌涨价尚处在可控范围内，但一旦商品涨价超过 50% 甚至超过 80%，弊端一定大于正向促进作用。奢侈品牌可以借助涨价手段实现短暂回升，但若想实现长期有效的正向增长，还需要寻找更加合适的营销推广手段，不断突破客户群体。

（二）奢侈品营销推广合适的手段

1. 攫取社交媒体流量

新一代奢侈品消费者与潜在用户更习惯在社交媒体上了解奢侈品牌商品，尤其以小红书、微博、时尚行业公众号等，对于奢侈品种草非常有效。奢侈品牌可以适当改变过往高冷的形象，打造自己"高级""时尚"又"耐用""百搭不过时"的双重特质，改变过往大家对于奢侈品牌娇贵、中看不中用的认知误区。通过小红书 KOL 种草、微博明星同款等配合，利用社交媒体流量做好线上种草动作。

2. 做好客户分层管理与服务

高冷调性并不等于高冷服务，奢侈品牌附加价值之一便是顶尖的服务。当奢侈品牌服务从线下延伸到线上，品牌服务更加成为能不能在客户品牌了解认知阶段占领客户心智的重要法宝之一。尤其对于观望阶段的客户群体，帮助他们更快更方便地了解品牌背后故事、了解商品故事、了解商品参数等，并在这一过程当中感受到被重视，非常重要。如何为不同的客户提供精准的服务，需要奢侈品牌做好客户精准分层，利用客户来源、过往消费记录、多渠道信息集成等手段，帮助品牌建立更精准完善的客户画像，并且进行自动化精准分组管理，由此为不同群组定向推送相应的内容：例如为品牌老客户推荐当季新品；为品牌新客户推荐品牌故事或经典款式。除此之外，也可以为不同粉丝群组定制不同的互动活动，例如老客户线下见面会、新客户线上直播分享等。

3. 周年庆营销

奢侈品牌往往具有一百多年的历史，这也铸就了奢侈品牌的历史与传承价值。利用周年庆的机会，将品牌历史与故事放大，进行正面事件营销，对于品牌正面形象打造非常有帮助。

4. 明星效应营销

过往的奢侈品营销可能存在明星效应放大导致影响品牌自有效应的顾虑，

但在新时期,尤其是流量时代,具有高流量的明星能够切实带动奢侈品牌营销推广。尤其在价位相等、功能相似的商品选择之上,部分消费者会明显倾向于选择明星同款。另一方面,影视剧的植入也是很好的营销手段,但要注意的是,影视剧角色形象需与奢侈品调性高度吻合,爆款影视剧明显对奢侈品的曝光更有帮助。以上就是今天关于奢侈品营销推广有哪些手段的分享。除了通过涨价方式带动短暂销售增长外,奢侈品营销推广也需要进一步了解客户、精准管理客户,同时扬长避短,发挥品牌背后历史、故事、服务等附加价值,精准出击社交媒体流量,实现新时期的营销推广突破!

资料来源:奢侈品牌营销陷入僵局? 奢侈品营销推广有哪些合适的手段! [EB/OL]. [2020-09-30]. https://www.sohu.com/a/421924851_100226712? scm = 1019. e000a. v1. 0&spm = smpc. csrpage. news-list. 4. 160817196742666zjJv.

四、案例四

 由"上海名媛群"事件看现代社会的消费主义

一则"上海名媛拼单群"的推文引发了热议,该推文展示了上海"名媛"们包装自己的方式:通过拼单订丽思卡尔顿下午茶和宝格丽酒店、租法拉利跑车、购买奢侈品等,然后拍照发朋友圈,伪造成富人,妄图通过这种方式展示自己的能力与地位,赢得他人的尊敬与崇拜。这种社会现象正是消费主义侵袭现代社会的集中反映。现代社会,很多人会通过穿名牌服装、戴名表、开豪车等方式包装自己,认为消费得起昂贵的奢侈品就代表自己有钱、自己的能力就高人一等;也有很多人希望通过展示自己经常在高档酒店、豪华饭店等场所消费来获得他人的羡慕与尊敬。

人们一方面努力工作挣钱,另一方面又沉浸在资本家构筑的纸醉金迷的世界里,在消费中获得满足与快乐,获得自我价值的实现。矗立在各大城市的购物中心就仿佛一个个巨大的樊笼,吞噬着熙熙攘攘的消费者,表面灯红酒绿、琳琅满目,背后的消费主义正如吸血鬼一般,掏空消费者的口袋,也扭曲了消费者的人生追求。基于这一社会背景,以下内容将分析消费主义下商品的符号价值、消费主义对人格的物化、资本家如何通过消费主义驯化消费者以及如何实现"反驯化"。

（一）商品的符号化

在消费社会，商品除了使用价值和交换价值外，还被赋予了新的价值——符号价值。商品不再是为了满足衣食住行等基本需求，更多的是为了显示拥有者和使用者的社会地位、声誉和时尚。符号价值表现为物的标识、象征、企业形象、审美、广告等方面带给人的慰藉与满足，指物所承载的意义信息的价值，构成了商品的意象，成为消费者感性的选择对象。

商品的符号化进而也导致了人的符号化。消费越来越具有"标识"一个人的功能，阶级被消费符号化。现代社会中，人与人的关系已经转变为物与物的关系，进而转变为符号与符号的关系。消费的内容、规格和方式决定了一个人的等级。由此，便引发了"炫耀性消费"，即对物品的非生产性消费。用奢华的饮食、穿戴、收藏品、宴会、仪式，或者高贵的文化产品和活动来标榜自身的财富和阶级。当人们出于炫耀的目的来消费这些物品时，已经不再考虑物品的使用功能，而是使用这些物品给自己贴上标签，表明自己处于较高的社会阶层。

商品的符号价值正日益成为消费社会中起决定性作用的终极价值，使用价值和交换价值在它面前黯然失色。这正是消费社会运作的重要条件：资本家为商品构造附加价值，贴上阶级标签、提供"炫耀性消费"，促进消费，从而引导生产，实现循环。消费者与生产者的地位发生倒转，消费决定生产。或者说，消费本身已成为一种生产。

（二）消费主义物化人格的特征

消费主义创造出一种新的理念与生活方式，使人们对与他人的关系和自我价值的实现有了新的认知。每个人都处在消费主义笼罩的生活世界，那么必然受到消费主义话语所施加的多重影响，这使个人的价值判定和意义探寻相比于以前发生重大变化。

第一，金钱和财产成为判断事物价值和个人价值的主要标准。"金钱越来越成为所有价值的绝对充分的表现形式和等价物，它超越客观事物的多样性达到一个完全抽象的高度……所以，事实上也是货币导致了那种对具体事物的超越，使我们相信金钱的全能……"比如，资本家习惯以身价多少来判断一个员工的价值，理性人习惯以工具价值大小来决定是否和陌生人进行交往。金钱已经成为现代人日常生活中关注的中心点，并成为个人看待现实生活的意识系统。除了金钱在现代价值体系中占据主导地位之外，财产在评价人的价值方面所表现出来的突出作用同样不可忽视。在消费主义的观念背景下，财产是一个人维持利益、情感和信心的主要支撑，财产定义了一个人在社会上的地位和在交际圈中的影响，人们把财产的数量与自己的价值、自尊和信心等价，财产已经成为一个人看待自我的主要方面，这又直接导致了现代社会以占有为取向的人格特征。

第二，消费被认为是自我实现的最佳方式。资本发现"消费者市场是一个既提供又获得自由的地方。当享有确定性又不用损害主体的人身自由时，自由就免除了痛苦。这是消费者市场了不起的成就，没有其他制度能如此成功地消除自由的多重矛盾"。现代社会所提供的消费自由既给大众提供了充分的选择自由与空间，又免除了资本家的责任与压力。现代社会的消费竞争主要是一种商品的象征符号的竞争，符号在竞争中不会贬值只会增值，一方得胜反而会激起另一方的购买欲望，而这正满足了资本家获利的胃口。由此，本来通过工作、交往、思考、批判等方式获得的自由通过消费即可实现，自由蜕变成消费主义，消费标定阶级与地位，因而消费成为人们寻求认同的方式。

第三，手段取代目的成为人们奋斗的目标。"目标为手段所遮蔽，是所有较高程度的文明的一个主要特征和主要问题。"人们追求导向幸福生活的手段而不是幸福本身。社会关系与体制趋于复杂，使本来是服务于人的手段逐渐发展成一个庞大的中介系统。人们越是急切地想达到目的，越是深陷其中，反而遗忘了自己最初的目的。比如，一个人要想获得舒适、惬意的生活，首先得有一套体面的住房，要想获得一套体面的住房，需要足够的金钱，要想挣得足够多的金钱，需要找到一份高薪的工作，找到好工作又需要具备相当的学历，获得良好的教育又需要足够的资金支持……现代人奔波于追求实现最后幸福的手段中，却忘了最终目的是什么。沉浸在消费主义生活方式中的现代人往往对实现目标的手段有强烈的自觉意识，却对这些手段对人本身的意义缺乏最基本的认知，这正是消费主义带给现代人格的负面影响。

（三）消费驯化

基于上述商品符号化和消费主义对人格的物化的分析，可以得出资本家驯化消费者的方式主要也可以分为赋予商品符号价值和重构消费者的价值观念两个方面。第一，商品符号化，赋予商品符号价值，通过打造品牌故事、创造需求、品牌代言、增加附加值等手段将商品符号化。比如，钻石和婚姻是大家心中的共同体，但这其实不过是一次成功的营销。资本家通过请明星代言、在电影中植入相关情节，让消费者将钻石和美好的婚姻联系在一起，流入中国后又通过标语"钻石恒久远，一颗永流传"大力宣传。经过一番操作之后，本来毫无意义的商品竟变得不可替代且不容置疑。赋予商品更多的意义，而不只满足于衣食住行的基本需求，会增加用户对品牌的忠实度，从感情上更愿意认同这个品牌。品牌定位也是一种驯化手段，比如奢侈品的定位就是社会阶层较高的人群，奢侈品就等同于一种标签，那么尚不处在这个阶层的人为了赢得他人的尊重也会去追求这个标签。消费者对于品牌的一切追求或者说忠诚，最终获益的都是资本家，消费者不过是被资本家驯化的消费的动物。

第二，重构消费者的价值观念。比如，构造"群体迎合"与"群体排斥"，正如鲍德里亚所说"一个人在消费社会中根本没有所谓的自由"，处于社会中的人无法脱离群体不受他人影响。比如在高档的场合所有人都穿着正式的服装，若有人穿着裤衩、人字拖势必会受到其他人的嫌弃与轻视。商家会利用消费者对群体的依赖，构建虚假的身份感让消费者陷入消费陷阱。为了迎合所在或所喜欢的群体，必须用相应的消费品来响应，商家也会创造各种具有身份感的产品满足某种身份的想象。另一方面，资本家通过营造"消费至上"的氛围，让消费者把消费当作实现自我价值的方式，通过消费获得尊重与满足。比如，有些人购买奢侈品的目的就是为了区分自己和别人，以此获得别人的羡慕，从而赢得社会尊重，从中获得幸福感。这便造成了"消费高等价于能力强"的观念，导致很多消费者不愿意提高内在能力，而是通过展示出自己的高消费生活的方式暗示自己的能力强、地位高，以赢得社会尊重，满足自我价值实现的需求。消费者逐渐被资本家驯化却不自知，有时为了打折优惠或者是购买限量款甚至会出现疯抢的局面。表面上，他们觉得自己是理性经济人，所作所为和所思所想皆经权衡取舍、慎重决定；实质上，消费者在资本和权力的调教下，变成了消费主义的动物，任由原始的物欲占据大脑，丧失了理性思考的能力，是被消费欲念所异化的人。

概言之，消费主义的本质是服务于资本逻辑的附属性意识，是对大众的思想观念和行为方式发生实质性影响和建构作用的功能性文化形式。正是因为作为意识形态的消费主义具有思想上和行为上的巨大作用，所以资本才十分看重并不断培养消费主义生活理念，并把它作为资本再生产的重要支撑。当一种为人羡慕的生活方式以消费主义的内涵被确立起来时，资本对现代日常生活的控制逻辑便宣告完成，而资本也获得了持续增值的动力。资本通过赋予商品符号价值和重构消费者的价值观念来实现对消费者的驯化，而作为消费者，我们对现代社会的消费主义要有着理性且清醒的认知，深刻反思自己，追求更有意义的实现人生价值的方式，不被资本家的消费主义所驯化，做到"反消费驯化"。

资料来源：由"上海名媛群"事件看现代社会的消费主义 [EB/OL]. [2020-11-02]. https：//zhuanlan. zhihu. com/p/272232220.

第八章
总讨论

第一节　研究发现

本项研究系统地阐述了信号迷失效应。首先，笔者为高权力与非炫耀消费寻找了相关性层面的证据。在此过程中，鉴于当前研究中并没有非炫耀性消费的测量工具，笔者还开发了一个三维度结构的非炫耀性消费量表。其维度结构清晰地反映出非炫耀性消费的三种主要形式：低调标识、含蓄设计、小众品牌。经过反复地检验，笔者开发的非炫耀性消费量表被证明拥有良好的信效度。随后，笔者利用该量表进行了问卷调查，结果显示，即便笔者控制了一系列的控制变量（一般性的奢侈品消费、生活满意度、社会攀比倾向、负面评价恐惧、自尊、人口统计学变量），权力感仍然和非炫耀性消费的三个维度以及总的非炫耀性消费呈现显著的正相关关系。此后，这一相关关系又在一个实地观察研究中得到了进一步支持。通过两位内部观察员在上海某企业年会上的记录，笔者发现相比于低权力的被观察对象（如基层员工），高权力的被观察对象（如中高层领导）有更强的非炫耀性消费表现。

鉴于相关性的研究无法考证因果关系，笔者接下来展开了一系列的实验研究。本书第五章分别以标识大小和品牌流行度作为（非）炫耀性消费的形式，验证了假设5（当消费者为自己进行权力印象管理时，他们会认为明显信号的炫耀性产品比微妙信号的非炫耀性产品更有效）、假设6（当消费者以观察者角色评价他人的权力印象管理工具时，他们会认为微妙信号的非炫耀性产品比明显信号的炫耀性产品更有效）、假设 7（消费者在进行权力印象管理时存在一个信号误区：自己的选择与实际的效果相违背）。这两项研究为信号迷失效应的存在提供了强有力的证据。

接下来，本书第六章的作用在于通过中介作用的探讨，解释了为什么会出现信号迷失效应。其中，研究信号迷失效应产生的机制采取的是传统的测量中介的方法。在这一研究中，不管是经典的三步验证法，还是更为先进的步进法，感知与主流差异的中介效应都获得了支持。研究感知与主流的差异的中介作用则更进一步地直接操纵了中介变量。结果发现，在感知与主流差异显著的情形中，信号迷失效应就不复存在。这一结果为中介效应的因果关系链提供了直接的支持。

最后的三个研究：研究信号迷失效应何时被调节、研究缓解信号迷失状况的因素和研究排除替代解释后缓解信号迷失效应的因素，致力于寻找信号迷失效应的调节变量，包括加剧以及减轻这一效应的因素。研究信号迷失效应被加剧的情形发现了第一个调节因素：权力感。结果很有趣并且略有讽刺意味：尽管权力感较低的消费者是最迫切需要进行有效的权力印象管理的，但他们同时也是最差的权力印象管理者。因为他们反而会更加青睐错误的选项。研究缓解信号迷失状况的因素和研究进一步探索缓解信号迷失效应的因素则从缓解甚至"治愈"消费者的信号迷失症状的角度寻找调节因素。研究缓解信号迷失状况的因素的发现同样有趣：尽管消费者不能为自己做好权力印象的管理，却可以为别人做出正确的选择。即消费者无法对炫耀性产品的信号做出正确识别和选择的情况只会发生在自己身上。但只要当视线被转移到别人时，他们又会恢复理性，选择正确的选项，为消费者跳出信号误区给出了更为直接和简便的路径——进行换位思考。如果消费者可以进行充分的换位思考，他们就可以为自己的权力印象管理选择正确的产品，信号迷失效应也不复存在。

总的来说，通过总共十项子研究，笔者系统地阐述了什么是信号迷失效应、效应产生的内在心理机制以及效应被增强或减弱甚至消失的边界条件。笔者证明了这一效应是普遍的（不管是相关联系还是因果关系，是调查测量还是实验操纵），是跨文化的（不管是中国样本还是美国样本），并且是稳定的（不管是实验室数据还是实地数据，是学生样本还是消费者样本，是网上参与还是实验室参与）。

第二节 主要贡献

本书研究了消费者在进行权力印象管理时会出现的信号迷失效应。此外，笔者也揭示了这一效应产生的机制，以及该效应在什么时候会进一步加剧或被削弱。因此，本书第一点理论贡献是对于权力的相关研究。第一，据笔者所知，这是第一项在消费者研究领域探讨如何利用产品"装饰"个体权力的研究。与之前的大多数聚焦于权力的后果的研究不同（Galinsky, Gruenfeld and Magee, 2003；Guinote, 2007；Keltner, Gruenfeld and Anderson, 2003；Smith and Trope, 2006），而这项研究与最新的研究趋势一致（Carney, Cuddy and Yap, 2010；Hays, 2013；Wakslak, Smith and Han, 2014），致力于了解权力的成因。同时，消费者行为领域的不少研究发掘了拥有或者缺乏权力会如何影响消费决策（Jiang, Zhan and Rucker, 2014；Jin, He and Zhang, 2014；Rucker and Galinsky, 2009），本书则反过来，通过揭示消费决策如何影响个体的权力，进一步为这一系列的研究添砖加瓦。

第二，本书对印象管理的相关研究做出了显著贡献。现有的印象管理研究大多数指的是笼统的印象管理（Leary and Kowalski, 1990；Leary, Tchividjian and Kraxberger, 1994；VonBaeyer, Sherk and Zanna, 1981）。理论上说，只要以维护和提升公共自我形象（Publicself-Image）为目的的行为与策略都可以算是印象管理的范畴（Goffman, 1959），使这一概念在非常普适的同时，也包含了太多潜在的次级维度（Sub-Dimension）。有一些研究已经探讨了印象管理过程中不同策略的实施和效果差异（Bolino and Turnley, 1999；Lewis and Neighbors, 2005；Rudman, 1998），不过相对而言数量较少，涉及的领域也不完善。和这些研究类似，本书探索了一种有着极其明确目标的印象管理形式——权力印象管理，从而细化了印象管理的类别。此外，通过对换位思考这一调节变量的考察，笔者也呼应了印象管理研究中强调的他人导向（Others Oriented）问题（Leary and Kowalski, 1990；Hooghiemstra, 2000）。并且，有研究证明了个体可以通过一些手段加强印象管理的效果，例如，提高政治技能（Political Skill）（Harris et al., 2007）、关注观察者的情绪（Chen, Yang and Lin, 2010）等。与这些研究一致，笔者也为增强印象管理工作的有效性提供了一个崭新并且有效的思路——进行换位思考。

第三，本项研究也对炫耀性消费的研究做出了理论贡献。炫耀性消费这一话题在消费者行为的研究中已经持续了数十载。现有的研究大部分将重点放在影响消费者进行炫耀性消费的因素上，例如个体因素（Duquesne and Dubois，1993；Eastman et al.，1997；Park，Rabolt and Jeon，2008；张新安、厉杰和马源，2010）、社会因素（Lee and Shrum，2012；Ordabayeva and Chandon，2011；Shalev and Morwitz，2012；Sivanathan and Pettit，2010）等。在炫耀性产品已经日益普及的背景下，涌现出一个新的研究趋势：使用炫耀性产品的后果（Gino，Norton and Ariely，2010；Hudders and Pandelaere，2012；Wang，John and Vladas，2015）。响应这一系列的研究，本书通过考察和对比明显信号的炫耀性产品与微妙信号的非炫耀性产品的使用结果，揭示了使用不同的炫耀性产品类型如何影响人们的权力。值得一提的是，通过这些分析，本项研究同时也对显示地位的微妙信号的相关研究做出了贡献。一些研究提到，相比于明显信号，微妙信号可能才是更加"炫耀"的信号（Berger and Ward，2010；Han，Nunes and Drèze，2010）。但是，很少有研究真正地测试过这一效应。笔者的结果为这一猜想提供了实证证据。除此之外，笔者在研究中还开发了一个具有优良信效度的非炫耀性消费量表。据笔者所知，这也是第一个微妙信号相关的测量量表，这将为今后相关实证研究的开展提供极大的便利。

第四，本书发现的信号迷失效应也贡献于判断与决策领域（Judgement and Decision Making）中有关自我—他人差异的研究。很多心理学研究都表明，人的理性很有限。正是因为人们不可能永久地保持理性状态，研究持续发现，人们很难在涉及自我和别人的情形中保持一致（Hsee and Weber，2006；Polman et al.，2018；Vasquez and Buehler；2007）。之前的研究大多涉及一般性的心理决策，笔者则在消费情境中发现了新的自我—他人差异，扩展了这类研究的外延。

第五，补偿性消费是一种常见的消费现象。在现有的研究中，研究者们已经发现了很多不同类型的补偿性消费形式，例如直接的解决（Directre Solution）（Kim and Gal，2014）、象征性的自我完善（Symbolicself-Completion）（Sharma and Alter，2012）、逃避主义（Troisi and Gabriel，2011）等。但是，大多数补偿性消费的研究都是探讨了心理补偿的诱发机制，而并未考察心理补偿的结果。比方说，Levav 和 Zhu（2009）发现，狭小局促的空间会引发多样化寻求行为，但是，进行多样化选择的消费是否能够消除空间不足的不适感？在本书的研究信号迷失效应被加剧的因素中，笔者发现，象征性的心理补偿可能会导致进一步的恶性结果（更加糟糕的权力印象管理策略）。笔者对于补偿性消费的结果进行了初步探讨，呼吁未来有更多的研究投入到这一有趣并且重要的话题。

第三节　实践意义

除了显著的理论贡献之外，本项研究也有着直接的实际意义，不论对于消费者、企业还是政策制定者。首先，本书对于消费者而言有两点启示：第一，研究揭示了消费者在进行权力印象管理时的误区，从而提醒他们，如果要让自己看起来成为真正拥有权力的个体，他们需要深思熟虑，选择看起来炫耀性没有那么强，但其实更能显示一个人的品位和与大众区分的微妙信号产品。第二，送礼行为（Gift-Giving）是人们维系人际关系的重要途径。随着经济的发展、生活水平的提高，当今亲朋好友之间相互赠送一些奢侈品也日渐成为一种新的时尚。实际上，送礼是一个看似简单，但却充满技巧与陷阱的活动。例如，从价格上说，所选礼品应价格适中，太便宜的礼品会使赠礼人很没面子，太贵又会使收礼人产生压力。从产品类型上看，赠礼人需要选择同时符合自己和收礼人的形象的礼品。根据本项研究的发现，送给别人奢侈品将不得不面临一个潜在的困局：站在送礼人的角度而言，如果希望收礼者能够在使用礼品的时候看起来更有权力，则会选择微妙信号的奢侈品，因为此时他们是处于观察者视角。但是，对于收礼者，他们收到产品之后是要为自己进行权力印象提升的，所以他们反而会更喜欢明显信号的炫耀品。可见，这会容易造成一个"好心没好报"的局面——赠礼人认为更优的选项在收礼者看来是较差的。从感性的角度来说，赠礼者应该赠送明显信号的产品，因为这是收礼者更加喜欢的。但从理性的角度来看，赠礼者其实应该赠送微妙信号的产品，因为这种类型的产品能够切实提升收礼者的权力。总的来说，赠礼者需要根据收礼人的特点来决定自己的选择。如果要取悦收礼人，方可赠送明显信号的奢侈品；如果希望提升其权力，则要送微妙信号的产品。

其次，对于企业来说，笔者的研究结论也有着三个方面的启示作用。第一，在品牌战略上，毋庸置疑几乎所有的企业都致力于提升自己的品牌知名度。但是笔者的研究却表明，知名度太高的品牌有可能会被消费者认为过于"烂大街"，其地位显示作用将被稀释。至少从旁观者的视角看来，不被大多数人熟知的、相对小众的品牌才是高权力的真正表征。所以，作为有着特殊的社会功能的奢侈品品牌，企业需要适当平衡品牌知名度、市场份额和品牌形象之间的关系。毕竟，如果奢侈品的社会功能被削弱了，其保持市场竞争的核心优势也会难以为继。第二，产品设计可以成为企业根据需要灵活地切换信号类型的突破口。如果企业需要将明显的信号更改为微妙的信号，品牌因素作为长期积累的结果很难在短时间内改变，根据笔者的研究结论，则可以从标识大小和含蓄设计这两个方面寻求途径。具体的操作方式也很简单：只要将品牌的标识缩小，或者干脆将品牌信息隐藏于特殊的设计之中，例如标志性的配色、特殊的图案等。第三，对于零售商店而言，可以针对不同权力状态的消费者推荐不同型号类型的炫耀品。鉴于现在大多数企业都会开展会员计划，其中会收集一些个人信息。那么他们就可以多利用这些信息进行精准化的营销方案定制。本书中的观察法使用个体的职位信息作为权力感的测量，并取得了不错的效果。同理，零售商店在推送给低权力职位的消费者的广告中，应该尽可能地推送明显信号的产品，因为笔者的研究结论表明他们会对这种类型的产品有着强烈的偏好。

最后，笔者的研究也对公共政策（Public Policy）的制定有所启示。本项研究表明人们有很强的权力印象管理动机，尽管笔者从消费，特别是炫耀性消费的角度发现了权力印象管理中的一个误区，并给出了走出误区的方法。但不可否认的是，人们为了让自己看起来有权力，完全可能再陷入其他的误区当中，从而损失金钱甚至幸福感。因此，从长远的角度来说，应当尽量减少人们进行权力印象管理的可能性。为了达到这一目的，需要制定相关的政策：①减小权力距离，权力距离一般用来表示人们对权力分配不平等情况的接受程度。总体来说，东方文化下的权力距离指数较高，人们对不平等现象通常的反应是漠然视之或忍受。西方文化影响下产生的权力距离指数较低。作为典型的东方社会，中国自然也是拥有很长的权力距离。高权力距离会进一步凸显拥有权力的优势，以及丧失权力的劣势。因为高权力者可以赢者通吃，而低权力者则越发成为社会的边缘角色。降低权力距离，可以减小高权力的相对优势和低权力的相对劣势。当权力看起来没有那么诱人的时候，人们也不会费尽心思地去做权力印象管理了。②缩小社会的贫富差距和不平等（Inequality），除了由控制力带来的直接权力之外，以金钱为代表的其他社会资源的分配也会影响权力。因此，只要财富分配失衡，基尼系数（Gini Coefficient）偏高，受到"马太效应"（Matthew Effect）的影响，有着巨大的财富优势的个体也会逐渐掌握高权力，从而导致权力分配的不公。

需要承认的是，本项研究也存在一些局限，这些局限指出了未来的研究方向。第一，在研究设计上，尽管笔者收集了一个实地数据（研究1C），一定程度上提升了研究的外部效度。但是观察法的局限性在于只能提供相关性的证据，无法为因果关系提供支持。此外，观察法依赖于一些外部可见的特征进行指标量化，所以对于非外部可见的因素就束手无策了。所以，笔者无法通过观察法检验所有的假设。未来的研究可以采取实地实验（Field Experiment）的方法，在"真实的"情境中检验假设，并进行因果关系层面的验证。

第二，本书聚焦的是消费者的权力印象管理误区，并没有对与权力概念上近似的其他情况做分析。前人的研究已经指出产品是个体的延伸（Belk，1988），那么消费者不仅可以利用炫耀性产品管理权力印象，还可以用在相似的途径，例如地位、名望等。这会衍生出一系列值得进一步探索的研究问题——消费者在进行其他目的的印象管理时是否还会陷入类似的误区？如果是的话，其中的内在机制又会是怎样的？如果不是，又会是怎样的心理过程？存在何种形式的边界条件？

第三，笔者从理论上推导并从实证数据中为感知与主流的差异的中介作用提供了支持。然而，这并不能代表这是信号迷失效应产生的唯一机制。例如，先前的研究表明了当消费者的自我认同（Self-Identity）受到威胁时，会被激发出自我防卫的态度（Defensive Attitude），甚至逆反行为（Reactance Behavior）（Wan，Duclos and Jiang，2013；White and Argo，2009）。过于明显的信号可能会被观察者认为是过激的炫富行为，从而引发起自我防卫的态度和行为。因此，造成观察者汇报的微妙信号比明显信号的拥有者更具有权力的原因，并不一定是他们真的认为后者更缺乏权力，而可能是为了维持自我认同，刻意打压明显信号炫耀性产品拥有者的逆反行为。未来的研究中可以借助隐形态度（Implicit Attitude）的测量进一步测试这一可能的解释。此外，有研究表明相比于为别人进行的决策，人们在涉及自我的决策时会更加投入（High Involvement）（Bos and Lind，2001），并且有更高的唤起程度（High Arousal）（Fortin and Dholakia，2005）。投入和唤起的水平不同也完全可能导致迥异的决策制定（Dholakia，2001；Greenwald and Leavitt，1984；Mittal，2010）。

第四，笔者识别了权力感、权力印象管理的主体、换位思考这三个调节变量。但是仍然可能存在其他的边界条件。比如，笔者考察的三个调节效应均在个体的心理层面，而一些环境变量（Situational Variables），包括社会环境和物理环境等，也可能起到调节作用。社会环境中一个潜在的调节因素是社会排斥，研究表明遭遇社会排斥的个体在共情能力（Empathy）和亲社会行为（Prosocial Behaviour）的表现上均呈现出显著的下降（Dewall and Baumeister；2006；Twenge et al.，2007）。这两者和换位思考均有着密切的联系，如果社会排斥也能削弱消费者的换位思考能力，那么遭遇社会排斥的消费者将会更加深陷信号迷失的误区。与此相反，物理环境中的体感温暖（Physical Warmth）被认为可以增强人们对于人际关系的需求（Fay and Maner，2015；Steinmetz and Posten，2017），而建立良好关系的一大前提就是能站在别人的角度思考问题，即进行换位思考（Franzoi，Davi and Young，1985；Galinsky，Ku and Wang，2005）。由此可以预测，在温暖的环境下，信号迷失效应可能会减轻。

第四节　管理故事

人工智能技术在 B2B 营销中大有作为

国外知名科技专栏作家丹尼尔·费格埃拉预测，人工智能将塑造 B2B 的未来，并对目前使用人工智能改进营销流程与服务的两个案例进行了研究。更多的事实证明，人工智能和机器学习对企业的每一个业务功能都非常有用，营销也不例外。人工智能早已影响到营销，它将进一步塑造商业的未来，以及公司和客户之间的关系。大多在营销应用中的人工智能技术还是专注于 B2C 领域。众所周知，在 Facebook、横幅或谷歌上出现的广告，过去的行为追踪、人口数据统计、位置信息等都是针对个人用户的，没有人工智能的协助，这一过程是无法在一定规模上完成的。B2B 营销如何从机器学习中获益？

对于那些向企业销售产品和服务的公司来说，销售人员和营销团队之间的沟通至关重要。在销售人员的生活中，每天都充斥着一些可以被视为与营销有关的任务。客户培训、通过电子邮件和销售线索跟进，营与销交叉进行，两者已然混为一体。在市场营销中，人工智能应用程序的目标是处理那些的关键性的功能。以下是两个尤其重要的案例，可以充分说明人工智能在今天的营销中是如何被用于改进流程、优化策略、帮助 B2B 领域找到解决方案。

1. 加速挖掘销售线索（Lead Generation）

几十年来，B2B 销售线索挖掘一直是企业花费大量时间的烧脑过程，需要对购买影响力进行有效识别和分类。在这个例子中，人工智能的价值在于机器识别并在企业数据库中不断生成 B2B 销售线索。

Lead Genius，一家运用机器学习技术为企业提供市场营销工具的公司，总部位于美国加利福尼亚州伯克利市，具体而言，Lead Genius 的系统是使用机器学习与人力研究相结合的方式提供 B2B 服务的，它的做法是挑选出每家公司具有买家角色的高层决策者，提供几个潜在新客户的直接联系方式。一旦潜在客户成为目标，该工具将生成一个目标列表，并突出重要的数据点，以帮助企业将受众细分，并产生出个性化内容。

Lead Genius 可以节省销售团队数小时用手工搜索目标客户的时间，提供可靠的销售漏斗，可以在任何时候帮助企业添加定制细节。这让企业有足够的时间专注于销售讨论和完成交易。在与人工智能营销主管交谈时，通常会听到"一名观众"的概念，这是一种理想的营销活动状态，活动和信息被分为个人层面（而不是人口统计群体或已确定的市场部分）。

隶属法国最大的广告与传播集团阳狮（Publicis Groupe），专注数字广告咨询与技术服务的 Sapient，是一家全球性的跨国广告公司，为其客户管理大约 900 亿美元的广告支出，B2C 和 B2B 公司都算在内，无独有偶，即使是传统的广告公司也在向同样的"人工智能"模式转变。Sapient 人工智能部门主管 Josh Sutton 曾这样表示："以前，我们通过人物角色分析和虚拟判断谁将成为我们的客户，而现在是收集数据，并从个人层面预见未来。因此，不再做过多假设，我们越来越关注的是个人数据点和类型，并且我们对系统产生的结果表示惊叹。"

2. 分析销售电话

无论一家 B2B 公司的规模是大还是小，电话沟通都将成为销售和营销过程的重要组成部分。那么问题来了，跟踪、分析和改进每一次通话的质量是不容易的，很多像 Qualtrics 和 Marketo 这样的公司，已经将目标锁定在 AI 初创公司 Chorous. ai 的"对话式人工智能"解决方案。Chorous. ai 使用自然语言处理记录、转录和分析所有销售电话。这个工具可以像销售人员一样参加电话会议，但在实时记录并转录对话的同时，该工具还将突出显示在通话过程中出现的重要话题。

例如，当潜在客户提到定价、竞争对手或痛点等关键词时，Chorous. ai 会对这一时间点做出标记。这些标记可以帮助企业的销售团队挖掘出更深层次的客户，改进交易过程中的一些细节。销售电话中的这种"标签"行为对人来说是费时费力的任务。该平台可以和 Clear Side、Go To Meeting、Join. Me 和 Web Ex

这样的主流在线会议平台很顺畅地进行集成。其他销售和营销支持技术将会遵循并允许与现有工具的互操作性。

事实上，还有很多其他资金充足的公司在追逐同一市场，其中许多公司将业务直接连接到既定的 CRM（客户关系管理）系统和通话记录技术上。其中，Qurious. io 公司已经将其价值主张集中放在销售电话的自动化分析中，找到了适合自己的工作模式和脚本，同时允许销售和营销团队通过自身的尝试去使用相同的语言和模式，可以复制成功，但同时又有些微妙的差异。

过去五年，企业主对机器学习技术的看法发生了很大的变化，许多企业越来越热衷于采用新技术。据 Foresight Factory & Future Foundation 联合创始人兼首席执行官 Meabh Quoirin 介绍，营销部门急于将 AI 纳入业务部署，主要是因为 AI 能节省大量时间，这意味着将有更多的资金需要筹备。市场营销领域的人工智能无疑将继续快速扩张，尽管大公司可能拥有巨额预算（人工智能集成成本很高，需要专业技能），优先处理大量历史、实时销售和营销的数据，而供应商公司将会迅速降低对其技术的投入时间。

我们已经看到技术是如何改变消费者的概念的，他们如何通过技术与营销人员互动，以及技术如何与营销人员、客户关系相互交织。因此，AI 会帮助企业在营销过程中变得越来越聪明，企业可以更好地了解消费者的线上行为，营销人员能够更好地利用有效信息增加收入、改善服务，不断增强客户体验。

资料来源：人工智能技术在 B2B 营销中大有作为 [EB/OL]. [2017-07-12]. https://www. doit. com. cn/p/280260. html.

第五节　案例分析

一、案例一

 企业如何做好大数据营销？

在互联网技术高速崛起的期间，互联网也让数据应用真正走向全新的高度。

其中，最明显的就是营销领域。掐指一算，"大数据"的概念问世大概40年了，但关于大数据营销的概念却在前几年才得以普及开来。时至今日，这种基于数据协同和深度计算的个性化营销正在用其巨大而全面的影响力改变着营销的格局和战略方向。那么，什么是大数据营销？基于多平台的大量数据，在依托大数据技术的基础上，应用于互联网广告行业的营销方式。其核心在于让网络广告在合适的时间，通过合适的载体，以合适的方式，投给合适的人。

（1）以用户为中心。

不管什么时候，营销的核心都是围绕用户展开的。大数据的作用就是把用户怀想实实在在地展现出来，企业才能够根据这些数据构建用户画像，理解用户的消费习惯、购物需求等特性，进而做出精准的分析与判断。

（2）深度洞察。

在构建出用户画像的基础上，深度分析用户心理，挖掘用户的潜在需求，一直是大数据营销的根本。比如企业从用户的消费习惯得知他曾经买过房产，那么他就有购买家居的需求，企业可以根据需求来适当推广相关的产品，会比撒网式投放更精准。简单来说，就是企业根据数据标签人群画像，能够精确获知用户的潜在消费需求。总之，自从有了营销大数据，人们就不只是简单粗暴地打广告、做推广，而是更趋向于数据营销降低成本来提高产品转化率，最终实现真正意义上的流量变现。随着互联网不断的推行和普及，未来几年，大数据营销带来的颠覆性变革也侧面证实了大数据的意义以及应用。对于企业来说，必须学会把握这个大趋势，面对未知的机遇和挑战。

企业常用的大数据营销策略真的都对吗？对于企业来说，精准地找到客户，推送个性化的广告内容来打动客户，最终产生销售是顺理成章的营销目的。因此，不少企业都遵循了以下四个方面来实施精准化营销策略。

（1）注重收集用户数据，提升命中率。

大数据时代，数据就是企业的"命根子"。可以说，没有数据做支撑，企业就会缺乏对目标用户群体的洞察，自然也无法找到对的用户，后期的投放可能就会陷入"投放远远大于转化率"的尴尬境地。

（2）双线渠道为先，提高用户信任感。

想要用户能"看到"你的广告，那么不管是传统的线下渠道，比如电梯广告、地铁广告等，还是新媒体时代下的线上传播渠道，比如微博、微信、抖音、快手等社交类平台，企业都需要有深刻的了解，以便于在营销推广时能快速找准契合自身的场地或平台，做到精准投放，提升用户的信任感。当然，如果你不差钱，那全覆盖也可以。

（3）内容为王永不过时，增加用户黏度。

经过各类公众号的轰炸，"内容为王"这个词估计企业都听吐了。但即使这个词再烂大街，它仍然是企业提高销售转化率的关键。一个好渠道或许可以把你的广告信息传播出去，但好内容可以帮助企业圈定人群的特征兴趣爱好，针对性地推送用户想要看的内容，从而引导产品成交，还能迅速增加用户黏度。可见一个好的内容足以让你事半功倍。综上所述，现在，大数据营销的技术已经发展到能实时整合多平台数据，精准地识别客户，就连后期的客户接触也能做到实时性和个性化。但是转折来了，企业想要真正打动客户，只做到以上这些还远远不够。有时候，或许企业还会被数据蒙骗。

纵观当今的大数据营销，许多企业就只会两招：第一，通过年龄、性别、兴趣爱好、习惯、人生阶段给消费者贴上不同的标签；第二，确定营销信息瞄准某类消费者。虽然其中不乏成功企业，但更多没能达到预期效果的企业依然很多，因为大数据营销也有弊端。

（1）数据来源容易出问题。

虽说大数据是无差别地获取目标消费者的行为记录，但是当我们在局部环境运用这些数据的时候，还是有很大可能受到数据来源不准确的干扰。比如曾经有企业针对线上的购买人群做了大数据分析，数据显示在此次促销中有超过50%的交易是来自男性消费者的账户。于是，该企业特意针对男士消费人群做了活动，结果收效甚微。后来发现，原来那些男性账号买的都是女性用品，事实上，只不过是女性用了男朋友或者老公的账号买单造成的假象。这就是过于轻信数据而带来的错误策略。

（2）为了控制市场而忽略用户体验。

虽然说用数据确实能实现企业的精准定位，进而高效变现，但在用户体验上，不少企业或多或少会有不恰当的行为发生。有不少用户就投诉类似的情况，比如当你在短视频平台浏览了美妆类产品后，你就会在其他社交平台上也看到类似的内容，或者说只是浏览了某种病，那么可能在搜索引擎上就会自动出现治疗该病的医药类产品，简直是细思极恐。

（3）正确的推送内容遇上错误的推送时间。

从消费者行为来说，有时候，即使企业的用户找对了，但是在不恰当的时间和地点去推送广告信息，那么传播依然是无效的。比如当一个新生儿妈妈被大数据刻下了精确的标签，于是你就开始不停地向她推送奶粉和尿布，这个用户不会随时随地都会买，甚至可能产生反感的情绪，反而不利于企业的传播。再如一个美妆达人，即使他爱美妆，也不可能无时无刻地花钱去购买推送的产品。这时候，这种信息推送其实就变成了骚扰，还是企业不自知的那种。

（4）精准定位目标用户，也意味着放弃了非目标用户。

简单来说，大数据营销的最大弊端就是降低了非目标客群标签的人购买自己产品的可能性。比如一位爱学习的学生，可能也是一个运动爱好者，除了喜欢书籍，可能他对心仪的运动装备也感兴趣。这就是消费者的购买动机具备多样性的典型代表。

教你如何正确地运用大数据营销！时趣首席科学家王绪刚认为，在银屏时代，营销的核心是品牌形象传递；在互联网门户时代，营销的核心是数字化媒介购买；在以移动、社会化代表的互联网3.0时代，营销的核心是实现"大规模的个性化互动"。狂人认为，大数据营销等同于精准营销，或是精准营销是大数据营销的一个核心方向和价值体现。因此，企业想要更好地运用大数据营销，可以从营销场景入手，针对不同的人设置不同的场景，以便满足不同的消费需求。因为现在的企业卖产品，更多的是卖用户体验，用户体验就是用户在接触你的所有触点中综合起来的感受，即企业可以做到用最直接的方式去激发其购买欲望。

（1）购买场景。

越来越多的报告证明，消费者逐渐回归线下零售。如何在线下应用好大数据？那就是多触点、场景化，以氛围来烘托，打动用户内心的情感，这也是线下店铺使用的最让人感兴趣、最容易理解和验证的方式。比如当你去宜家买东西，假如单件的家居堆成山放在一边，你连挑选的欲望都没有，可如果把沙发、靠枕、茶几、杯盏装饰成一间客厅，你身临其境，就会觉得这几件物品搭配起来竟然那么漂亮，这时候购买的欲望就来了。这就是商家给消费者构建了一个场景，通过这个场景来触发消费者的购买欲。

（2）使用场景。

通俗来讲，就是将品牌或产品与具体的场景联系起来，或开拓新的使用场景，进行宣传推广，更好地吸引和连接顾客，如红牛的加夜班场景，这是未来品牌或产品营销的重要方式。

（3）生活场景。

移动互联网时代，让场景定义创新成为了可能。因此，瞄准顾客的痛点和痒点、跨界思维、创新场景定义，就成了高效场景营销的起点和中心。如日本的茑屋书店不仅仅是卖书的地方，而是"知性、时尚、个性的生活方式"，经营范围包括咖啡馆、游戏、影音、儿童玩具、美容、医疗、餐厅、宠物乐园、自行车店等，为消费者的消费生活带来更多的新鲜感。

企业如何做好大数据营销？在大数据时代，人们留在网络上的数据越来越多。我的用户是谁？他们在网络那端做了什么？这些不仅仅是简单的数据表现，更是对以往的营销方式的反思，数据流化使得营销行动目标明确、可追踪、可衡量、可优化，从而造就了以数据为核心的营销闭环，即消费—数据—营销—效果—消费。现如今，以数据为导向的精准营销开始逐步替代原本的营销方式，成为企业的新宠。

资料来源：企业如何做好大数据营销？[EB/OL]. https://www.dtstack.com/3434/.

二、案例二

奢侈品营销也正全面拥抱互联网媒体

奢侈品成为传统媒体的最后一根稻草，却又难掩其高速走向新媒体的必然宿命。如今的现实是，这种矛盾的褶皱尚未铺平、可预期的未来也仍未全面展开，它明显试图跳出传统平面媒体的束缚，却始终对互联网行业保持欲拒还迎。因为奢侈品本身存在的垂直属性，它一直具备规避大众的色彩。这与财富本身的特性矛盾而又重叠：财富数值本身内秀，却又难掩闪耀其外。

我认为这与奢侈品行业最为鬼魅的奥秘有关：从资本角度，奢侈品行业往往是透射经济风向乃至文化潮流的顶级阵地，它自身奢华却又不甘于萎靡；在无数悄然的聚众视角背后，尽管奢侈品的载体环境历来乖张，却是检验自身乃至行业兴衰的独特法门。这在奢侈品广告投放与合作领域，早已有数据和现实展现。据 iAdTracker 数据显示：2012 年中国整体报刊广告市场首次出现年度负增长的同时，奢侈品广告却助力行业杂志实现 7.9% 的逆向增长；互联网方面，2012 年奢侈品在互联网网络广告投放总额 1.5 亿元，较 2011 年的 1050.4 万增速达惊人的 1328%。

之所以有夸张的数据对比，除去奢侈品尚处在初级阶段的因素，背后最重要的，正是这种垂直思辨的法门存在：奢侈品成为传统媒体的"最后一根稻草"，却又难掩其高速走向新媒体的必然宿命。如今的现实是，这种矛盾的褶皱尚未铺平、可预期的未来也仍未全面展开，它明显试图跳出传统平面媒体的束缚，却始终对互联网行业保持欲拒还迎。所有行业都在全面"触网"，奢侈品却为何这般？

（一）奢侈品心理：审视品牌调性

尽管数据背后有无数视角，却都不可信。我认为中国市场的奢侈品行业之所以在互联网上踟蹰，仅是针对财富本身的现实心理停留在了市场运营层面，纠结于如何展开心理博弈和规划市场预期。

首先是心理上的集成：奢侈品行业背后，主要由国际班底的、成熟的奢侈品牌群落组成。除去相辅相成的产品因素不谈，从市场营销领域来说，成熟品牌最为关心的应当是品牌调性，而后是针对品牌的核心拥趸的服务环境。以往奢侈品的广告投放之所以集中在平面报刊领域，正是因为其高端财经与时尚杂志的产品组合，足够满足调性；其高端、针对性强的读者群落，更满足这种拥趸需要与环境。

这都只是表象。之所以有这两点存在，背后的财富因素才是最大命脉：财富数值本身"大而全"、追求奢侈品就是追求"少而美"的核心心理。反观以往的互联网行业之所以拿不到奢侈品的广告大单，正是市场预期与这种心理出现了背离：互联网的大众、低廉甚至免费思维横行，这直接冲撞了奢侈品品类背后的精准、高上大特征。这里的意思是，以往奢侈品牌如果将投放主力放在互联网，会有两极顾虑：越大的品牌，调性越只能高不能低；调性越高，对承载平台的能力要求就越高；双方随着互联网的高速膨胀，不好把控且难以聚集。可以有试水：稍小的品牌，是可以牺牲部分调性，换来客户聚集；但在互联网端海量的客户层面冲击面前，反而容易快速降低了其好不容易保持的品牌层级。

这种滚雪球的递减效应，以至于时至今日，也很少够量级的第三方平台能够承担这种能力——倒是有一种办法：比如在互联网上走向高端会员与端口封闭，这造成的是好奇心版的"看上去很美"，实质却将大部分高端客户从心理排斥引渡为社交不满甚至生理排斥——"还不如直接看杂志呢"。所以我们看到诸多国际品牌进行若干尝试后，反而更重视杂志的投放合作了：对奢侈品而言最重要的是品牌，这是不能试错的，不如选择保守。可以说，中国市场的奢侈品运营，基本就是心理环境与市场运营能力的融合、博弈。在心理环境无法规避的现实进阶面前，奢侈品领域的发展，只能更多地依赖于市场运营的审视工作。至于市场运营这个东西，真的是仁者见仁，智者见智，名牌班尼路见GUCCI——一切的一切，只需要回归合乎奢侈品心理环境下的自身。

(二) 中国奢侈品：感性市场到理性市场

在中国，这种心理也是多层级的变化：个体化的媚雅、大众化的媚俗交叉存在。事实上，仅从市场营销领域的常识看来，都是客观上的市场积累。之所以有两极差异化的判断，只来源于载体的不同定位。这种定位来源于市场抑或行业环境。环境上，中国消费者已经成为全球第一的奢侈品消费群体，本土消费行为上却日益呈现感性市场的危机：数量稀少、话语权集中的传统时尚杂志在信息推送的过程中，容易陷入对品牌产品的集体盲从、和停留在对信息不对称造成的市场瓶颈上。这造成的直接结局是，不仅中国市场奢侈品牌的多元化程度远远低于欧美水平，还造成奢侈品与社会性的结合点上显得日渐焦虑。

通俗的解释是，传统杂志完全受制于信息组织形式的单一，早已无法左右这种定位。想走出这种忧虑，奢侈品也终会将主力进阶到互联网端口。奢侈品行业不是某几个品牌就能代表，它本身具备追求高度膨胀的商业特性。

商业性的选择无可厚非，背后是基于行业带来的社会连带效应：压制了本土新兴品牌的正常兴起，陷入长时效性的市场总量受损，最终顿失读者迷局。读者去哪儿了呢？结果显而易见，国外理性平台、海外代购、巴黎拖车扫货或酒会土豪共饮。不适合的例子却有最直接的体现：传统杂志日益趋于同质化；鲜少有新的、经济效应和自身拥趸的合适品牌适时投入，也让它陷入了行业整体性的单一——市场经济的基本原则是，自然有人打破这种单一。

过去的几年，面对巨大的购买力空间，奢侈品行业的所有品牌正在趋于理性，各自主动求变，把更多精力放在了互联网站点的类型突破上：试探性地切入综合门户、专业频道站点、电子商务、社交论坛合作等。从互联网的组织形式本身需要持续的观望特性来讲，话不说死但值得思考——互联网思维的破解力是一定存在的，但还是比不过一个传统市场土豪撑门面的高端酒会，那么山炮到底是奢侈品还是突破方式本身？其实只是因为不到时机。

(三) 时机成型，互联网检验奢侈品成色

奢侈品作为快速消费品的对立面，是小众的"慢消费品"。随着中国内地奢侈品市场的逐渐成形，如今这种小众和"慢"都在被市场容量快速破解：

2012 年，中国奢侈品消费总额正式突破 3060 亿元。这一年，正是快速崛起的互联网奢侈品内容营销起到 10 倍的增长空间决定的。奢侈品营销领域的鬼魅特征再次显现：它的改变正好出现在传统媒体整体下滑、互联网媒体高度成熟之际。最核心的要素是 2012 年的互联网，已开始逐步日渐成型的移动互联网平台，借助于社会化媒体营销工具乃至全媒体模式，实现全面精准。

　　这在本案例初的论据中已有所体现：奢侈品全面拥抱互联网已成为定式，它验证了传统媒体的行将老去、验证了自己与移动互联网的全面兴起。此时的数据已经直接体现在组合式的数据与案例上，验证奢侈品营销即将迎来的黄金机会。

　　有意思的是，目前奢侈品互联网营销领域，高居第一位的竟然是近期颇受争议的凤凰新媒体。旗下凤凰时尚频道在奢侈品及时尚产业的布局，甚至超过"第一门户"新浪、以商业化配合见长的搜狐和以娱乐优势见长的腾讯。以凤凰时尚为例：截至 2013 年 9 月底，凤凰时尚在艾瑞 Iuser Tracker 第三方监控数据中，其最新为奢侈品领域专研打造的全媒体模式，已实现全网日均覆盖比例20.82%，日均总访问用户达 500 万人次，总访问量逼近 5000 万，其中高端女性群体占比达 76%。另外，在这份垂直领域的榜单中，尽管还有爱丽时尚网与Onlylady 等垂直网站，但四家门户基本瓜分了超过 60% 的市场总额。

　　客户方面，截至目前凤凰时尚的奢侈品客户以腕表为主，卡地亚（Cartier）、欧米茄（Omega）、香奈儿（Chanel）等 20 余家国际大牌持续投放该频道。其中也有商业模式的一次新的尝试：浪琴（Longines）与时尚频道个性定制化合作开设马术频道，纯粹用内容的形式传播浪琴代表的优雅运动精神，马术频道也全面获得浪琴赞助的国内外重大赛事报道。

　　品牌"挖角"方面，香奈儿已完成主动切入互联网的工作：在香奈儿看来，从传统杂志、垂直媒体转向门户媒体是战略性的转变，重点布局在凤凰全站和新媒体端，尝试和期待头版头条、大型专题、大型联合活动等多种内容的合作前景，这样看来 2012 年"凤凰时尚之选"给香奈儿颁发的年度品牌奖，颁得不亏。究其原因，正是其门户基因和社会化媒体营销特性，率先补足了奢侈品牌领域的精准信息特性。凤凰背景用户高端、门户身份用户覆盖量大、内容垂直化、强势全媒体平台推广等因素已全面成熟，以至于高端奢侈品牌必须以互联网领域为市场主体。实际意义上，我认为是奢侈品行业的综合属性，让此次正式、彼此主动拥抱互联网的二次繁荣时刻开启，未来更加大有可为。

（四）奢侈品营销市场：不只是全媒体广告

奢侈品互联网营销领域的火爆，不只留在数据与广告投放上。即将到来的4G 网络和移动互联网的进一步丰盛，更让人期待一场全新的变革：曾几何时，3G 的杀手级应用就是 Girl（女人）、Game（游戏）、Gamble（赌博）。如今很可能在 4G 领域加入了 Glitz（绚丽）——基于长短视频类的奢侈品广告即将成为主流，配合全媒体模式全面进入公众视野。

巧合的是，苏宁日前花费重金全力入股 PPTV。其 CEO 陶闯早就表示，视频类广告可以直指奢侈品领域市场。从这点来看，可能是此次苏宁最被轻视的部分：PPTV 终将切入奢侈品视频广告领域，一方面可以辅助苏宁云商平台供应链、客情关系的升级；另一方面说明苏宁确实不那么传统短浅，甚至有更多野心布局在 Glitz（绚丽）。总体从市场角度而言，不管是门户式的凤凰时尚、视频新贵 PPTV，乃至背后综合电商领头的巨头苏宁，正在集体迈入互联网、移动互联网未来的奢侈品领域。这股奢侈品潮流正当时，绚烂闪耀的表面背后正是它从不曾被轻视过的原有部分。

资料来源：奢侈品营销也正全面拥抱互联网媒体 [EB/OL].［2013-11-04］. http：//www. woshipm. com/it/50710. html.

三、案例三

 回到卧室：一轮非炫耀性消费的兴起

（一）一场卧室拜物教的兴起

在房价飞涨的时代，很多人可能没法拥有美国富家女们的宽敞卧室，但对于睡觉，我们却比以往任何时候都要较真，也更苛刻。我们开始信奉人体工学，于是把多年的荞麦枕和棕榈床垫统统换成了价格不菲的天然乳胶和记忆棉材质；我们需要睡前情调，于是曾经在卧室占有一席之地的电视机和写字台，让位给了香薰机和蓝牙音箱……

甚至在知乎、小红书等网络社区里，还出现了一批"拜物教主"，索性把卧室布置推崇到了"幸福感"这样的生活哲学高度，并且还引发了不少人的共鸣。与之对应的是睡眠消费品市场的快速成长。

发生在隐秘卧室空间里的新兴消费需求，也引起了越来越多市场参与者的关注：点个香薰、换个枕头就能让你幸福感爆棚？为什么越来越多人愿意把睡觉变得既麻烦又耗钱？这场正在卧室发生的消费升级，背后到底什么变了？

基于留存在各大电商平台的海量用户评论数据，我们从健康、专业、审美、效率、治愈这五个指标，即"NEXT指数"，量化评估这些品类的消费升级效用。

在NEXT指数的五大指标中，即包括了用于评估上文消费者谈到的"幸福感"对应的评估维度——治愈，主要指消费者使用产品后的精神满足感，包括对品牌的认同、精神享受以及使用体验的友好程度等方面。第一个精选电商模式网易严选最大特色在于同ODM（原始设计制造商）合作推出了一批与大牌"撞脸"、定价却要低得多的家居杂货，像是无印良品画风的床上四件套、睡衣等，后来才有了小米、阿里巴巴和京东陆续效法推出旗下的精选电商平台——米家有品、淘宝心选和京造；江南布衣、鲜花电商野兽派，也纷纷高调跨界时尚家居；专注睡眠的国内智能硬件品牌Sleepace享睡推出的Nox智能助眠灯，一时成为天猫月销上千的爆款……

调取助眠灯、香薰用品、真丝眼罩以及护颈助眠枕这四类代表性助眠用品在天猫和淘宝平台的消费数据，观察它们在2016~2017年的用户画像。可以看到，四类助眠产品的消费者明显集中在位于一、二线城市的23~35岁女性用户，她们收入体面，拥有不错的消费能力。再对比2016年和2017年的数据，捕捉到两点现象：一是占据绝对消费主力的一、二线城市，占比这两年基本维持在60%~70%水平，个别如真丝眼罩、香薰用品在低线级城市的份额增长得更快；二是中端消费力人群的比重明显扩增。

（二）中式消费观的变迁："不示人"的升级更幸福

眼下的中国，或许能让你感受到一点美国和日本昔日的影子。我们开始在意像卧室这样的私密空间里使用好东西。这个好东西可以只是一个枕头、一款摆放在床头的香薰——它不一定是国际大牌，也不一定给我一个发朋友圈炫耀的理由，只是为了让自己感到舒适和愉悦。按照王精伟的观察，中国消费者一开始把家居香氛当作生意上和朋友间的礼物，但到2016年左右，购买家居香氛自用的消费者比重已经超过出于送礼需要的人群。卧室给予我们的幸福感和治愈感，也更多来自这种用了好东西的心理自足。

对于这类在过去中国人传统理念中缺席、如今在品质生活中已经成为"必要工具的物品"，宜家《2017 年家居生活报告》给出了这样的形容："我们买东西是为了做事时比我们买东西是为了拥有它们时更开心……我们正在从看重物品本身的价值转变为重视它们能带给我们的体验，桌子不仅仅是漂亮或实用的物品，它也是在家里举行社交聚会的必要工具……我们的物品似乎在更深层次上与我们的个人需求以及我们梦想过怎样的家居生活建立联系方式。"从他有我有的跟风消费，到追求他有我无的个性消费，这些消费心态可以归结为攀比，是为拥有那一刻的消费欲的满足。但中国消费升级至今，中国人对生活方式、生活品质开始有了更深刻的理解，峰瑞资本副总裁黄海把这个现象总结为是"消费者的关注点越来越丰富和成熟"，"对于这种完全没有其他人能看见的商品的消费追求越来越高，这是近两三年才有的消费升级趋势"。

资料来源：回到卧室，一轮非炫耀性消费的兴起 [EB/OL]. [2018-03-30]. https：//zhuanlan. zhihu. com/p/35119607.

参考文献

［1］ Abele A E, Cuddy A J C, Judd C M, et al. Fundamental Dimensions of Social Judgment ［J］. European Journal of Social Psychology, 2008, 38（7）: 1063-1065.

［2］ Abele A E. The Dynamics of Masculine-Agentic and Feminine-Communal Traits: Findings from a Prospective Study ［J］. Journal of Personality and Social Psychology, 2003, 85（4）: 768-776.

［3］ Adler N E, Epel E S, Castellazzo G, et al. Relationship of Subjective and Objective Social Status with Psychological and Physiological Functioning: Preliminary Data in Healthy White Women ［J］. Health Psychology, 2000, 19（6）: 586-592.

［4］ Agerström J, Björklund F, Carlsson R. Look at Yourself! Visual Perspective Influences Moral Judgment By Level of Mental Construal ［J］. Social Psychology, 2013, 44（1）: 42-46.

［5］ Anderson J C, Gerbing D W. Structural Equation Modeling in Practice: A Review and Recommended Two-Step Approach ［J］. Psychological Bulletin, 1988, 103（3）: 411-423.

［6］ Asch S E. Studies of Independence and Conformity: I. A Minority of one Against a Unanimous Majority ［J］. Psychological Monographs, 1956, 70（9）: 1-70.

［7］ Bao Y, Zhou K Z, Su C, et al. Face Consciousness and Risk Aversion: Do They Affect Consumer Decision-Making? ［J］. Psychology and Marketing, 2003, 20（8）: 733-755.

［8］ Baron R M, Kenny D A. The Moderator-Mediator Variable Ddistinction in Social Psychological Research: Conceptual, Strategic, and Statistical Considerations ［J］. Journal of Personality and Social Psychology, 1986, 51（6）: 1173-1182.

［9］ Bearden W O, Netemeyer R G, Teel J E. Measurement of Consumer Susceptibility to Interpersonal Influence ［J］. Journal of Consumer Research, 1989, 15

（4）：473-481.

[10] Bearden W O, Rose R L. Attention to Social Comparison Information: An Individual Difference Factor Affecting Consumer Conformity [J]. Journal of Consumer Research, 1990, 16（4）：461-471.

[11] Belk R W, Bahn K D, Mayer R N. Developmental Recognition of Consumption Symbolism [J]. Journal of Consumer Research, 1982, 9（1）：4-17.

[12] Belk R W. Extended Self in a Digital World [J]. Journal of Consumer Research, 2013, 40（3）：477-500.

[13] Belk R W. Possessions and the Extended Self [J]. Journal of Consumer Research, 1988, 15（2）：139-168.

[14] Bellezza S, Gino F, Keinan A. The Red Sneakers Effect: Inferrings Tatus and Competence from Signals of Nonconformity [J]. Journal of Consumer Research, 2014, 41（1）：35-54.

[15] Bellezza S, Paharia N, Keinan A. Conspicuous Consumption of Time: When Busyness and Lack of Leisure Time Become a Status Symbol [J]. Journal of Consumer Research, 2016, 44（1）：118-138.

[16] Belmi P, Pfeffer J. Power and Death: Mortality Salience Increases Power Seeking while Fedling Powerful Reduces Death Anxiety [J]. Journal of Applied Psychology, 2016, 101（5）：702-720.

[17] Bennett A M, Hill R P. The Universality of Warmth and Competence: A Response to Brands as Intentional Agents [J]. Journal of Consumer Psychology, 2012, 22（2）：199-204.

[18] Berger J, Heath C. Where Consumers Diverge from Others: Identity Signaling and Product Domains [J]. Journal of Consumer Research, 2007, 34（2）：121-134.

[19] Berger J, Ward M. Subtle Signals of Inconspicuous Consumption [J]. Journal of Consumption Research, 2010, 37（4）：555-569.

[20] Berkowitz L, Donnerstein E. External Validity is more than Skin Deep: Some Answers to Criticisms of Laboratory Experiments [J]. American Psychologist, 1982, 37（3）：245-257.

[21] Bian X, Moutinho L. An Investigation of Determinants of Counterfeit Purchase Consideration [J]. Journal of Business Research, 2009, 62（3）：368-378.

［22］ Bian X, Moutinho L. Counterfeits and Branded Products: Effects of Counterfeit Ownership ［J］. Journal of Product and Brand Management, 2011, 20 (5): 379-393.

［23］ Bian X, Veloutsou C. Consumers' Attitudes Regarding Non-Deceptive Counterfeit Brands in the UK and China ［J］. Journal of Brand Management, 2007, 14 (3): 211-222.

［24］ Blader S L, Chen Y R. Differentiating the Effects of Status and Power: A Justice Perspective ［J］. Journal of Personality and Social Psychology, 2012, 102 (5): 994-1014.

［25］ Blair S, Roese N J. Balancing the Basket: The Role of Shopping Basket Composition in Embarrassment ［J］. Journal of Consumer Research, 2013, 40 (4): 676-691.

［26］ Bolino M C, Turnley W H. Measuring Impression Management in Organizations: A Scale Development Based on the Jones and Pittman Taxonomy ［J］. Organizational Research Methods, 1999, 2 (2): 187-206.

［27］ Bond R, Smith P B. Culture and Conformity: A Meta-Analysis of Studies Using Asch's (1952b, 1956) Line Judgment Task ［J］. Psychological Bulletin, 1996, 119 (1): 111-137.

［28］ Bontempo R, Villareal M J, Asai M, et al. Individualism and Collectivism: Cross-Cultural Perspectives on Selfngroup Relationships ［J］. Journal of Personality and Social Psychology, 1988, 47 (2): 323-338.

［29］ Bornemann T, Homburg C. Psychological Distance and the Dual Fole of Price ［J］. Journal of Consumer Research, 2011, 38 (3): 490-504.

［30］ Bos K V D, Lind E A. The Psychology of Own Versus Others' Treatment: Self-Oriented and Other-Oriented Effects on Perceptions of Procedural Justice ［J］. Personality and Social Psychology Bulletin, 2001, 27 (10): 1324-1333.

［31］ Bresnahan M J, Chiu H C, Levine T R. Self-Construal as a Predictor of Communal and Exchange Orientationin Taiwan and the U S A ［J］. Asian Journal of Social Psychology, 2004, 7 (2): 187-203.

［32］ Martin B A S, Gnoth J, Strong C. Temporal Construal in Advertising: the Moderating Rde of Temporal Orientatuon and Attribute Importance Upon Consumer Evaluations ［J］. Journal of Advertising, 2009, 38 (3): 5-20.

[33] Brislin R W. Field Methods in Cross-Cultural Research [M]. Beverly Hills, CA：Sage, 1986.

[34] Bruner J S, Goodman C C. Value and Need as Organizing Factors in Perception [J]. Journal of Abnormal Psychology, 1947, 42 (1)：33-44.

[35] Buckley P J, Clegg J, Tan H. Cultural Awareness in Knowledge Transfer to China-The Role of Guanxi and Mianzi [J]. Journal of World Business, 2006, 41 (3)：275-288.

[36] Buhrmester M, Kwang T, Gosling S D. Amazon's Mechanical Turk：A New Source of Inexpensive, Yet High-Quality, Data? [J]. Perspectives on Psychological Science, 2011, 6 (1)：3-5.

[37] Burroughs J E, Rindfleisch A. Materialism and Well-Being：A Conflicting Values Perspective [J]. Journal of Consumer Research, 2002, 29 (3)：348-370.

[38] Burroughs W J, Drews D R, Hallman W K. Predicting Personality from Personal Possessions：A Self-Presentational Analysis [J]. Journal of Social Behavior and Personality, 1991, 6 (6)：147-163.

[39] Cacioppo J T, Hughes M E, Waite L J, et al. Loneliness as a Specific Risk Factor for Depressive Symptoms：Cross-Sectional and Longitudinal Analyses. [J]. Psychology and Aging, 2006, 21 (2)：140-151.

[40] Cai H, Brown J D, Deng C, et al. Self-Esteem and Culture：Differences in Cognitive Self-Evaluations or Affective Self-Regard? [J]. Asian Journal of Social Psychology, 2010, 10 (3)：162-170.

[41] Campbell J D, Trapnell P D, Heine S J, et al. Self-Concept Clarity：Measurement, Personality Correlates, and Cultural Boundaries [J]. Journal of Personality and Social Psychology, 1996, 70 (1)：141-156.

[42] Carbajal J C, Hall J, Li H. Inconspicuous Conspicuous Consumption [M]. Unpublished Manuscript, University of New South Wales, 2015.

[43] Carney D R, Cuddy A J, Yap A J. Power Posing：Brief Nonverbal Displays Affect Neuroendocrine Levels and Risk Tolerance [J]. Psychological Science, 2010, 21 (10)：1363-1368.

[44] Case C R, Conlon K E, Maner J K. Affiliation-Seeking among the Powerless：Lacking Power Increases Social Affiliative Motivation [J]. European Journal of Social Psychology, 2015, 45 (3)：378-385.

［45］ Charles K K, Hurst E, Roussanov N. Conspicuous Consumption and Race ［J］. Quarterly Journal of Economics, 2009, 124 (2): 425-467.

［46］ Chen C C, Yang W F, Lin W C. Applicant Impression Management in Job Interview: The Moderating Role of Interviewer Affectivity ［J］. Journal of Occupational and Organizational Psychology, 2010, 83 (3): 739-757.

［47］ Chun-TungLowe A, Corkindale D R. Differences in "Cultural Values" and their Effectson Responses to Marketing Stimuli: A Cross-Cultural Study between Australians and Chinese from the People's Republic of China［J］. European Journal of Marketing, 1998, 32 (9/10): 843-867.

［48］ Cialdini R B, Goldstein N J. Social Influence: Compliance and Conformity ［J］. Annual Review of Psychology, 2004, 55 (1): 591-621.

［49］ Cohen T R, Insko C A. War and Peace: Possible Approaches to Reducing Intergroup Conflict ［J］. Perspectives on Psychological Science, 2010, 3 (2): 87-93.

［50］ Cordell V V, Wongtada N, Kieschnick, R L. Counterfeit Purchase Intentions: Role of Lawfulness Attitudes and Product Traits as Determinants ［J］. Journal of Business Research, 1996, 35 (1): 41-53.

［51］ Correa T, Hinsley A W, Zúñiga H G D. Who Interacts on the Web?: The Intersection of Users' Personality and Social Media Use ［J］. Computers in Human Behavior, 2015, 26 (2): 247-253.

［52］ Cortina J M. What is Coefficient Alpha? An Examination of Theory and Application ［J］. Journal of Applied Psychology, 1993, 78 (1): 98-104.

［53］ Cross S E, Hardin E E, Gerekswing B. The What, How, Why, and Where of Self-Construal ［J］. Personality and Social Psychology, 2011, 15 (2): 142-179.

［54］ Davis M H, Conklin L, Smith A, et al. Effect of Perspective Taking on the Cognitive Representation of Persons: A Merging of Self and Other ［J］. Journal of Personality and Social Psychology, 1996, 70 (4): 713-726.

［55］ Davis M H. Measuring Individual Differences in Empathy: Evidence for a Multidimensional Approach ［J］. Journal of Personality and Social Psychology, 1983, 44 (1): 113-126.

［56］ Denissen J J, Penke L, Schmitt D P, et al. Self-Esteem Reactions to Social Interactions: Evidence for Sociometer Mechanisms across Days, People, and Nations [J]. Journal of Personality and Social Psychology, 2008, 95 (1): 181-196.

[57] Rucker D D., Galinsky A D. Desire to Acquire: Powerlessness and Compensatory Consumption [J]. Journal of Consumer Research, 2008, 35 (2): 257-267.

[58] Dewall C N, Baumeister R F, Mead N L, et al. How Leaders Self-Regulate their Task Performance: Evidence that Power Promotes Diligence, Depletion, and Disdain [J]. Journal of Personality and Social Psychology, 2011, 100 (1): 47-65.

[59] Dewall C N, Baumeister R F. Alone but Feeling No Pain: Effects of Social Exclusion on Physical Pain Tolerance and Pain Threshold, Affective Fforecasting, and Interpersonal Empathy [J]. Journal of Personality and Social Psychology, 2006, 91 (1): 1-15.

[60] Dhar R, Kim E Y. Seeing the Forest or the Trees: Implications of Construal Level Theory for Consumer Choice [J]. Journal of Consumer Psychology, 2007, 17 (2): 96-100.

[61] Dholakia U M. A Motivational Process Model of Product Involvement and Consumer Risk Perception [J]. European Journal of Marketing, 2001, 35 (11/12): 1340-1362.

[62] Dholakia U, Tam L, Yoon S, et al. The Ant and The Grasshopper: Understanding Personal Saving or ientation of Consumers [J]. Journal of Consumer Research, 2015, 43 (1): 134-155.

[63] Diamantopoulos A, Siguaw J A. Introducing LISREL a Guide for the Uninitiated [M]. London: Sage, 2000.

[64] Diener E, Emmons R A, Larsen R J, et al. The Satisfaction With Life Scale [J]. Journal of Personality Assessment, 1985, 49 (1): 71-75.

[65] Dittmar H, Bond R, Hurst M, et al. The Relationship between Materialism and Personal Well-Being: A Meta-Analysis [J]. Journal of Personality and Social Psychology, 2014, 107 (5): 879-924.

[66] Drolet A, Bodapati A V, Suppes P, et al. The Habit-Driven Consumer: Habits and Free Associations: Free Your Mind but Mind Your Habits [J]. Journal of the Association for Consumer Research, 2017, 1 (1): 147-160.

[67] Dubois D, Rucker D D, Galinsky A D. Dynamics of Communicator and

Audience Power: The Persuasiveness of Competence Versus Warmth [J]. Journal of Consumer Research, 2016, 43 (1): 68-85.

[68] Dubois D, Rucker D D, Galinsky A D. Social Class, Power, and Self-ishness: When and Why Upper and Lower Class Individuals Behave Unethically [J]. Journal of Personality and Social Psychology, 2016, 108 (3): 436-449.

[69] Dubois D, Rucker D D, Galinsky A D. Super Size Me: Product Size as a Signal of Status [J]. Journal of Consumer Research, 2012, 38 (6): 1047-1062.

[70] Dubois D, Rucker D D, Galinsky A D. The Accentuation Bias: Money Literally Looms Larger (and Sometimes Smaller) to the Powerless [J]. Social Psychological and Personality Science, 2010, 1 (3): 199-205.

[71] Dubois, D., Denton, E., Rucker, D. D. Dynamic Effects of Poweron Possessions, Preferences, and Desires [M]. Unpublishe Dmanuscri Pt. Northwestern University, 2011.

[72] Duclos R, Wan E W, Jiang Y. Show me the Honey! Effects of Social Exclusion on Financial Risk-Taking [J]. Journal of Consumer Research, 2013, 40 (1): 122-135.

[73] Duquesne P, Dubois B. The Market for Luxury Goods: Income Versus Culture [J]. European Journal of Marketing, 1993, 27 (1): 35-44.

[74] Eastman J K, Fredenberger B, Campbell D, et al. The Relationship between Status Consumption and Materialism: A Cross-Cultural Comparison of Chinese, Mexican, and American Students [J]. Journal of Marketing Theory and Practice, 1997, 5 (1): 52-66.

[75] Elliott R. Exploring the Symbolic Meaning of Brands [J]. British Journal of Management, 1994, 5 (1): 13-19.

[76] Emerson R M. Power-Dependence Relations: Two Experiments [J]. American Sociological Review, 1962, 27 (1): 31-41.

[77] Emmons R A, Mccullough M E. Counting Blessings Versus Burdens: An Experimental Investigation of Gratitude and Subjective Well-Being in Daily Life [J]. Journal of Porsonality and Social Psychology, 2003, 84 (2): 377-389.

[78] Ernst K E, Ozeki C. Work-Family Conflict, Policies, and the Job-Life Satisfaction Relationship: A Review and Directions for Organizational Behavior-Human-Resources Research [J]. Journal of Applied Psychology, 1998, 83 (2): 139-149.

［79］ Fajardo T M，Townsend C，Bolander W. Toward an Optimal Donation Solicitation：Evidence from the Field of the Differential Influence of donor-Related and Organization-Related Information on Donation Choice and Amount ［J］. Journal of Marketing，2018，82（2）：142-152.

［80］ Fast N J，Gruenfeld D H，Sivanathan N，et al. Illusory Control：A Generative Force behind Power's Far-Reaching Effects ［J］. Psychological Science，2009，20（4）：502-508.

［81］ Fast N J，Halevy N，Galinsky A D. The Destructive Nature of Power without Status ［J］. Journal of Experimental Social Psychology，2012，48（1）：391-394.

［82］ Fay A J，Maner J K. Embodied Effects are Moderated by Situational Cues：Warmth，Threat，and the Desire for Affiliation ［J］. British Journal of Social Psychology，2015，54（2）：291-305.

［83］ Fedor D B，Davis W D，Maslyn J M，et al. Performance Improvement Efforts in Response to Negative Feedback：The Roles of Source Power and Recipient Self-Esteem ［J］. Journal of Management，2001，27（1）：79-97.

［84］ Fiedler K. Construal Level Theory as an Integrative Framework for Behavioral Decision-Making Research and Consumer Psychology ［J］. Journal of Consumer Psychology，2007，17（2）：101-106.

［85］ Fiske S T，Cuddy A J，Glick P，et al. A Model of（Often Mixed）Stereotype Content：Competence and Warmth Respectively Follow from Perceived Status and Competition ［J］. Journal of Personality and Social Psychology，2002，82（6）：878-902.

［86］ Fiske S T，Xu J，Cuddy A C，et al.（Dis）Respecting Versus（Dis）Liking：Status and Interdependence Predict Ambivalent Stereotypes of Competence and Warmth ［J］. Journal of Social Issues，1999，55（3）：473-489.

［87］ Fiske S T. Controlling Other People：The Impact of Power on Stereotyping ［J］. American Psychologist，1993，48（6）：621-628.

［88］ Ford J K，Maccallum R C，Tait M. The Application of Exploratory Factor Analysis in Applied Psychology：A Critical Review and Analysis ［J］. Personnel Psychology，2010，39（2）：291-314.

［89］ Fortin D R，Dholakia R R. Interactivity and Vividness Effects on Social Presence and Involvement with a Web-Based Advertisement ［J］. Journal of Business

Research, 2005, 58 (3): 387-396.

[90] Franzoi S L, Davis M H, Young R D. The Effects of Private Self-Consciousness and Perspective Taking on Satisfaction in Close Relationships [J]. Journal of Personality and Social Psychology, 1985, 48 (6): 1584-1594.

[91] Fredrickson B L, Tugade M M, Waugh C E, et al. What Good are Positive Emotions in Crises? A Prospective Study of Resilience and Emotions Following the Terrorist Attacks on the United States on September 11th, 2001 [J]. Journal of Personality and Social Psychology, 2003, 84 (2): 365-376.

[92] Freitas A L, Langsam K L, Clark S, et al. Seeing Oneself in One's Choices: Construal Leveland Self-Pertinence of Electoral and Consumer Decisions [J]. Journal of Experimental Social Psychology, 2008, 44 (4): 1174-1179.

[93] Galinsky A D, Gruenfeld D H, Magee J C. From Power to Action [J]. Journal of Personality and Social Psychology, 2003, 85 (3): 453-466.

[94] Galinsky A D, Ku G, Wang C S. Perspective-Taking and Self-Other Overlap: Fostering Social Bonds and Facilitating Social Coordination [J]. Group Processes and Intergroup Relations, 2005, 8 (2): 109-124.

[95] Galinsky A D, Ku G. The Effects of Perspective-Taking on Prejudice: The Moderating Role of Self-Evaluation [J]. Personality and Social Psychology Bulletin, 2004, 30 (5): 594-604.

[96] Galinsky A D, Maddux W W, Gilin D, et al. Why It Pays to Get Inside the Head of Your Opponnent: The Differential Effects of Perspective Taking and Empathyin Negotiations [J]. Psychological Science, 2008, 19 (4): 378-384.

[97] Galinsky A D, Magee J C, Gruenfeld D H, et al. Power Reduces the Press of The Situation: Implications for Creativity, Conformity, and Dissonance [J]. Journal of Personality and Social Psychology, 2008, 95 (6): 1450-1466.

[98] Galinsky A D, Moskowitz G B. Perspective-Taking: Decreasing Stereotype Expression, Stereotype Accessibility, and In-Group Favoritism [J]. Journal of Personality and Social Psychology, 2000, 78 (4): 708-724.

[99] Gao H, Winterich K P, Zhang Y. All that Glitters is not Gold: How Others' Status Influences the Effect of Power Distance Belief on Status Consumption [J]. Journal of Consumer Research, 2016, 2 (1): 265-281.

[100] Garbinsky E N, Klesse A K, Aaker J. Money in the Bank: Feeling

Powerful Increases Saving [J]. Journal of Consumer Research, 2014, 41 (3): 6 10-623.

[101] Gardner W L, Gabriel S, Lee A Y. "I" Value Freedom, but "We" Value Relationships: Self-Construal Priming Mirrors Cultural Differences in Judgment [J]. Psychological Science, 2010, 10 (4): 321-326.

[102] Giacomantonio M, DeDreu C K W, Mannetti L. Now You See It, Now You Don't: Interests, Issues, and Psychological Distance Inintegrative Negotiation [J]. Journal of Personality and Social Psychology, 2010, 98 (5): 761-774.

[103] Gibbons F X, Buunk B P. Individual Differences in Social Comparison: Development of a Scale of Social Comparison Orientation [J]. Journal of Personality and Social Psychology, 1999, 76 (1): 129-142.

[104] GilL A, Kwon K N, Good L K, et al. Impact of Self on Attitudes toward Luxury Brands among Teens [J]. Journal of Business Research, 2012, 65 (10): 1425-1433.

[105] Gilbert N, Meyer C. Fear of Negative Evaluation and the Development of Eating Psychopathology: A Longitudinal Study among Nonclinical Women [J]. International Journal of Eating Disorders, 2005, 37 (4): 307-312.

[106] Gino F, Norton M I, Ariely D. The Counterfeit Self: The Deceptive Costs of Faking It [J]. Psychological Science, 2010, 21 (5): 712-720.

[107] Goffman E. Onface-work: An Analysis of Ritual Elements in Social Interaction [J]. Psychiatry Interpersonal and Biological Procosses, 1955, 18 (3): 213-231.

[108] Goffman E. The Presentation of Self in Everyday Life [M]. Garden City, NY: Doubleday Anchor, 1959.

[109] Heanry J G, Goldsmith R E, Jusoh W. Status Consumption among Malaysian Consumers [J]. Journal of International Consumer Marketing, 2005, 17 (4): 83-98.

[110] Gordon A M, Chen S. Does Power Help or Hurt? The Moderating Role of Self-Other Focus on Power and Perspective-Taking in Romantic Relationships [J]. Personality and Social Psychology Bulletin, 2013, 39 (8): 1097-1110.

[111] Greenwald A G, Leavitt C. Audience Involvement in Advertising: Four Levels [J]. Journal of Consumer Research, 1984, 11 (1): 581-592.

[112] Griskevicius V, Tybur J M, Sundie J M, et al. Blatant Benevolence and

Conspicuous Consumption: When Romantic Motives Elicit Strategic Costly Signals [J]. Journal of Personality and Social Psychology, 2007, 93 (1): 85-102.

[113] Han D, Duhachek A, Agrawal N. Coping and Construal Level Matching Drives Health Message Effectiveness via Response Efficacy or Self-Efficacy Enhancement [J]. Journal of Consumer Research, 2016, 43 (3): 429-447.

[114] Han Y J, Nunes J C, Drèze X. Signaling Status with Luxury Goods: The Roleof Brand Prominence [J]. Journal of Marketing, 2010, 74 (4): 1547-7185.

[115] Handa M, Khare A. Gender as a Moderator of the Relationship between Materialism and Fashion Clothing Involvement among Indian Youth [J]. International Journal of Consumer Studies, 2013, 37 (1): 112-120.

[116] Hanus M D, Fox J. Assessing the Effects of Gamification in the Classroom: A Longitudinal Study on Intrinsic Motivation, Social Comparison, Satisfaction, Effort, and Academic Performance [J]. Computersand Education, 2015 (80): 152-161.

[117] Harris K J, Kacmar K M, Zivnuska S, et al. The Impact of Political Skill on Impression Management Effectiveness [J]. Journal of Applied Psychology, 2007, 92 (1): 278-285.

[118] Hartman J B, Shim S, Barber B, et al. Adolescents' Utilitarian and Hedonic Web Consumption Behavior: Hierarchical Influence of Personal Values and Innovativeness [J]. Psychology and Marketing, 2006, 23 (10): 813-839.

[119] Hayes A F. Introduction to Mediation, Moderation, and Conditional Process Analysis: A Regression-Based Approach [M]. New York, NY: Guilford Press, 2013.

[120] Hays N A. Fear and Loving in Social Hierarchy: Sex Differences In Preferences for Power Versusstatus [J]. Journal of Experimental Social Psychology, 2013, 49 (6): 1130-1136.

[121] Hill P C, Pargament K I, Hood R W, et al. Conceptualizing Religion and Spirituality: Points of Commonality, Points of Departure [J]. Journal for the Theory of Social Behaviour, 2000, 30 (1): 51-77.

[122] Hinkin T R. A Brief Tutorial on the Development of Measures for Use in Survey Questionnaires [J]. Organizational Research Methods, 1998, 1 (1): 104-121.

[123] Hofstede G. The Cultural Relativity of Organizational Practices and Theories [J]. Journal of International Business Studies, 1983, 14 (2): 75-89.

［124］Hofstede G. The Interaction between National and Organizational Value Systems ［J］. Journal of Management Studies, 1985, 22 (4): 347-357.

［125］Hoogervorst N, Cremer D D, Dijke M V, et al. When do Leaders Sacrifice? The Eeffects of Sense of Power and Belongingness on Leader Self-Sacrifice ［J］. Leadership Quarterly, 2012, 23 (5): 883-896.

［126］Hooghiemstra R. Corporate Communication and Impression Management-New Perspectives Why Companies Engage in Corporate Social Reporting ［J］. Journal of Business Ethics, 2000, 27 (1): 55-68.

［127］Hsee C K, Weber E U. A Fundamental Prediction Error: Self-Others Ddiscrepancies in Risk Preference ［J］. Journal of Experimental Psychology General, 2006, 126 (1): 45-53.

［128］Hsee C K, Zhang J. General Evaluability Theory ［J］. Perspectives on Psychological Science, 2010, 5 (4): 343-355.

［129］Hu L T, Bentler P M. Cutoff Criteria for Fit Indexes in Covariance Structure Analysis: Conventional Criteria versus New Alternatives ［J］. Structural Equation Modeling, 1999, 6 (1): 1-55.

［130］Hudders L, Pandelaere M. The Silver Lining of Materialism: The Impact of Luxury Consumption on Subjective Well-Being ［J］. Journal of Happiness Studies, 2012, 13 (3): 411-437.

［131］Inesi M E, Botti S, Dubois D, et al. Power and Choice: Their Dynamic Interplay in Quenching the Thirst for Personal Control ［J］. Psychological Science, 2011, 22 (8): 1042-1048.

［132］Inman J, Campbell M, Kirmani A, et al. Our Vision for the Journal of Consumer Research: It's all about the Consumer ［J］. Journal of Consumer Research, 2018, 44 (5): 955-959.

［133］Janssens K, Pandelaere M, Bergh B V D, et al. Can buy Me Love: Mate Attraction Goals Lead to Perceptual Readiness for Status Products ［J］. Journal of Experimental Social Psychology, 2011, 47 (1): 254-258.

［134］Jiang Y, Zhan L, Rucker D D. Power and Action Orientation: Power as a Catalyst for Consumer Switching Behavior ［J］. Journal of Consumer Research, 2014, 41 (1): 183-196.

［135］Jin L, He Y, Zhang Y. How Power States Influence Consumers' Perceptions of Price Unfairness [J]. Journal of Consumer Research, 2014, 40 (5): 818-833.

[136] Jöreskog K G, Sörbom D. LISREL8: Structural Equation Modeling with the SIMPLIS Command Language [M]. Mooresville, IL: Scientific Software, 1993.

[137] Kacmar K M, Tucker R. The Moderating Effect of Supervisor's Behavioral Integrity on the Relationship between Regulatory Focus and Impression Management [J]. Journal of Business Ethics, 2016, 135 (1): 7-98.

[138] Kahneman D, Knetsch J L, Thaler R H. Anomalies: The Endowment Effect, Loss Aversion, and Status Quo Bias [J]. Journal of Economic Perspectives, 1991, 5 (1): 193-206.

[139] Kahneman D, Knetsch J L, Thaler R H. Experimental Tests of the Endowment Effect and the Coase Theorem [J]. Journal of Political Economy, 1990, 98 (6): 1325-1348.

[140] Kamal S, Chu S C, Pedram M. Materialism, Attitudes, and Social Media Usage and Their Impact on Purchase Intention of Luxury Fashion Goods Among American and Arab young Generations [J]. Journal of Interactive Advertising, 2013, 13 (1): 27-40.

[141] Kashdan T B, Breen W E. Materialism and Diminished Well-Being: Experiential Avoidance as a Mediating Mechanism [J]. Journal of Social and Clinical Psychology, 2007, 26 (5): 521-539.

[142] Kasser T, Rosenblum K L, Sameroff A J, et al. Changes In Materialism, Changes in Psychological Well-Being: Evidence from Three Longitudinal Studies and an Intervention Experiment [J]. Motivation and Emotion, 2014, 38 (1): 1-22.

[143] Kastanakis M N, Balabanis G. Explaining Variation in Conspicuous Luxury Consumption: An Individual Differences' Perspective [J]. Journal of Business Research, 2014, 67 (10): 2147-2154.

[144] Keltner D, Gruenfeld D H, Anderson C. Power, Approach, and Inhibition [J]. Psychological Review, 2003, 110 (2): 265-284.

[145] Kifer Y, Heller D, Perunovic W Q, et al. The Good Life of the Powerful: The Experience of Power and Authenticity Enhances Subjective Well-Being [J]. Psychological Science, 2013, 24 (3): 280-288.

[146] Kim S, Gal D. From Compensatory Consumption to Adaptive Consumption:

The Role of Self-Acceptance in Resolving Self-Deficits [J]. Journal of Consumer Research, 2014, 41 (2): 526-542.

[147] Kim S, Mcgill A L. Gamingwith Mr. Slot or Gaming the Slot Machine? Power, Anthropomorphism, and Risk Perception [J]. Journal of Consumer Research, 2011, 38 (1): 94-107.

[148] Kline R B. Principles and Practice of Structural Equation Modeling [M]. New York, NY: The Guilford Press, 2011.

[149] Larsen K S, Triplett J S, Brant W D, et al. Collaborator Status, Subject Characteristics, and Conformity in the Asch Paradigm [J]. Journal of Social Psychology, 1979, 108 (2): 259-263.

[150] Kruglanski A W, Webster D M. Group Members' Reactions to Opinion Deviates and Conformists at Varying Degrees of Proximity to Decision Deadline and of Environmental Noise [J]. Journal of Personality and Social Psychology, 1991, 61 (2): 212-225.

[151] Lai K Y, Zaichkowsky J L. Brand Imitation: Do the Chinese Have Different Views? [J]. Asia Pacific Journal of Management, 1999, 16 (2): 179-192.

[152] Lammers J, Galinsky A D, Gordijn E H, et al. Power Increases Social Distance [J]. Social Psychological and Personality Science, 2012, 3 (3): 282-290.

[153] Lammers J, Stapel D A. Power Increases Dehumanization [J]. Group Processes and Intergroup Relations, 2011, 14 (1): 113-126.

[154] Lammers J, Stoker J I, Jordan J, et al. Power Increases Infidelity among Men and Women [J]. Psychological Science, 2011, 22 (9): 1191-1197.

[155] Lammers J, Stoker J I, Rink F, et al. To Have Control over or to be Free from Others? The Desire for Power Reflects a Need for Autonomy [J]. Personality and Social Psychology Bulletin, 2016, 42 (4): 498-512.

[156] Lasaleta J D, Sedikides C, Vohs K D. Nostalgia Weakens the Desire for Money [J]. Journal of Consumer Research, 2014, 41 (3): 713-729.

[157] Leary M R, Kowalski R M. Impression Management: A Literature Review and Two-Component Model [J]. Psychological Bulletin, 1990, 107 (1): 34-47.

[158] Leary M R, Tchividjian L R, Kraxberger B E. Self-Presentation Can be Hazardous to Your Health: Impression Management and Health Risk [J]. Health Psychology, 1994, 13 (6): 461-470.

［159］ Leary M R. A Brief Version of the Fear of Negative Evaluation Scale ［J］. Personality and Social Psychology Bulletin, 1983, 9 (3): 371-375.

［160］ Lee J, Shrum L J. Conspicuous Consumption Versus Charitable Behavior in Response to Social Exclusion: A Differential Needs Explanation ［J］. Journal of Consumer Research, 2012, 39 (3): 530-544.

［161］ Levav J, Zhu R. Seeking Freedom through Variety ［J］. Journal of Consumer Research, 2009, 36 (4): 600-610.

［162］ Lewis M A, Neighbors C. Self-Determination and the Use of Self-Presentation Strategies ［J］. Journal of Social Psychology, 2005, 145 (4): 469-489.

［163］ Li J J, Su C. How Face Influences Consumption ［J］. International Journal of Market Research, 2007, 49 (2): 237-256.

［164］ Liao J, Wang L. Face as a Mediator of the Relationship between Material Value and Brand Consciousness ［J］. Psychology and Marketing, 2009, 26 (11): 987-1001.

［165］ Long E C, Andrews D W. Perspective Taking as a Predictor of Marital Adjustment ［J］. Journal of Personality and Social Psychology, 1990, 59 (1): 126-131.

［166］ Luszczynska A, Gibbons F X, Piko B F, et al. Self-Regulatory Cognitions, Social Comparison, and Perceived Peers' Behaviors as Predictors of Nutrition and Physical Activity: A Comparison among Adolescents in Hungary, Poland, Turkey, and USA ［J］. Psychology and Health, 2004, 19 (5): 577-593.

［167］ John G, Lynch J R. On the External Validity of Experiments in Consumer Research ［J］. Journal of Consumer Research, 1982, 9 (3): 225-239.

［168］ Magee J C, Smith P K. The Social Distance Theory of Power ［J］. Personality and Social Psychology Review, 2013, 17 (2): 158-186.

［169］ Mandel N, Rucker D D, Levav J, et al. The Compensatory Consumer Behavior Model: How Self-Discrepancies Drive Consumer Behavior ［J］. Journal of Consumer Psychology, 2016, 27 (1): 133-146.

［170］ May F, Monga A. When Time Has a Will of Its Own, the Powerless Don't Have the Will to Wait: Anthropomorphism of Time Can Decrease Patience ［J］. Journal of Consumer Research, 2014, 40 (5): 924-942.

［171］ Mccarthy R J, Skowronski J J. You're Getting Warmer: Level of Construal Affects the Impact of Central Traits on Impression Formation ［J］. Journal of

Experimental Social Psychology, 2011, 47 (6): 1304-1307.

［172］Brent M F, Argo J J. The Entourage Effect ［J］. Journal of Consumer Research, 2014, 40 (5): 871-884.

［173］Mcshane B B, Böckenholt U. Singlepaper Meta－Analysis: Benefits for Study Summary, Theory－Testing, and Replicability ［J］. Journal of Consumer Research, 2017, 6 (1): 1048-1063.

［174］Meier B P, Dionne S. Downright Sexy: Verticality, Implicit Power, and Perceived Physical Attractiveness ［J］. SocialCognition, 2009, 27 (6): 883-892.

［175］Miller C E, Anderson P D. Group Decision Rules and Rherejection of Deviates ［J］. Social Psychology Quarterly, 1979, 42 (4): 354-363.

［176］Mittal B. Measuring Purchase－Decision Involvement ［J］. Psychology and Marketing, 2010, 6 (2): 147-162.

［177］Dornbush M. A Test of Interactionist Hypotheses of Self-Conception ［J］. American Journal of Sociology, 1956, 61 (5): 399-403.

［178］Mogilner C. The Pursuit of Happiness: Time, Money, and Social Connection ［J］. Psychological Science, 2010, 21 (9): 1348-1354.

［179］Molden D C, Lucas G M, Gardner W L, et al. Motivations for Prevention or Promotion Following Social Exclusion: Being Rejected Versus Being Ignored ［J］. Journal of Personality and Social Psychology, 2009, 96 (2): 415-431.

［180］Morrison E W, See K E, Pan C. An Approach-Inhibition Model of Employee Silence: The Joint Effects of Personal Sense of Power and Target Openness ［J］. Personnel Psychology, 2015, 68 (3): 547-580.

［181］Nabi N, O' Cass A, SiahtiriV. Status Consumption in Newly Emerging Countries: The Influence of Personality Traits and the Mediating Role of Motivation to Consume Conspicuously ［J］. Journal of Retailing and Consumer Services, 2019, 46: 173-178.

［182］Nguyen T D T, Belk R W. Harmonization Processes and Relational Meanings in Constructing Asian Weddings ［J］. Journal of Consumer Research, 2013, 40 (3): 518-538.

［183］Oc B, Bashshur M R, Moore C. Speaking Truth to Power: The Effect of Candid Feedback on How Individuals with Power Allocate Resources ［J］. Journal of Applied Psychology, 2015, 100 (2): 450-463.

［184］ Ordabayeva N，Chandon P. Getting Ahead of the Joneses：When Equality Increases Conspicuous Consumption among Bottom－Tier Consumers ［J］. Journal of Consumer Research，2011，38（1）：27-41.

［185］ Oveis C，Spectre A，Smith P K，et al. Laughter Conveys Status ［J］. Journal of Experimental Social Psychology，2016，65：109-115.

［186］ Park H J，Rabolt N J，Jeon K S. Purchasing Global Luxury Brands A-mong Young Korean Consumers ［J］. Journal of Fashion Marketing and Management，2008，12（2）：244-259.

［187］ Park J，Sela A. Not My Type：Why Affective Decision-Makers are Re-luctant to Make Financial Decisions ［J］. Journal of Consumer Research，2017.

［188］ Podoshen J S，Andrzejewski S A，Hunt J M. Materialism，Conspicuous Consumption，and American Hip-Hop Subculture ［J］. Journal of International Con-sumer Marketing，2015，26（4）：271-283.

［189］ Podoshen J S，LiL，Zhang J. Materialism and Conspicuous Consumption in China：A Cross-Cultural Examination ［J］. International Journal of Consumer Stud-ies，2011，35（1）：17-25.

［190］ Polman E，Effron D A，Thomas M R，et al. Other People＇s Money：Money＇s Perceived Purchasing Power is Smaller for Others than for the Self ［J］. Jour-nal of Consumer Research，2018，45（1）：109-125.

［191］ Preacher K J，Rucker D D，Hayes A F. Addressing Moderated Mediation Hypotheses：Theory，Methods，and Prescriptions ［J］. Multivariate Behavioral Re-search，2007，42（1）：185-227.

［192］ Ran D，Ozbas O，Sensoy B A. Costlyexternal Finance，Corporate Invest-ment，and the Subprime Mortgage Credit Crisis ［J］. Journal of Financial Economics，2010，97（3）：418-435.

［193］ Rawls A W. The Interaction Order Sui Generis：Goffman＇s Contribution to Social Theory ［J］. Sociological Theory，1987，5（2）：136-149.

［194］ Richins M L，Dawson S. A Consumer Values Orientation for Materialism and its Measurement：Scale Development and Validation ［J］. Journal of Consumer Research，1992，19（3）：303-316.

［195］ Rim S，Uleman J S，Trope Y. Spontaneous Trait Inference and Construal Level Theory：Psychological Distance Increases Nonconscioust Trait Thinking ［J］.

Journal of Experimenal Social Psychology, 2009, 45 (5): 1088-1097.

［196］Rodebaugh T L, Woods C M, Thissen D M, et al. More Information from fewer questions: The Factor Structure and Item Properties of the Original and Brief Fear of Negative Evaluation scale ［J］. Psychological Assessment, 2004, 16 (2): 169-181.

［197］Romero M, Biswas D. Healthy-Left, Unhealthy-Right: Can Displaying Healthy Items to the Left (versus Right) of Unhealthy Items Nudge Healthier Choices? ［J］. Journal of Consumer Research, 2016, 43 (1): 103-112.

［198］Romero M, Craig A. Costly Curves: How Human-Like Shapes can Increase Spending ［J］. Journal of Consumer Research, 2017, 44 (1): 80-98.

［199］Rosette A S, Tost L P. Agentic Women and Communal Leadership: How Role Prescriptions Confer Advantage to Top Women Leaders ［J］. Journal of Applied Psychology, 2010, 95 (2): 221-235.

［200］Rucker D D, Dubois D, Galinsky A D. Generous Paupers and Stingy Princes: Power Drives Consumer Spending on Self versus Others ［J］. Journal of Consumer Research, 2011, 37 (6): 1015-1029.

［201］Rucker D D, Galinsky A D, Dubois D. Power and Consumer Behavior: How Power Shapes Who and What Consumers Value ［J］. Journal of Consumer Psychology, 2012, 22 (3): 352-368.

［202］Rucker D D, Galinsky A D. Conspicuous Consumption versus Utilitarian Ideals: How Different Levels of Power Shape Consumer Behavior ［J］. Journal of Experimental Social Psychology, 2009, 45 (3): 549-555.

［203］Rucker D D, Hu M, Galinsky A D. The Experience versus the Expectations of Power: A Recipe for Altering the Effects of Power on Behavior ［J］. Journal of Consumer Research, 2014, 41 (2): 381-396.

［204］Rudman L A. Self-Promotion as a Risk Factor for Women: The Costs and Benefits of Counterstereotypical Impression Management ［J］. Journal of Personality and Social Psychology, 1998, 74 (3): 629-645.

［205］Ryan R M, Deci E L. Self-Determination Theory and the Facilitation of Intrinsic Motivation, Social Development, and Well-Being ［J］. American Psychologist, 2000, 55 (1): 68-78.

［206］Scheepers D, Wit F D, Ellemers N, et al. Social Power Makes the

Heart Work More Efficiently: Evidence from Cardiovascular Markers of Challenge and Threat [J]. Journal of Experimental Social Psychology, 2012, 48 (1): 371-374.

[207] Schmitt D P, Allik J. Simultaneous Administration of the Rosenberg Self-Esteem Scale in 53 Nations: Exploring the Universal and Culture-Specific Features of Global Self-Esteem [J]. Journal of Personality and Social Psychology, 2005, 89 (4): 623-642.

[208] Shalev E, Morwitz V G. Influence via Comparison-Driven Self-Evaluation and Restoration: The Case of the Low-Status Influencer [J]. Journal of Consumer Research, 2012, 38 (5): 964-980.

[209] Sharma E, Alter A L. Financial Deprivation Prompts Consumers to Seek Scarce Goods [J]. Journal of Consumer Research, 2012, 39 (3): 545-560.

[210] Shepherd S, Kay A C. Guns as a Source of Order and Chaos: Compensatory Control and the Psychological (Dis) Utility of Guns for Liberals and Conservatives [J]. Journal of the Association for Consumer Research, 2018, 3 (1): 16-26.

[211] Sherman G D, Lee J J, Cuddy A J C, et al. Leadership is Associated with Lower Levels of Stress [J]. Proceedings of the National Academy of Sciences of the United States of America, 2012, 109 (44): 17903-17907.

[212] Shukla P. Impact of Interpersonal Influences, Brand Origin and Brand Image on Luxury Purchase Intentions: Measuring Interfunctional Interactions and a Cross-National Comparison [J]. Journal of World Business, 2011, 46 (2): 242-252.

[213] Silvia B, Berger J. Trickle-Round Signals: When Low Status Becomes High [M]. Unpublished Manuscript. Columbia University, 2018.

[214] Simmel G. Fashion [J]. American Journal of Sociology, 1957, 62 (6): 541-558.

[215] Sinclair S J, Blais M A, Gansler D A, et al. Psychometric Properties of the Rosenberg Self-Esteem Scale: Overall and across Demographic Groups Living within the United States [J]. Evaluation and the Health Professions, 2010, 33 (1): 56-80.

[216] Sivanathan N, Pettit N C. Protecting the Self through Consumption: Status Goods as Affirmational Commodities [J]. Journal of Experimental Social Psychology, 2010, 46 (3): 564-570.

［217］Smith P K, Trope Y. You Focus on the Forest When You're in Charge of the Trees: Power Priming and Abstract information Processing ［J］. Journal of Personality and Social Psychology, 2006, 90 (4): 578-596.

［218］Solomon M R. The Role of Products as Social Stimuli: A Symbolic Interactionism Perspective ［J］. Journal of Consumer Research, 1983, 10 (3): 319-329.

［219］Spencer S J, Zanna M P, Fong G T. Establishing a Causal Chain: Why Experiments are Often More Effective than Mediational Analyses in Examining Psychological Processes ［J］. Journal of Personality and Social Psychology, 2005, 89 (6): 845-851.

［220］Stapel D A, Koomen W. I, We, and the Effects of Others on Me: How Self-Construal Level Moderates Social Comparison Effects ［J］. Journal of Personality and Social Psychology, 2001, 80 (5): 766-781.

［221］Steinmetz J, Posten A C. Physical Temperature Affects Response Behavior ［J］. Journal of Experimental Social Psychology, 2017, 70, 294-300.

［222］Stephan E, Liberman N, Trope Y. The Effects of Time Perspective and Level of Construalon Social Distance ［J］. Journal of Experimental Social Psychology, 2011, 47 (2): 397-402.

［223］Stillman T F, Fincham F D, Vohs K D, et al. The Material and Immaterial in Conflict: Spirituality Reduces Conspicuous Consumption ［J］. Journal of Economic Psychology, 2012, 33 (1): 1-7.

［224］Stokburger-Sauer N E, Teichmann K. Is Luxury just a Female Thing? The Role of Genderin Luxury Brand Consumption ［J］. Journal of Business Research, 2013, 66 (7): 889-896.

［225］Sun G, Chen J, Li J. Need for Uniqueness as a Mediator of the Relationship Between Face Consciousness and Status Consumption in China ［J］. International Journal of Psychology, 2017, 52 (5): 349-354.

［226］SunG, D' Alessandro S, Johnson L. Traditional Culture, Political Ideologies, Materialism and Luxury Consumption in China ［J］. International Journal of Consumer Studies, 2014, 38 (6): 578-585.

［227］Sundie J M, Kenrick D T, Griskevicius V, et al. Peacocks, Porsches, and Thorstein Veblen: Conspicuous Consumption as a Sexual Signaling System ［J］. Journal of Personality and Social Psychology, 2011, 100 (4): 664-680.

［228］ Tian K, Belk R W. Extended Self and Possessions in the Workplace ［J］. Journal of Consumer Research, 2005, 32 (2): 297-310.

［229］ Tom G, Garibaldi B, Zeng Y, et al. Consumer Demand for Counterfeit Goods ［J］. Psychology and Marketing, 1998, 15 (5): 405-421.

［230］ Touré-Tillery M, Fishbach A. Too Far to Help: The Effect of Perceived Distance on the Expected Impact and Likelihood of Charitable Action ［J］. Journal of Personality and Social Psychology, 2017, 112 (6): 860-876.

［231］ Triandis H C, Gelfand M J. Converging Measurement of Horizontal and Vertical Individualism and Collectivism ［J］. Journal of Personality and Social Psychology, 1998, 74 (1): 118-128.

［232］ Troisi J D, Gabriel S. Chicken Soup Really is Good for the Soul: "Comfort Food" Fulfills the Need to Belong ［J］. Psychological Science, 2011, 22 (6): 747-753.

［233］ Trope Y, Liberman N. Construal-Level Theory of Psychological Distance ［J］. Psychological Review, 2010, 117 (2): 440-463.

［234］ Twenge J M, Baumeister R F, Dewall C N, et al. Social Exclusion Decreases Prosocial Behavior ［J］. Journal of Personality and Social Psychology, 2007, 92 (1): 56-66.

［235］ Ülkümen, Gülden, Cheema A. Framing Goals to Influence Personal Savings: The Role of Specificity and Construal Level ［J］. Journal of Marketing Research, 2011, 48 (6): 958-969.

［236］ Usborne E, Taylor D M. The Role of Cultural Identity Clarity for Self-Concept Clarity, Self-Esteem, and Subjective Well-Being ［J］. Personality and Social Psychology Bulletin, 2010, 36 (7): 883-897.

［237］ Valsesia F, Proserpio D, Nunes J. Tell Me Who You Follow, and I'll Tell You Who You are: Unexplored Antecedents and Consequences of Status Perceptions on Social Media ［J］. Advancesin Consumer Psychology, 2018.

［238］ Vasquez N A, Buehler R. Seeing Future Success: Does Imagery Perspective Influence Achievement Motivation? ［J］. Personality and Social Psychology Bulletin, 2007, 33 (10): 1392-1405.

［239］ Veblen T. The Theory of the Leisure Class: An Economic Study in the Evolution of Lnstitutions ［M］. New York, NY: American Library, 1899.

［240］ Veloutsou C, Bian X. A Cross−National Examination of Consumer Perceived Risk in the Context of Non−Deceptive Counterfeit Brands ［J］. Journal of Consumer Behaviour, 2010, 7 (1): 3−20.

［241］ VonBaeyer C L, Sherk D L, Zanna M P. Impression Management in the Job Interview: When the Female Applicant Meets the Male (Chauvinist) Interviewer ［J］. Personality and Social Psychology Bulletin, 1981, 7 (1): 45−51.

［242］ Wadhwa M, Zhang K. This Number Just Feels Right: The Impact of Roundedness of Price Numbers on Product Evaluations ［J］. Journal of Consumer Research, 2015, 41 (5): 1172−1185.

［243］ Wakslak C J, Smith P K, Han A. Using Abstract Language Signals Power ［J］. Journal of Personality and Social Psychology, 2014, 107 (1): 41−55.

［244］ Wan F, Ansons T L, Chattopadhyay A et al. Defensive Reactions to Slim Female Images in Advertising: The Moderating Role of Mode of Exposure ［J］. Organizational Behaviorand Human Decision Processes, 2013, 120 (1): 37−46.

［245］ Wang W, Raghunathan R, Gauri D. Showmemore! Powerlessness drives variety Seeking ［J］. Advancesin Consumer Research, 2018.

［246］ Wang W. Thrift shapes a betterman: The Sutble Signal of Thrift in Status Inference ［M］. Unpublishedmanuscript. Shanghai Jiao Tong University, 2018.

［247］ Wang Y, Griskevicius V. Conspicuous Consumption, Relationships, and Rivals: Women's Luxury Products as Signals to Other Women ［J］. Journal of Consumer Research, 2014, 40 (5): 834−854.

［248］ Wang Y, John D R, Vladas G. The Devil Wears Prada? How Luxury Consumption Influences Social Behaviors ［J］. Advancesin Consumer Research, 2015, 43: 142−146.

［249］ Watson D, Friend R. Measurement of Social−Evaluative Anxiety ［J］. Journal of Consulting and Clinical Psychology, 1969, 33 (4): 448−457.

［250］ Waytz A, Chou E Y, Magee J C, et al. Not So Lonely at the Top: The Relationship between Power and Loneliness ［J］. Organizational Behavior and Human Decision Processes, 2015, 130: 69−78.

［251］ Wee C, Ta S, Cheok K. Non−Price Determinants of Intention to Purchase Counterfeit Goods ［J］. International Marketing Review, 1995, 12 (6): 19−46.

［252］ Weeks J W, Heimberg R G, Fresco D M, et al. Empirical Validation and

Psychometric Evaluation of the Brief Fear of Negative Evaluation Scale in Patients with Social Anxiety Disorder [J]. Psychological Assessment, 2005, 17 (2): 179-190.

[253] Wheaton B, Muthén B, Alwin D F, et al. Assessing Reliability and Stability In Panel Models [J]. Sociological Methodology, 1977, 8 (1): 84-136.

[254] Whillans A V, Dunn E W, Smeets P, et al. Buying Time Promotes Happiness [J]. Proceedings of the National Academy of Sciences, 2017, 114 (32): 8523-8527.

[255] White K, Argo J J. Social Identity Threat and Consumer Preferences [J]. Journal of Consumer Psychology, 2009, 19 (3): 313-325.

[256] White K, Macdonnell R, Dahl D W. It's the Mind-Set that Matters: The Role of Construal Level and Message [J]. Journal of Marketing Research, 2011, 48 (5): 472-485.

[257] Wiedmann K P, Hennigs N, Siebels A. Value-Based Segmentation of Luxury Consumption Behavior [J]. Psychology and Marketing, 2009, 26 (7): 625-651.

[258] Wilcox K, Kim H M, Sen S. Why Do Consumers Buy Counterfeit Luxury Brands? [J]. Journal of Marketing Research, 2009, 46 (2): 247-259.

[259] Wojciszke B, Struzynska-Kujalowicz A. Power Influences Self-Esteem [J]. Social Cognition, 2007, 25 (4): 472-494.

[260] Wong N Y, Ahuvia A C. Personal Taste and Family Face: Luxury Consumption in Confucian and Western Societies [J]. Psychology and Marketing, 1998, 15 (5): 423-441.

[261] Xiang Z, Gretzel U. Role of Social Media in Online Travel Information Search [J]. Tourism Management, 2010, 31 (2): 179-188.

[262] Zaichkowsky J L. Measuring the Involvement Construct [J]. Journal of Consumer Research, 1985, 12 (3): 341-352.

[263] Zhang B, Kim J H. Luxury Fashion Consumption in China: Factors Affecting Attitude and Purchase Intent [J]. Journal of Retailing and Consumer Services, 2013, 20 (1): 68-79.

[264] Zhao X, Lynch J G, Chen Q. Reconsidering Baron and Kenny: Myths and Truths about Mediation Analysis [J]. Journal of Consumer Research, 2010, 37 (2): 197-206.

［265］柴俊武，赵广志，何伟．解释水平对品牌联想和品牌延伸评估的影响［J］．心理学报，2011，43（2）：175-187.

［266］陈洁，韦俊龙，杨梦泓．广告信息对非欺诈性仿冒奢侈品购买意愿影响研究［J］．管理评论，2016，28（7）：120-129.

［267］成年，李岩梅，梁竹苑．权力的三种心理机制及其影响［J］．心理科学，2014（4）：1008-1015.

［268］崔茜．感知风险与面子意识对于仿冒奢侈品购买意愿的影响研究［D］．厦门：厦门大学，2014.

［269］黄俊，李晔，张宏伟．解释水平理论的应用及发展［J］．心理科学进展，2015，23（1）：110-119.

［270］江晓东，姚慧，晁钢令．仿冒奢侈品购买意图影响因素研究［J］．经济管理，2009（12）：103-108.

［271］蒋钦，李红，张姝玥，等．观点采择因素对3~4岁儿童延迟满足决策的影响［J］．心理发展与教育，2012，28（2）：131-139.

［272］金晓彤，崔宏静．新生代农民工社会认同建构与炫耀性消费的悖反性思考［J］．社会科学研究，2013（4）：104-110.

［273］李静，郭永玉．物质主义及其相关研究［J］．心理科学进展，2008，16（4）：637-643.

［274］李雁晨，周庭锐，周琇．解释水平理论：从时间距离到心理距离［J］．心理科学进展，2009，17（4）：667-677.

［275］廖勇海，陈洁，李晓磊．权力、炫耀性与仿冒奢侈品消费［J］．系统管理学报，2016，25（2）：211-218.

［276］林升栋．消费者对人际影响的敏感度研究［J］．消费经济，2006，22（3）：37-42.

［277］林语堂．吾国与吾民［M］．北京：外语教学与研究出版社，2009.

［278］刘靖东，钟伯光，姒刚彦．自我决定理论在中国人人群的应用［J］．心理科学进展，2013，21（10）：1803-1813.

［279］刘庆奇，牛更枫，范翠英，等．被动性社交网站使用与自尊和自我概念清晰性：有调节的中介模型［J］．心理学报，2017，49（1）：60-71.

［280］马永斌，王其冬，董伶俐．廉价的优越感：社会排斥如何影响新奢侈品的消费［J］．应用心理学，2014，20（4）：316-322.

［281］孟祥轶，杨大勇，于婧．中国城市炫耀性消费的特征及决定因素——

基于北京市家庭数据的实证分析［J］.经济研究，2010（S1）：118-128.

［282］施卓敏，范丽洁，叶锦锋.中国人的脸面观及其对消费者解读奢侈品广告的影响研究［J］.南开管理评论，2012，15（1）：151-160.

［283］史瑗宁，程英升.影响购买仿冒奢侈品行为的关系研究［J］.市场营销导刊，2009（4）：29-33.

［284］宋官东.对从众行为的新认识［J］.心理科学，1997，20（1）：88-90，202-204.

［285］孙炳海，苗德露，李伟健，等.大学生的观点采择与助人行为：群体关系与共情反应的不同作用［J］.心理发展与教育，2011，27（5）：491-497.

［286］杨鸽.来来结果考虑和解释水平对健康、美味食物消费决策的影响［D］.杭州：浙江大学，2017.

［287］杨秀娟，周宗奎，刘庆奇，等.自恋与社交网站使用的关系［J］.心理科学进展，2017，25（9）：1552-1564.

［288］于军胜，王海忠，闫怡，等.解释水平对消费者产品功能数量偏好的影响研究［J］.中大管理研究，2014，9（4）：95-112.

［289］张新安，厉杰，马源.中国人的面子观与身份消费行为：人际影响敏感度的中介作用［J］.营销科学学报，2010，6（4）：14-28.

［290］张新安.中国人的面子观与炫耀性奢侈品消费行为［J］.营销科学学报，2013，8（1）：76-94.

［291］赵显，刘力，张笑笑，等.观点采择：概念、操纵及其对群际关系的影响［J］.心理科学进展，2012，20（12）：2079-2088.

［292］周锦，顾江.仿冒奢侈品消费现象剖析［J］.商业时代，2011（34）：27-28.